TRÄNEN UND ROSEN Krieg und Frieden
in Gedichten aus fünf Jahrtausenden
Ausgewählt und herausgegeben von Achim Roscher
Erschienen im Verlag der Nation Berlin

Ihr, die ihr überlebtet in gestorbenen Städten,
Habt doch nun endlich mit euch selbst Erbarmen!
Zieht nun in neue Kriege nicht, ihr Armen,
Als ob die alten nicht gelanget hätten:
Ich bitt euch, habet mit euch selbst Erbarmen!

Ihr Männer, greift zur Kelle, nicht zum Messer!
Ihr säßet unter Dächern schließlich jetzt,
Hättet ihr auf das Messer nicht gesetzt,
Und unter Dächern sitzt es sich doch besser.
Ich bitt euch, greift zur Kelle, nicht zum Messer!

Ihr Kinder, daß sie euch mit Krieg verschonen,
Müßt ihr um Einsicht eure Eltern bitten.
Sagt laut, ihr wollt nicht in Ruinen wohnen
Und nicht das leiden, was sie selber litten:
Ihr Kinder, daß sie euch mit Krieg verschonen!

Ihr Mütter, da es euch anheimgegeben,
Den Krieg zu dulden oder nicht zu dulden,
Ich bitt euch, lasset eure Kinder leben!
Daß sie euch die Geburt und nicht den Tod dann schulden;
Ihr Mütter, lasset eure Kinder leben!

Bertolt Brecht

DAS BESCHWÖRENDE WORT DER DICHTER

an die menschliche Vernunft ist auferstanden in hundert Sprachen, in tausendmal tausend Symbolen, überliefert aus allen Zeiten und Zonen, den Wahnsinn des Krieges begleitend als Klage, Mahnruf, Aufbegehren, Manifest, so alt wie der Krieg selbst, fast so alt wie die bezeugte Geschichte der Menschheit.

So wurde Generationen hindurch Geschichte gelehrt: als eine Kette von Kriegen, in denen Blut und Eisen für den Stärkeren entschied. Die Spannen dazwischen: notdürftiges Vernarben der Wunden, verstohlen-hastiges Rüsten, Spione im feindlichen Lager, Aufmarsch im schmelzenden Schnee, Angriff bei steigender Sonne — ewiger Kreislauf von Töten und Getötetwerden, veränderlich allein in der Technik und der Zahl der Opfer. Das gleiche Leid in immer neuen Bildern: der Stürzende unter dem Keulenschlag des Siegers, von den Sichelwagen hingemäht die Bogenschützen, Legionen erstickend im Sumpf, schmerzentstellte Gesichter unterm Helmdach, Bauern zerstampft vom Huftritt der Panzerreiter, an die Grabenwand gepreßt Köpfe im Trommelfeuer der Materialschlacht — Kriegszüge, Kreuzzüge, Raubzüge, in Schiefer geritzt, auf Papyrus gepinselt und in Stein gehauen, als Tempelfries, als Mosaik, Holzschnitt, Historienbild, als Zeitungsfoto, als Filmbericht. *Jede Seite ein Sieg. / Wer kochte den Siegesschmaus? / Alle zehn Jahre ein großer Mann. / Wer bezahlte die Spesen?*

In fünfeinhalbtausend Jahren menschlicher Geschichte, sagen die Gelehrten, hat es knapp dreihundert Jahre des Friedens gegeben; in vierzehntausend Kriegen wurden mehr Menschen geschlachtet, als gegenwärtig auf dem Erdball leben: drei Komma sechs Milliarden.

Kriege, angezettelt aus Eroberungssucht, aus Besitzgier, Ehrgeiz, Chauvinismus, Rache, Neid, religiösem Fanatismus; im Geschoßhagel der „kleine Mann" der Weltgeschichte, kämpfend *für Fürsten und für Adelsbrut und fürs Geschmeiß der Pfaffen*. Für ihn ein Stück gestanztes Blech und ein Kreuz ohne Namen auf dem Massengrab, für seine Herren Trophäen, Arbeitssklaven, eroberte Provinzen, Einflußsphären, Rohstoffe, Märkte, Dividenden: *Sie das Gold und wir der Dünger, wir das Dunkel, sie das Licht.*

Albrecht Dürer · *Die Apokalyptischen Reiter*

Dulce et decorum est pro patria mori! hieß ein Leitspruch aus dem Lateinpensum unserer Väter. War für die Frauen und Kinder der Tod des Ernährers auch süß? Für die in der ersten Reihe der Schlachtordnung, *im Rock des Räubers* eingedrungen in fremde Länder, war für sie der Tod ehrenvoll? Der Tod fürs Vaterland — wer verkörperte das Vaterland? Gott mit uns! — dann der Bauchschuß durchs Koppelschloß.
Lange hörten die Völker auf miserable Lehrer; man deklamierte ihnen den Horaz und unterschlug den Satz des Pindar: *Süß ist dem, der ihn nicht kennt, der Krieg.*
Zu allen Zeiten waren Schreiber mietbar, die das Wort prostituierten, um sinnloses Sterben zu glorifizieren. „Die Erde zittert, zittre, Schwert. Ich bin ein heiliger Reiter ... Der Bester ist, der Sieger bleibt, und ich begehr nichts weiter." Der so das Faustrecht anbetete, starb nicht im Schützengraben, sondern im Bett in den Jahren zwischen zwei Weltkriegen, deren erster weit über zehn, deren zweiter zweiunddreißig Millionen Opfer verschlang.
Haßgesänge übertönten auch in der Dichtung oft die Stimme der Vernunft. Trotzdem war sie immer da, zaghaft anfangs, vorsichtig, verschlüsselt, wehklagend, anklagend, mehr Rebellion des Herzens als des Kopfes. Sie wuchs an Kraft und Eindringlichkeit, je fürchterlicher die Kriege wurden, und ermutigte die Völker, den Schleier zu zerreißen, der das Geheimnis der Entstehung von Kriegen verbarg. Lenins Funkspruch: An Alle! An Alle! verkündete eine neue geschichtliche Moral und erfüllte eine Welt mit der Hoffnung, daß die uralte Botschaft: Friede den Menschen auf Erden! endlich Erfüllung finde. Erschüttert wurde der Glauben an die Unvermeidbarkeit, an die Naturgesetzlichkeit des Krieges. Dem Moloch fiel der Mantel von den Schultern, ab fiel die Erstarrung vor den Apokalyptischen Reitern: Krieg ist nicht Schicksal, nicht Hagelschlag ins reife Korn; Krieg ist besiegbar wie Pest und Hunger. Wenn Krieg droht, hilft kein Geschichtsfatalismus, kein Beten vor dem Altar: Ehe die Hand den Ölzweig hebt zum pazifistischen Gruß, ist sie vom Arm geschlagen. Die Völker müssen den Kriegsgott für immer vom Sockel stoßen: Krieg den Urhebern der Kriege, oder, wie Majakowski fordert: *Befriedet den Planeten!* Das ist der ewige Friede der philosophischen und religiösen Schulen, aus dem Wunschbild transponiert in die Politik des zwanzigsten Jahrhunderts.
Nur wenn das Reich bedroht von Feindeshorden, / wenn mordend sie mit Krieg uns überzogen, / dann greift zum Schwert, dann spannt ihn straff,

den Bogen — / nie aber, um aus bloßer Gier zu morden! Dieser Vers des Du Fu, zwölfhundert Jahre alt, vollzieht die Scheidung zwischen gerechtem und ungerechtem Krieg längst vor allen philosophisch-staatsrechtlichen Erwägungen. Im Dreißigjährigen Krieg definiert Logau: *Ein Krieg ist köstlich gut, der auf den Frieden dringet,* und die anonyme Weisheit des Volkes singt in den Feldzügen von 1870/71: *Auf, laßt zur Heimat uns zurückmarschieren, / von den Tyrannen unser Volk befrei'n ... Soldat der Freiheit will ich gerne sein!*
Gäbe man mir ein Gewehr, rief der kubanische Patriot und Spanienkämpfer Nikolás Guillén, *ich würde meinen Brüdern sagen, wozu es dient.* Das Aufrechnen vergangenen und das Verhindern künftigen Unrechts ist die humanitäre Legitimation, die Erich Weinert dem Soldaten der Roten Armee zuspricht: *Das ist für Liebknecht! Das für Spartakus! / Für Thomas Münzer! Für Marat! Für Hus! / Für alle, die im Kampf ums Recht gefallen. / Und jeder Schuß war ein gesühnter Mord / und riß ein Stück uralten Unrechts fort.* Angesichts der Millionen Helden, die für die Befreiung von der faschistischen Barbarei gefallen sind, schreibt der sowjetische Dichter Alexej Surkow: *Für unsere Kinder schmelzen wir aus dem Eisengeschrei schon der Liebe Lied.*

Die Kriege sind von Jahrhundert zu Jahrhundert immer verheerender geworden. Die Folgen eines dritten Weltkrieges sind vorausberechnet worden, seine potentiellen Opfer nur noch erfaßbar durch den Zusatz Mega zu dem Zahlwort. Und die Vernichtungstechnik hat eine neue Qualität des Sterbens und Siechens entwickelt. In Linus Paulings Untersuchung „Leben oder Tod im Atomzeitalter" findet sich eine Landkarte, deren dichte Schraffuren die Strahlungsintensität sechzig Minuten nach dem Ausbruch eines Kernwaffenkrieges markieren; sie liegt in kontinentaler Breite bei tausend Röntgen und darüber. Sechshundert Röntgen sind tödlich. Die biologischen Folgen sind selbst dem Wissenschaftler nicht voll überschaubar, aber die Statistik japanischer Kliniken gestattet eine alle anthropologischen Dimensionen überspringende Vorahnung, wie jenes Geschlecht der Übrigbleibenden aussähe, dessen Menschenähnlichkeit durch entsetzliche Mutationen getilgt wäre. In den Tabellen der Physiker, Chemiker, Mediziner liegt die ins Globale vergrößerte Parallele zu jenem Karthago, das nach dem dritten Kriege nicht mehr auffindbar war.

Von diesen Drohungen umstellt, wird die Überlegung sinnlos, ob Poesie und politisches Engagement miteinander zu vereinbaren sind. Sollte es je „reine" Dichtung gegeben haben: In dieser Zeit, da die Existenzfrage an die Menschheit gerichtet ist, an den Wissenschaftler, an den Politiker, an den Künstler, an dreieinhalb Milliarden Menschen, verliert der Dichter sein moralisches Antlitz, wenn er nicht für das Leben Stellung nimmt, wenn er sich nicht bemüht, die Menschen sehend, die Zusammenhänge durchschaubar zu machen.

Die Taube Picassos, aufgestiegen zum Flug um den Erdball, ist den Stürmen des Krieges heute nicht mehr schutzlos preisgegeben. *Die Hand, die Sterne versetzte, / wacht über der Erde Drehn, / die Hand, die den Stern geschaffen, / ist's, die uns hält.*

Der Bogen der in dieser Anthologie vereinten Gedichte reicht von dem frühesten uns überkommenen Zeugnis der Friedenssehnsucht, einem sumerischen Bruchstück aus dem vierten Jahrtausend vor unserer Zeitrechnung, bis zum poetischen Manifest gegen den Atomstrahl; von der fatalistischen Ergebenheit in die Kriegsgreuel über die Ohnmacht des klerikalen Idealismus mit seiner Vertröstung auf einen ewigen Frieden im Jenseits bis zur Macht wissenschaftlicher Erkenntnis, die uns befähigt, den Krieg als gesellschaftsgebundene, geschichtliche Erscheinung zu begreifen und durch gesellschaftliche Veränderung zu bekämpfen.

Auch mit dem Wort zu bekämpfen. Wenn die Lyrik, die Kunst insgesamt auf politische Wirkung heute verzichtet, kann sie mitschuldig werden, daß morgen die Erde keine Dichtung mehr trägt. Keine Dichter. Kein Publikum.

Richard Christ

Du gehst hin
und trägst das Land des Feindes weg
Der Feind kommt
und trägt dein Land weg

Anonym · um 4000 v. u. Z. · Sumer
EINMAL VOR LANGER ZEIT

Einmal vor langer Zeit
Gab es keine Schlange
Gab es keinen Skorpion
Gab es keine Hyäne
Gab es keinen Wolf
Gab es keine Furcht
Kein Entsetzen
Der Mensch hatte keinen Nebenbuhler

Einmal vor langer Zeit
Die Lande Schubur und Hamazi
Das vielzüngige Sumer
Das große Land der göttlichen Fürstengesetze
Uri
Das Land mit allem Nötigen
Das Land Martu
In seiner Geborgenheit
Das ganze Weltall
Die geeinten Völker
Enlil priesen sie in einer einzigen Zunge

Dann aber der Vater-Herr
Der Vater-Fürst
Der Vater-König
Enki
Der Vater-Herr
Der Vater-Fürst
Der Vater-König
Der erzürnte Vater-Herr
Der erzürnte Vater-Fürst
Der erzürnte Vater-König
...Überfluß..........
....
..........Mensch...

(S. N. Kramer)

Anonym · um 3000 v. u. Z. · Sumer

DU GEHST HIN

Du gehst hin und trägst das Land des Feindes weg
Der Feind kommt und trägt dein Land weg

*

Der Staat an Waffen schwach
Der Feind wird nicht von seinen Toren vertrieben

(S. N. Kramer)

Anonym · um 2300 v. u. Z. · Ägypten

DER SIEGREICHE GENERAL

Dieses Heer kehrte glücklich heim,
nachdem es das Land der Beduinen zerhackt hatte.
Dieses Heer kehrte glücklich heim,
nachdem es das Land der Beduinen zertreten hatte.
Dieses Heer kehrte glücklich heim,
nachdem es seine Festungen niedergerissen hatte.
Dieses Heer kehrte glücklich heim,
nachdem es seine Feigenbäume und Weinstöcke gefällt hatte.
Dieses Heer kehrte glücklich heim,
nachdem es alle seine Hütten angezündet hatte.
Dieses Heer kehrte glücklich heim,
nachdem es Legionen von vielen zehntausend Mann vernichtet hatte.
Dieses Heer kehrte glücklich heim,
nachdem es viele als Gefangene ergriffen hatte.
Seine Majestät lobte mich deshalb außerordentlich.

(xxx)

Aus dem Schi-king · 11.—6. Jahrhundert v. u. Z. · China

KLAGE DER GARDE

Reichsmarschall!
Wir sind des Königs Fuß und Hand.
Deine Schuld, deine Schuld,
Daß wir hier kämpfen in fremdem Land.

Reichsmarschall!
Wir sind des Königs Krall und Gebiß.
Deine Schuld, deine Schuld,
Daß uns Elend und Tod sind gewiß.

Reichsmarschall!
Daß uns fressen die Raben,
Deine Schuld, deine Schuld,
Daß unsre Mütter Hunger haben.

(F. C. Weiskopf)

Aus dem Schi-king

DER MÜDE SOLDAT

Ein kahles Mädchen. Heckenblaßentlaubt.
Sie steht am Weg. Ich gehe weit vorbei.
So stehen alle: Reih in Reih,
Und Haupt an Haupt.

Was weiß ich noch von heiligen Gewässern
Und von des Dorfes Abendrot?
Ich bin gespickt mit tausend Messern
Und müde von dem vielen Tod.

Der Kinder Augen sind wie goldner Regen,
In ihren Händen glüht die Schale Wein.
Ich will mich unter Bäumen schlafen legen
Und kein Soldat mehr sein.

(Klabund)

Kung-futse · 551—478 v. u. Z. · China

EPITAPH AUF EINEN KRIEGER

Es blühen aus dem Schnee die Anemonen.
Mit seinem Herzen spielt das Kind. Und es verweint's.
Uns, die am Brunnenrand der Erde wohnen,
Ist Sonnenauf- und -niedergang nur eins.

Doch immer wieder quillt der Fluß vom Felsen,
Und immer wieder Mond um Frauen wirbt;
Der Herbst wird ewig seinen goldnen Kürbis wälzen,
Und ewig Grillenruf im Grase zirpt.

Es führten viele fest ihr Pferd am Zügel.
Der Ruhm der tausend Schlachten ist verweht.
Was bleibt vom Heldentum? Ein morscher Hügel,
Auf dem das Unkraut rot wie Feuer steht.

(Klabund)

Laozi · um 300 v. u. Z. · China

SPRUCH

Wer in Weisheit dem Herrn der Welt hilft,
Unterjocht nicht mit Waffen die Welt.
Die Welt könnte ihre Waffen gegen ihn wenden.
Wo die Schlacht tobte, wuchert Unkraut und Untat.
Hinter den Heeren schleicht der Hunger.
Der Held siegt sanft, umarmt den Besiegten.
Er siegt ohne Prahlerei.
Er siegt ohne Selbstsucht.
Er siegt ohne Rache.
Er kämpft und siegt, weil er kämpfen und siegen muß.
Was übermächtig wird, verwest in der Übermacht.
Dies ist der Un-Sinn,
Und des Unsinnes Ende ist bald gekommen.

(Klabund)

Theognis · 6. Jahrhundert v. u. Z. · Griechenland

ANRUFUNG

Phöbos, König, du selbst umgabst mit Mauern die Stadtburg,
Gnädig Alkathoos einst, Pelops Erzeugtem, geneigt!
Selbst auch halte die frevelnden Heere der Meder von unsrer
Stadt zurück, daß das Volk sich in frohem Genuß,
Wenn nun der Frühling beginnt, Hekatomben dir bringe zum Opfer,
Freudig bei herrlichem Mahl, unter der Laute Getön
und den Päanen des Chors und dem jubelnden Jauchzen am Altar.
Denn mich erfüllet die Furcht, wenn ich den törichten Sinn,
Wenn ich den männerverderbenden Zwist der Hellenen gewahre.
Huldreich schütze du selbst Megaras heilige Burg!

(F. Port)

Homer · um 800 v. u. Z. · Griechenland

RUHT, IHR ITHAKER

Ruht, ihr Ithaker, ruht vom unglückseligen Kriege!
Schonet des Menschenblutes und trennet euch schnell voneinander!
Also rief die Göttin; da faßte sie bleiches Entsetzen;
Ihren zitternden Händen entflogen die Waffen, und alle
Fielen zur Erd', als laut die Stimme der Göttin ertönte.
Und sie wandten sich fliehend zur Stadt, ihr Leben zu retten.
Aber fürchterlich schrie der herrliche Dulder Odysseus
Und verfolgte sie rasch, wie ein hochherfliegender Adler.
Und nun sandte Kronion den flammenden Strahl vom Olympos;
Dieser fiel vor Athene, der Tochter des schrecklichen Vaters.
Und zu Odysseus sprach die heilige Göttin Athene:
Edler Laertiad', erfindungsreicher Odysseus,
Halte nun ein und ruhe vom allverderbenden Kriege,
Daß dir Kronion nicht zürne, der Gott weithallender Donner!
Also sprach sie, und freudig gehorcht' Odysseus der Göttin.

(Johann Heinrich Voß)

Timotheos von Milet · um 400 v. u. Z. · Griechenland

DIE PERSER

Rückwärts aber wandte sich nun der Perserbarbaren
Flüchtige Flotte in wildem Gedränge.
Aneina der zerspellte ihr Andrang;
Ihren Händen entglitten die auf den Bergen entsproßnen,
Langhinausgestreckten
Ruderfüße der Schiffe. Dem Dollbord entfielen
Beim Zusammenprall die marmorweißlich
Schimmernden Ruderpflöcke.
Doch wie sternübersät wimmelte rings das Meer
Von den lebensberaubten,
Atemverlassenen Leibern;
Schwerbelastet war rings der Strand,
Andere lagen auf der felsigen Küste des Meeres,
In ihrer Nacktheit erstarrt,
Jammervoll klagend, mit Tränen
Triefend überströmt, und während heulende Klage
Ihrer dröhnenden Brust entfuhr und weinend Gejammer
Dauernd sie hielt, so riefen zugleich sie die Erde der Heimat
Zurück: „Ihr mysischen Schluchten,
Baumhaarbewachsen, o rettet
Mich von hier, wohin wir vom Winde getrieben
Angeschwemmt; denn niemals wieder
Wird meinen Leib je Erde bedecken."

(Thassilo von Scheffer / Walter Fietz)

Bakchylides von Keos · um 505—430 v. u. Z. · Griechenland

DER FRIEDE

Großer Friede, du bringst den Menschen Reichtum,
Bringst des süßen Gesangs holdselge Blume.
Auf umkränzten Altären glühn die Opfer
Allen Göttern zum Preis in goldner Flamme,
Zarter Lämmer und junger Stiere Schenkel.
Und des Jünglings Schar, vereint zum Wettkampf,
Sinnt auf Flötenmusik und Prachtaufzüge.
Doch im Bauche des erzgebundnen Schildes
Webt ihr emsiges Netz die schwarze Spinne;
An dem Eisen des Speers, den Doppelschwertern
Nagt der Rost, und es schweigt die Kriegsdrommete.
Nicht mehr meidet, hinweggeschreckt vom Auge,
Uns der liebliche Schlaf, der Herzerquicker;
Alle Gassen sind voll vor Festgelagen,
Und es leuchten in Glut die Liebeslieder.

(Emanuel Geibel)

Sappho · 7./6. Jahrhundert v. u. Z. · Griechenland

LASST MICH

Laßt mich heut Anaktorias, der schon mir
Fernen, gedenken!

Lieber säh ich ihre geliebten Schritte
Und das Spiel auf ihrem beglänzten Antlitz
Als die Wagen lydischen Landes und in
Waffen das Fußvolk.

(Ernst Morwitz)

Aischylos · 525–456 v. u. Z. · Griechenland

CHOR DER TÖCHTER DES DANAOS

Jetzt mich, wenn irgend je,
Höret ihr Zeusgebornen! Hört dem Geschlecht mich Heil flehn!
Wecke der Flammen Brunst nie in Pelasgos' Stadt
Ares, der taumelnd tobt in festschändender Wut,
Der sich der Männer Bluternte von fremder Flur mäht —
Weil sie mein sich erbarmet,
Mein Heil freundlich beschlossen,
Zeus' Schutzflehende gescheut in uns neidunwürdiger Herde.

Nicht zu der Männer Heil
Gaben sie jenen Spruch, mißachtend der Mädchen Klage;
Sondern sie schaun zu Zeus' rächendem Wächter, der Schuld
Unüberwindlichem Fluch, des blutschuldiges Spähn
Keiner auf seinem Dach wünscht, denn er lastet schwer dort.
Nein, *uns*, ihre Verwandten,
Zeus' Schutzflehende scheun sie,
Drum so wird sie die Gottheit stets gern am lautren Altar schaun.

Drum von dem frommen, laubschattigen Mund empor
Flieg ein Gebet der Ehren,
Mögen dem teuren Volk nie
Seuchen die Stadt verheeren,
Nie der Empörung wilde Wut
Blutig ihr heimisch Gefild säen,
Ungebrochen der Jugend
Blüte blühn, Aphrodites
Menschenmordender Buhle nie, Ares, dieses Gefild mähn!

Greisen vertraut zur Hut, flammend in froher Glut
Möge des Landes Herd sein,
Für der Gemeinde Wohlfahrt
Zeus der Erhabene geehrt sein,
Aber zumeist der Fremden Hort,
Der an ein ewig Gesetz ihr Los weist,
Mag der Führer Geschlecht stets
Führer wieder erzeugen,
Hilfreich Artemis nahn den Fraun, wenn ihr kreißender Schoß reißt.

Nimmer ein menschenhinraffender Schwindel mag
Spaltend sich auf sie stürzen,
Tränenerzeugenden Kampf sondern Gesäng' und Gepräng',
Ein aufruhrblutig Netz zu schürzen;
Der Schwarm frevler Begier lass'
Fernab sich grausig nieder;
Gnädig sei der Lykeier Gott aller Jugend des Landes!

(J. G. Droysen)

Pindaros · um 518 — nach 446 v. u. Z. · Griechenland

TANZLIED

Beim Nahen des Perserheeres

Süß ist dem, der ihn nicht kennt, der Krieg,
doch die ihn kennen, von denen
schaudert mancher, wenn er herankommt,
im Herzen über das Maß.

Die Gemeinschaft der Bürger soll man in heiteres Wetter bringen
und dahin trachten, wo der mannerhöhenden Ruhe
schimmerndes Licht ist,
die Zwietracht vom Herzen, die widerwärtige, wegnehmen,
eine Geberin der Armut, eine feindliche Amme der jungen Männer.

(F. Port)

Anakreon · 6. Jahrhundert v. u. Z. · Griechenland

WER MIR BEIM KRUGE

Wer mir beim Kruge voll Wein von Kämpfen erzählt und von Kriegen,
Die uns nur Tränen gebracht, der sei nimmer mein Freund,
Aber ein jeder, der Aphrodites herrliche Gaben
Und die Musen zugleich preist im geselligen Bund.

(Horst Rüdiger)

Sophokles · um 496—406 v. u. Z. · Griechenland

CHOR DER SALAMINISCHEN KRIEGER

Wann endlich erfüllt sich die Zahl, ach wann
Hält inne das Rad
Der endlos rollenden Jahre,
Das uns immer und ewig nur Plage gebracht,
Die Mühe der klirrenden Speere
In Ilions weitem Gefild,
Die grausame Schmach der Hellenen.

O wär er vorher in das weite Reich
Der Lüfte getaucht,
Hinab zum Hafen des Hades,
Jener Mann, der die Griechen die Waffen gelehrt,
Das gräßliche Ringen des Ares,
Die Qual, die nur Qualen gebar!
Wie hat er die Menschen vernichtet!

Die Freude der Kränze,
Die Fülle der Becher
Hat der Elende ewig versagt,
Das süße Getön
Der lieblichen Flöte,
Die Ruhe des nächtlichen Schlafs.
Des Eros, o wehe, des Eros
Freuden, er hat sie geraubt.
Einsam lieg ich, verlassen,
Die Haare vom Taufall
Ewig benetzt, von Trojas
Freudloser Gabe.

Es hat mich bis heute
Der stürmische Aias
Vor den nächtlichen Schrecken bewahrt.
Da verfiel dieser Mann
Dem grausigen Daimon.

Wo winkt da, wo winkt noch die Lust?
O wär ich am waldigen Hang, wo
Rauschende Welle des Meers
Sunions ragende Klippe
Umbrandet — wie wollt ich
Heilige Stadt der Athena
Freudig begrüßen!

(Ernst Buschor)

Aus dem Dhammapada · 4./3. Jahrhundert v. u. Z. · Indien
DIE ZAHL IST NICHTS!

Besser als in tausend Reden
Worte ohne Sinn verschwendet,
Ist ein Wort voll tiefen Sinnes,
Das dem Hörer Frieden spendet.

Besser als in tausend Liedern
Worte ohne Sinn verschwendet,
Ist ein Wort voll tiefen Sinnes,
Das dem Hörer Frieden spendet.

Ob ein Sänger hundert Lieder
Sinnlos in die Lüfte sendet,
Besser als ein Wort der Wahrheit,
Das dem Hörer Frieden spendet.

Magst du in der Schlacht besiegen
Tausendmal zehntausend Krieger —
Wer das eigne Ich bezwungen,
Ist der größte Held und Sieger.

(H. Much)

Aristophanes · um 445 — um 386 v. u. Z. · Griechenland

DER FRIEDEN

Wer mächtig heut in den gedrehten Strick greift,
Dem wird der Krieg einst keinen Strick mehr drehen;
In Frieden wird er leben, eine weiche
Freundin am Hals, im Herd die Scheiter wendend.
Wer aber will, es sei und bleibe Krieg,
Dionysos, den spick mir ganz und über
Mit ehernen Lanzenspitzen, daß er Rost schwitzt.
Und wer, ein Feldwebel und Leutschinder,
Sich Mann nur fühlt, wenn Männer er entmannt,
Soll Pfeile fressen, bis er Schäfte scheißt.
Und wer, als Feldherr, große, müde Heere
So gern bewegt, sei, auf dem Rücken liegend,
Von Heeren überquert, zahllosen Stiefeln,
Die ins Gekrös ihn treten und Gemächt.
Wer aber, Gold aus Eisen sich zu schlagen,
Ein Brot-aus-Blut-Bäcker, ein von Hunger Satter,
Sei Harnischschmied er oder Armbrusthändler,
Des Mordens Fortführung anrät aus Freßgier:
Der soll in diesem hohlen Brunnenloch
Mit keiner Nahrung als für zwei, drei Tage,
Dem Kern der Erde nah, langsam verschmachten,
Das letzte Fett wegschmorend, das letzte Wasser
Ausatmend, bang der Wolken Flug ansehn
In fernen Himmels rötlichem Oval
Und ohne Tröstung vor sich hinkrepieren
Zum haarigen Skelett, zur Sündenmumie,
Mählich bedeckt vom Kot der schwirrenden Vögel.

(Peter Hacks)

Properz · 48—15 v. u. Z. · Rom

ELEGIE

Postumus, konntest du Galla verlassen in Tränen, und konntest,
Folgend den Fahnen Augustus', weg von ihr ziehn in den Krieg?
Schien so groß dir der Ruhm von der Siegesbeute der Parther,
Daß du darüber das Flehn deiner Gemahlin vergaßt?

    Gingt ihr doch alle zu Grund,
    die ihr so gierig nach Raub seid,
    Denen mehr noch der Krieg
    gilt, als ein zärtliches Weib!

Zwar du, Sinnloser, schöpfst, in den Kriegsmantel nur gehüllt,
Dürstend und matt mit dem Helm aus dem Araxes die Flut:
Doch sie schmachtet indessen an deinem eitlen Ruhme,
Fürchtet, dein kriegrischer Mut werde zu bitterem Leid;

    Daß ein medischer Pfeil
    an deinem Blut sich ergetze,
    Oder ein eiserner Mann
    mit dem gepanzerten Roß.

Oder man ihren Tränen vielleicht deine zurückbringt:
Ach, zu oft nur das Los jenes entfernten Kriegs!
Dreimal, ja viermal glücklicher Postumus! warst du würdig,
Du, mit solchem Gemüt, einer so trefflichen Frau?

(K. L. v. Knebel)

Tibull · 54—19 v. u. Z. · Rom

DER FRIEDE

Welcher der Sterblichen war des grausamen Schwertes Erfinder?
Wahrlich ein eisernes Herz trug der Barbar in der Brust!
Mord begann nun im Menschengeschlecht, es begannen die Schlachten,
Und du, gräßlicher Tod, hattest nun kürzeren Weg.
Doch was fluch ich dem Armen? Wir kehrten zum eignen Verderben,
Was er gegen die Wut reißender Tiere nur bot.
Gold, dir danken wir dies! denn damals gab es nicht Kriege,
Als noch ein buchener Kelch stand vor dem heiligen Mahl.
Keine Feste noch war, kein Wall! Es pflegte des Schlummers
Sorglos unter den buntwolligen Schafen der Hirt.
Hätt ich damals gelebt! dann kennt ich nicht Waffen des Volkes,
Nicht der Trompete Getön hört ich mit klopfender Brust,
Aber nun reißt man mich fort in den Krieg, und einer der Feinde
Trägt wohl schon das Geschoß, das mir die Seite durchbohrt.

(Eduard Mörike)

Horaz · 65—8 v. u. Z. · Rom

AN ICCIUS

Auch du, mein Iccius, neidest Arabien jetzt
Die reichen Schätze, drohest mit Schwert und Krieg
    Sabäas Fürsten, nie besiegt, hältst
        Ketten bereit für den Trotz des Meders?

Ja, ja, bald bringst du dir eine Sklavin heim
Aus Königstöchtern, deren Verlobter fiel;
    Ein Fürstenknabe, salbenduftend,
        Wird dir den Wein im Pokal kredenzen,

Der tüchtig ist, zu schnellen den Sererpfeil
Von Vaters Bogen, leugne nur einer noch,
    Der Quell könn' aufwärts zu den Bergen fließen:

Du sammelst mühsam erst des Panaitios
Gesamte Werke und der Sokratiker,
    Und tauschst sie dann für Schwert und Panzer?
    Besseres hattest du einst versprochen!

(Hans Färber)

Tsau Tsau · 155–220 · China
FELDZUG OHNE RÜCKKEHR

Wildgänse ziehen über die Grenze nach Norden,
Dorthin wo leer ist von Menschen das Land.
Sie schlagen die Schwingen zehntausend Meilen und mehr,
Und immer geordnet in fliegender Kette.

Zum Winter fraßen im Süden sie Korn,
In des Frühlings Sonne fliegen sie wieder nach Norden.
Mitten im Felde schwanken die Kolben vom Rohr,
Bis vom Winde der Samen stiebt wirbelnd davon.

Getrennt von der heimischen Wurzel für lange —
Für ewige Zeiten davon und nie wieder zusammen.
Weh euch! auf dem Marsche — Soldaten!
Wozu euer Marsch an das Ende der Welt?

Nie wird vom Pferde der Sattel gehoben,
Nie der Panzer gelockert, die Helme gelöst.
Um Schritt und Schritt kommt näher das Alter, —
Wann je zur alten Heimat die Wiederkehr?

Feucht sind die Schluchten, der Drachen Versteck;
Steil sind die Höhen, der Bestien Pfad.
Der Fuchs dreht im Sterben den Kopf hin zum Bau,
Die alte Heimat: wer kann sie vergessen?

(Peter Olbricht)

Li Tai-bai · 701—762 · China

FLUCH DES KRIEGES

Im Schnee des Tien-schan grast das dürre Roß.
Drei Heere sanken vor dem wilden Troß.

Die gelbe Wüste liegt von weißen Knochen voll.
Der Pferde Schrei wie schrille Flöte scholl.

Es schlingen Eingeweide sich von Baum zu Baum in Schnüren,
Die Raben krächzend auf die Zweige führen.

Soldaten liegen tot auf des Palastes Stufen.
Es mag der tote General die Toten rufen.

So sei verflucht der Krieg! Verflucht das Werk der Waffen!
Es hat der Weise nichts mit ihrem Wahn zu schaffen.

Er wird die Waffe nur als letzte Rettung schwingen,
Um durch den Tod der Welt das Leben zu erzwingen.

(Klabund)

Yakamochi · um 700—785 · Japan

GEDANKEN EINES GRENZOFFIZIERS

Dem Befehl des großen Kaisers folgend
verlaß ich mein Weib.
Trauer erfaßt mich,
doch: Mut sei Sache
des wahren Kriegers.
Zum Kampf gerüstet
trete ich unter die Türe.
Die Mutter küßt mich,
die Mutter und Amme;
mein Weib — Grashalm im Mai —,
es umarmt mich:
„Unverwundet bleib du,
meine Sehnsucht!

Kehre zurück aus Gefahren,
glücklich!"
Sie wischt eine Träne
mit seidenem Ärmel.
Sie spricht die Worte
mit schluchzendem Stocken.

Mitziehn müssen im Zug der Schwäne
ist bitter. —
Ein Mal noch, zum letzten
blick ich zurück,
doch kann ich das Heimatdorf
längst nicht mehr sehn.
Von Berg zu Berg
ziehn wir, über Pässe;
ich sehe des Yodos
schilfige Mündung
am Abend zur Flutzeit.
Noch seh ich im Nebel des Morgens
die Inseln,
noch hör ich des Reihers
warnendes Krächzen. —
Und seufzend gedenk ich
der Meinen zu Hause.
Auf meinem Rücken
klappern die Pfeile.

Nachschrift:

Auf See noch
hör ich des Reihers Krächzen.
Ich denk an die Meinen.

Weitere Nachschrift:

Ich konnte nicht schlafen.
Dacht ich ans Heimatdorf?
War es der Schrei des Reihers? —
Schwarz stand das Schilfrohr...

(A. Roscher nach Adler-Revon)

Du Fu · 712—770 · China

NUR DANN

Dem Bogenschützen wird geboten: spanne
den Bogen straff und triff mit jedem Schuß!
Doch besser wär es, wenn er zielen muß,
daß nach dem Roß er ziele, nicht dem Manne.

Wenn ihr gegen Räuber kämpft, dann aus der Bande
fangt erst den Häuptling, daß nicht andre büßen.
Sind nicht auch Grenzen jedem Blutvergießen
gesetzt, wie sie gesetzt sind jedem Lande?

Nur wenn das Reich bedroht von Feindeshorden,
wenn mordend sie mit Krieg uns überzogen,
dann greift zum Schwert, dann spannt ihn straff, den Bogen —
nie aber, um aus bloßer Gier zu morden!

(Ernst J. Schwarz)

Tsao Sung · 870—920 · China

EIN PROTEST IM SECHSTEN JAHRE DES CHIEN FU

Die Hügel und Bäche der Ebene
Machtet ihr zu eurem Schlachtfeld.
Wie, glaubt ihr, wird das Volk, das hier lebt
Sich versorgen mit Brennholz und Heu?
Bitte verschont mich mit eurem Gewäsch
Von Ernennungen und Titeln.
Eines einzigen Generals Reputation
Heißt: Zehntausend Leichen.

(Bertolt Brecht)

Gau Tsching-tschiu · 1336—1374 · China

ICH HALTE AUSSCHAU

Ich steige auf den Stadtwall
und blicke in die Ferne.
Von Wind und Staub umdunkelt,
verschwimmt das weite Land.

Der Strom und die Berge
umschirmen unsere Stadt.
Die Feuerzeichen flackern
von allen Mauertürmen.

Wann werden denn
die Übergriffe eingestellt?
Von hundert Toten bleibt
nur eine Handvoll Erde.

Bei Tau und Regen
gedeihen jetzt ringsum
nur wilde Disteln
auf den Hirse-Äckern.

Die fernen Schlachtfelder
sind nicht zu sehen.
Und doch begreife ich
die Not der Menschen.

Die Pferde scheuen
im pfeifenden Westwind.
Die Trommeln dröhnen
bei Sonnenuntergang.

Das Wasser rauscht
am Fuß der Mauer hin:
So strömt das Leid
durch alle Zeiten fort.

(Andreas Donath)

Dai Schi-ping · 12. Jahrhundert · China

DORF NACH DEM KRIEG

Zwerg-Pfirsichbäume blühn verwaist
    und Blumen herrenlos;
Von Raben dicht umlagert dampft
    das feuchte, weite Moos.
Um alte Brunnen da und dort
    nur Mauerreste stehn ...
Hier ragten früher weit und breit
    Gehöfte, reich und groß.

(Zoltan Franyó)

Abu 'l Tajjib al Mutanabbi · 915—965 · Arabien

DIE MENSCHEN VOR UNS

Die Menschen vor uns ertrugen das Schicksal wie wir,
Und was wir erlebten, das haben auch jene erlebt;
Und dennoch: sie alle verließen bedauernd die Welt,
Hat diese auch manchmal nur manche mit Freude bedacht.
Zuweilen erschienen die düsteren Tage uns schön,
Doch hat sie das Schicksal dann immer aufs neue getrübt,
Und wir, in der Tat, als genügte der Wechsel uns nicht,
Wir taten noch jeder das unsere helfend dazu.
Treibt jemals das Schicksal ein Rohr aus der Erde hervor,
Versieht es der Mensch mit Eisen und spitzt es zum Speer;
Und dabei ist, was wir bedürfen, doch viel zu gering,
Als daß wir darüber Vernichtung erstrebten und Krieg.

(Kurt Heinrich Hansen)

Rabbi Meïr · 11. Jahrhundert · Vorderer Orient / lebte in Frankreich

HERR, KANNST DU'S ERTRAGEN?

Seufzen, Wimmern,
Jammerklagen!
Schwerter klirren,
Die mein armes Volk erschlagen,
Das die Mörder
Noch zu höhnen wagen,
Die Entsetzten, Müdgehetzten
Aus dem Lande jagen!
Felsenriffe
Bluten, wo wir sterbend lagen —
Kannst du, Herr, kannst du's ertragen?

Pest von Schwindlern
Hören wir uns schelten,
Als Verruchte, als Verfluchte
Läßt man uns nur gelten;
Unter Schauern kauern
Wir in Höhlen — Todeszelten,
Wo die Leiber unsrer Weiber,
Unsrer Kleinen sie zerschellten.
So verachtet, hingeschlachtet,
Muß ich, muß verzagen —
Kannst du, Herr, kannst du's ertragen?

Feinde pflanzen
Zahllos auf die Zeichen,
Schleudern Speere,
Die das Herz erreichen,
Raufen, schänden das Gesicht mit Bränden,
Füllen Gruben mit den Leichen.
Wenn im Tage
Tiefgeduckt wir schleichen,
Spähn die Schergen von den Bergen.
Auf uns loszuschlagen —
Kannst du, Herr, kannst du's ertragen?

(S. Heller)

Adam von St. Victor · 12. Jahrhundert · Frankreich
SEQUENZ VON DER GEBURT DES HERRN

O Maria, Stern der Meere,
Nach Gott einzige Hoffnung, wehre
Dieser Zeiten Untergang.

Sieh, wie viele Widersacher
Schädigen mit listigem Schacher,
Quälen uns mit bösem Drang.

Durch dich sei uns Tugend eigen,
Durch dich, teure Mutter, neigen
Sich des Dämons Stolz und Gift:

Deines Sohnes Huld vermehre,
Daß nicht der entsetzensschwere
Kurze Urteilsspruch uns trifft.

(Friedrich Wolters)

Herren ohne Land
und Länder ohne Leute
Und Leut ohn Haus und Hof
sind solcher Kriege Beute

Walther von der Vogelweide · um 1170 — um 1230 · Deutschland

SCHLIMME ZEITEN

Ich saß auf einem Steine
und deckte Bein mit Beine;
den Ellenbogen setzt ich auf
und schmiegte in die Hand darauf
das Kinn und eine Wange.
So grübelte ich lange,
wie in der Welt man könnte leben:
die Antwort konnt ich mir nicht geben,
wie man drei Ding erwürbe,
daß keins davon verdürbe,
Der'n zwei sind Ansehn, irdisch Gut
— das oft einander Abbruch tut —,
das dritt ist Gottes Segen,
den zweien überlegen.
Die wünscht ich mir in *einen* Schrein.
Doch leider kann es nimmer sein,
daß Gut und weltlich Ehre
und Gottes Huld je kehre
ein in dasselbe Menschenherz.
Sie finden Hemmnis allerwärts:
Lug gibt's im Übermaße,
Gewalt herrscht auf der Straße.
Friede und Recht sind todeswund,
es finden keinen Schutz die drei,
eh diese zwei nicht sind gesund!

(Richard Schaeffer)

Gottfried von Straßburg · um 1200 · Deutschland

MEIN UND DEIN

Land und Leute könnten voller Ruhe sein,
Wären nicht zwei kleine Wörter: mein und dein;
Die wirken manche Wunder auf der Erde.
Wie gehn sie rüttelnd, wie so wütend überall
Und treiben alle Welt herum wie einen Ball.
Ich denke ihres Krieges nie mehr Ende werde.
Böse Gierigkeit
Schlingt um alles sich hin seit Evas Zeit,
Verwirrt ein jedes Herz und jedes Reich.
Weder Herz noch Zungen
Meinen nichts noch lieben nichts als Falsch und Änderungen.
Liebe und auch Rechtsspruch sind an Trug sich gleich.

(Curt Hohoff)

Charles d'Orléans · 1391—1465 · Frankreich

FRIEDENSBALLADE

Um Frieden bete, süße Frau Marie,
Du Himmelskönigin, Herrin der Welt:
Laß beten — Deine Güte endet nie —
Die Heiligen. O daß es Dir gefällt,
Zu bitten Deines Sohnes hohen Mut,
Er blicke freundlich auf sein Volk und gut,
Erlösen wollte es sein reines Blut,
Den Krieg verweisend, der das Böse hält.
O hört nicht auf und betet alle beide:
Um Frieden betet, um den Kelch der Freude.

Betet, Prälaten, und ihr frommen Leute,
Ihr Mönche, daß euch nicht der Schlaf erschlafft,
So betet, Lehrer ihr und Hörerschaft.
Denn alles Lernen wird dem Krieg zur Beute.
Zerstört sind Klöster, und man baut sie nicht,
Dem Dienste Gottes dürft ihr euch nicht geben,
Nicht mehr in eurer Ruhe könnt ihr leben.
Betet so stark, daß Gott bald zu euch spricht
Und daß der Kirche Willen euch bescheide:
Um Frieden betet, um den Kelch der Freude.

Betet, ihr Fürsten, die ihr Herrscher seid,
Du König, Herzog, edler Graf, Baron,
Ihr Adligen im ritterlichen Kleid:
Gemeine sprechen nicht demütigen Ton;
Sie halten euren Reichtum in der Hand,
In eure Höhe bringt sie Kampf und Streit:
Ihr seht es jeden Tag deutlicher schon,
Und reich sind sie von eurem Geld und Land,
Und eure Macht ist eurem Volk zu leide:
Um Frieden betet, um den Kelch der Freude.

Betet, ihr Völker in der Tyrannei;
Denn eure Herren sind sehr matt und schwach.
Sie hüten euch nicht, lassen euch nicht frei,
Noch helfen je sie eurem Weh und Ach.
Euch biedre Händler drücken Sattelwunden
Und heftig ist der Rücken euch geschunden,
Kaum führet ihr noch eine Ware mit,
Ihr kennt nicht sichren Weg noch sichren Schritt,
Gefahr begegnet ihr und vielem Neide:
Um Frieden betet, um den Kelch der Freude.

Allmächtiger Gott, du mögest uns bedenken
Und Himmel, Erde und das Meer beschenken!
Betet zu ihm und seinem guten Lenken,
In ihm allein ist Heil von allem Leide:
Um Frieden betet, um den Kelch der Freude.

(Alfred Neumann)

Michelangelo · 1475—1564 · Italien

HIER MACHT AUS KELCHEN HELME MAN

Hier macht aus Kelchen Helme man und Klingen,
Nach Maß verschachert man des Heilands Blut,
Für Schild und Lanze tauscht man Kreuzes Gut,
Selbst Christi Langmut würde man bezwingen.

Er käme besser nicht in solche Hut,
Man ließ den Blutpreis zu den Sternen springen.
Dem guten Werke sperrt man das Gelingen,
Doch Christi Haut verkauft Roms Frevelmut.

Hätt' ich zum Trost doch Schätze mir geschaffen,
Jedoch medusenhaft wußt', was erstand
An Werken, der im Papstkleid zu erraffen.

Wenn nun im Himmel Armut Glorie fand,
Wo fänd' ich Hoffnung — da des Heilands Waffen
Auf Erden man nicht wert zum Sinnbild fand?

(Edwin Redslob)

Luis Vaz de Camões · um 1525—1580 · Portugal

WEH, WIEVIEL NOT

Weh, wieviel Not und Fährnis auf dem Meere,
Wie nah der Tod in tausendfalt Gestalten!
Auf Erden, wie viel Krieg! Wie viel der Ehre,
Verhaßt Geschäft. Ach daß nur eine Falte
Des Weltballs für den Menschen sicher wäre
Sein bißchen Dasein friedlich durchzuhalten
Indeß die Himmel wetteifern im Sturm.
Und gegen wen? Den ärmsten Erdenwurm!

(Stefan Zweig)

François Villon · 1431 — um 1463 · Frankreich
DIE BALLADE VON DER SCHÖNEN STADT MORAH

Und als ich in die schöne Stadt reinfuhr,
weil sie so lang und breit am Wasser liegt,
da tat ich gleich bei meinem Bart den Schwur:
daß mich kein Hund aus dieser Stadt rauskriegt.
Ach, sagte ich zu mir:
ich bleibe ewig dein Geliebter hier.

Da lagen auch soviel Soldaten drin
und gingen Arm in Arm mit mancher Frau.
Ich aber sprang wohl zu dem Wasser hin
und nahm mir eine Wolke weiß und blau.
Ach, sagte ich zu mir:
du bist mein allerschönstes Schmeicheltier.

Da kam auch eine kleine Fischerin
in einem weißen Segelschiff heran
und fragte, ob ich der Villon wohl sei,
der Franz und nicht ein irgendwelcher Mann.
Da sagte ich zu ihr:
nun nimm ihn schon, den Schnabel, und probier.

Es schien der wunderblaue Sommerbaum
noch lang herab auf unser Nest im Kraut;
und schließlich wollte sie, daß dieser Traum
nur ihr gehör und keiner andren Braut.
Da sagte ich zu ihr:
was ewig dauert, macht mir kein Pläsier.

Und als ich wieder aus der Stadt rausfuhr,
nach mir da gingen die Soldaten auch
und schossen auf der schönen Sommerflur
sich lauter rote Löcher in den Bauch.
Ach, sagte ich zu mir:
wie wär es, wenn ich jetzt zurückmarschier?

Da stand die schöne Stadt schon lang nicht mehr
am Wasser um die blaue Pflaumenzeit;
da lagen nur noch Steine kreuz und quer,
und eine Krähe schrie vom Baum ihr Winterleid.
Ach, sagte ich zu ihr:
wir bleiben ewig nur zwei Waisenkinder hier.

(Paul Zech)

Giambattista Marino · 1569—1625 · Italien

DIE MUTTER

Dort siehst du eine Mutter bittend weinen
und vor ihr steht ein grimmiger Soldat;
mit ihrem Arm beschirmt sie ihren Kleinen,
wie er den Arm zum Streich erhoben hat;
sie fleht, man soll ihr lassen diesen einen —
den letzten Sohn; da sie vergebens bat,
rast wild sie auf, mit Kratzen und mit Bissen
hat sie dem Mann das nackte Schwert entrissen.

Dann sprach sie bei sich selbst: „Es soll nicht wahr sein,
o meines Herzens einzige Sorge du,
es soll nicht diese wilde rohe Schar sein,
die also süßem Leib ein Leides tu.
In schneller Tat soll's allen offenbar sein:
die dir das Leben gab, bringt es zur Ruh.
Sie sollen sehen, die entmenschten Horden,
wie eine Mutter Mörderin geworden."

Sprach's und mit eignen Händen, gleich Medeen,
durchbohrt' und schnitt sie in zwei Stücke ihn,
warf ins Gesicht dem Wicht, der zugesehen
und grinste, die geliebten Glieder hin.
„Du lerne Grausamkeiten zu begehen
von einer Mutter und Hebräerin!
Ein Stümper warst du! Lerne, lerne", sprach sie,
„auch dies von mir!" Und dann sich selbst erstach sie.

(Hans Fredrick)

Olivier de Magny · um 1529—1561 · Frankreich
DIE SEUFZER DER WELT

Gordes, was tun wir? wird nie Frieden um uns sein?
Nie Frieden um uns sein mehr hier auf dieser Erden?
Auf Erden nichts mehr sein als lange Kriegs-Beschwerden,
Als Krieg, der auf dem Volk so liegt als Last und Pein?

Ich seh nur Harnische, nur Roß- und Söldnerreihn,
Ich hör nur Prahlen, was alles soll erobert werden,
Ich hör nur Donner, Lärm, Fanfaren, Schlacht-Gebärden:
In nichts als Wut und Blut seh ich, hör ich hinein!

Die Großen dieser Welt spieln nur mit unserm Leben,
Und haben wir zum Gut das Blut dahingegeben,
So sorgen sie sich nicht, wer sie uns wiederbringt:

Wie sind wir Lebenden mit Unheil doch beladen,
Wir, die wir zusehn, wie das Übel uns umringt;
Bei andern ist die Schuld, doch unser ist der Schaden!
(Helmut Bartuschek)

Jean Dorat · 1508—1588 · Frankreich
SONETT

Muß man so wichtig ob des Friedens tun,
Muß man durch Land und Stadt und Dörfer all
Kundtun durch Heroldruf und Hörnerschall,
Daß man in Frankreich ihn geschlossen nun?

Wohl besser wär's zu flehn, daß Gott allein
In jeder Fährnis ihm sei Schutz und Hort;
Wir lobten besser ihn in Lied und Wort
Und würden: Hoch dem Friedensfürsten, schrein.

Der Friede ward genügend schon bekannt
Durch jene, die ihn abertausendmal
Ersehnt und ihn begrüßt mit Freudenschall.

Genügend wurde er so laut genannt
Von jenen, die so innig ihn erharrt,
Daß ihrem Ruf durch Gott Erhörung ward.
(Max Rieple)

Volkslied · um 1544 · Niederlande
DER RAT DER MUTTER

„Ach, Mutter", sagte sie, „Mutter,
Nun gebt mir guten Rat;
Mich freit ein Landsknecht sehre,
Er geht mir allzeit nach."

„Freit dich ein Landsknecht sehre,
Geht er dir allzeit nach,
So schlag dein Augen nieder
Und laß ihn weitergahn."

„Ach, Mutter", sagte sie, „Mutter,
Der Rat dünkt mich nicht gut;
Ich hab den Landsknecht lieber
Als all meins Vaters Gut."

„Hast du den Landsknecht lieber
Als all deins Vaters Gut,
So mag sich Gott erbarmen,
Daß ich dich einstens trug."

(Albert Wesselski)

Landsknechtslied · um 1525 · Deutschland
DIE SCHLACHT VOR PAVIA

Im Blut mußten wir gan,
Im Blut mußten wir gan,
Bis über, bis über die Schuch:
Barmherziger Gott, erkenn die Not!
Barmherziger Gott, erkenn die Not!
Wir müssen sonst verderben also.

Jean Passerat · 1534—1602 · Frankreich

WIDER DIE DEUTSCHEN LANDSKNECHTE

Ihr Pulverfratzen, Teufel ihr vom Rhein,
Mordbrenner, wagt euch nie mehr hier herein
In unser Musenland! Keiner versuch es!
Treff euch der Bannfluch meines Zauberbuches:
Beim Bacchus, dessen Bannern ihr euch weiht,
Sucht sonstwo mit den Pfaffen euern Streit!
Raubt sonstwo, meine Herren Ketzerbande:
Reliquien gibt's nicht mehr bei uns zu Lande!
Die Spatzen pfeifen's von den Dächern euch:
Weg von hier, legt euch sonstwo ins Gesträuch!
Dies heilige Land hier ist kein Marsfeld, Meute!
Hier herrscht nur Phöbus strahlend, einst wie heute!
Spielt euch nicht auf, stellt das Verheern hier ein:
Sonst — soll'n die Gäule euch vernagelt sein!
Sonst — soll euch euer Troß voll Räuberpacksen
Mit Rad und Achsen hier im Schlamm zerknaxen!!
Wollt ihr noch mal solch Generalabfuhr
Wie — auf Nimmerwiederkehrn! — bei Montcontour?!
Verfluchen werdet ihr, wie jüngst, dann diese
Metzer Belag'rung gegen unsern Guise!
Heißt's dann Reißaus, zerschlagen und zerbleut,
Heißt's Wasserschlucken, das ihr sonst so scheut...!
Wagt also euch nie wieder ins Gelände —
Führt sonstwo euern Krieg und Brand zu Ende!
Laßt sonstwo — wo ihr wollt — niemals in Ruh
Das Schweinsgeselchte und das Faß dazu!
Wälzt sonstwo euch — nur hier nicht — unterm Tische,
Schnarcht sonstwo aus euch in 'ner Saustallnische,
Sieger im Saufen und vom Suff besiegt,
Wo ihr im weißen, rosigen Weindunst liegt,
Nackt und bedreckt, gereiht in eurem Pfuhle,
Wie sich die Wildsau sühlt in ihrer Suhle!
Kurz: Wie ihr wollt, sollt ihr gebettet sein,
Nur — wagt euch nie nach Frankreich mehr herein,
Das euch nicht braucht, ihr fremden Starenmassen,
Um seine Trauben sich pflücken zu lassen!

(Helmut Bartuschek)

Hans Sachs · 1494—1576 · Deutschland

FRIED UND RUH

Genius sprach zu mir:
„Sag an, Gsell, wie gfällt dir
Der Krieg und die Kriegsleut,
Sein Art, Frucht, Lohn und Beut?"
Ich antwort ihm gar klug:
„Der Kriegs hab ich genug.
Dieweil ich hab mein Leben,
So will ich mich begeben
In kein Krieg nimmermehr,
Weil er ohn Nutz und Ehr
Handelt; allein mit Schaden
Wird Land und Leut beladen,
Welche der Krieg tut rühren,
samt denen, die ihn führen.
Derhalb der Krieg — ich sag —
Ist lauter Straf und Plag,
Des gar soll müßig gahn
Ober- und Untertan."
Da antwort Genius
Und sprach: „Gesell, man muß
Des Feindes sich oft wehren,
Der wider Recht und Ehren
Bekümmert Leut und Land.
Allda mit teurer Hand
Wehrt man sich recht und billig.
Da sollt du auch gutwillig
Deim Vaterland beistahn
Als ein ehrlicher Mann.
Dran setze Leib und Blut,
Kraft, Macht, Gwalt und Gut,
Dein Vaterland zu retten,
Als auch die Alten täten,
Daß Fried und Ruh ihm wachs,
Spricht von Nürnberg Hans Sachs.

Martin Opitz · 1597—1639 · Deutschland

KLAGE

Ei, ei, du wertes Land, was kannst du doch erfahren,
Das nicht genugsam schon in diesen kurzen Jahren
An dir verübet sei? Wie hat dein alter Stand
In solcher kurzen Zeit so sehr sich umgewandt?

Du warest sonst der Markt und Schauplatz aller Sachen,
Dadurch ein schöner Ort sich kann berufen machen,
Du gingest überhoch den andern Ländern für.
Was allenthalben ist, das sehe man bei dir.

Dies Lob ist jetzt dahin. Die Kirchen sind beraubet,
Die Kammern sind erschöpft, das Gold ist aufgeklaubet,
Viel Weiber ihrer Ehr und Männer quitt gemacht,
Sehr vielen Kindern sind die Väter umgebracht,

Und nicht nur durch das Schwert: die Luft ist schädlich worden,
Hat auch das Feld geräumt und jämmerliches Morden
Durch strenge Pestilenz und Krankheit angestellt.
Wie mancher kühner Mann, wie mancher freier Held,

Der hohes Lob gehofft mit Streiten zu erwerben,
Hat müssen ohne Blut des faulen Todes sterben,
Hat seinem Mörder nicht entgegen können gehn
Und, wie ein Krieger soll, zu seinem Ende stehn.

So ist die Gottesfurcht auch mehrenteils verschwunden
Und die Religion gefangen und gebunden.
Das Recht liegt unterdrückt, die Tugend ist gehemmt,
Die Künste sind durch Kot und Unflat überschwemmt.

Die alte deutsche Treu hat sich hinwegverloren.
Der Fremden Übermut, der ist zu allen Toren
Mit ihnen eingerannt, die Sitten sind verheert,
Was Gott und uns gebührt, ist alles umgekehrt.

Wer hier nicht wird bewegt, wer sonder Weh und Schmerzen
Dies ungerechte Recht des Krieges kann beherzen,
Der ist aus hartem Stahl und Kieselstein erzeugt,
Es hat ein Tiger ihn an seiner Brust gesäugt.

Friedrich von Logau · 1604—1655 · Deutschland
SINNSPRÜCHE

Friede und Krieg

Ein Krieg ist köstlich gut, der auf den Frieden dringet;
Ein Fried ist schändlich arg, der neues Kriegen bringet.

Deutschland wider Deutschland

Das Eisen zieht sich selbst den Rost, von dem es wird verzehret,
Wir Deutschen haben selbst gezeugt, die, die uns jetzt verheeret.

Der deutsche Friede

Was kostet unser Fried?   Oh, wie viel Zeit und Jahre!
Was kostet unser Fried?   Oh, wie viel graue Haare!
Was kostet unser Fried?   Oh, wie viel Ströme Blut!
Was kostet unser Fried?   Oh, wie viel Tonnen Gut!
Ergötzt er auch dafür und lohnt so viel Veröden?
Ja. Wem? Frag Echo drum; wem meint sie wohl?
              Echo: Den Schweden! —

Krieg und Friede

Die Welt hat Krieg geführt weit über zwanzig Jahr.
Nunmehr soll Friede sein, soll werden, wie es war.
Sie hat gekriegt um das, o lachenswerte Tat!
Was sie, eh sie gekriegt, zuvor besessen hat.

Daniel von Czepko · 1605—1660 · Deutschland

VOM SCHLESISCHEN KRIEG

Ihr Herren, wo der Krieg soll lange so bestehn,
So werdet ihr mit uns, befürcht ich, untergehn:
Denn Herren ohne Land und Länder ohne Leute
Und Leut ohn Haus und Hof sind solcher Kriege Beute.

Paul Fleming · 1609—1640 · Deutschland

NEUJAHRSODE 1633

Stelle deine Schlachten ein,
Mars, und lerne milder sein!
Tu die Waffen ab und sprich:
Hin, Schwert, was beschwerst du mich?

Dieser Helm wird nütze sein,
Daß die Schwalben nisten drein,
Daß man, wann der Frühling kömmt,
Junge Vögel da vernimmt.

Und der brachen Erde Bauch
Darf der Spieß und Degen auch,
Doch, daß sie sehn anders aus:
Pflug und Spaten werden draus.

Tritt, was schädlich ist, beiseit!
Hin, verdammte Pest und Streit!
Weg, ihr Sorgen, weg, Gefahr:
Jetzund kommt ein neues Jahr!

Andreas Gryphius · 1616—1664 · Deutschland

ÜBER DEN UNTERGANG DER STADT FREYSTADT

Was soll ich noch mehr sehn? Nun grimme Pestilenzen,
Nun bleicher Hunger, Angst verwüstet deine Grenzen,
Nun der Kartaunen Blitz, nun Hauptmann und Soldat
An unserm Gut und Blut sich satt gefressen hat,
Zeucht eine Nacht noch auf voll tausendfacher Plagen,
Recht eine Nacht voll Nacht, voll Ach und Jammerklagen,
Und reißt, o Freystadt, was bisher noch von dir stund
Gleich einem Cederbaum, mit Ast und Stumpf zugrund,
Eh jemand dies vermeint. Die Sonne war gewichen,
Der Himmel stund besternt und Morpheus kam geschlichen
Mit seiner Träume Schar; der Sorgen Feind, die Ruh,
Schloß der nun müden Schar die trägen Augen zu,
Als das Geschrei anging. Oh, was für Donnerschläge
Empfind ich noch in mir, wenn ich den Blick erwäge,
Den ersten Jammerblick! Die schnelle Luft ersaust,
Der Mond, er fleucht bestürzt, der Winde Wüten braust,
Und Freystadt kracht im Brand. Es steigen Dampf und Flammen
Und Funken himmelan. Dort fällt ein Haus zusammen
Und schlägt das andre ein. Was nicht von diesem schmaucht,
Ist schon Staub, Asch' und Graus. Wo jener Haufen raucht,
War vor der schönste Saal. Wo sind der Türme Spitzen,
Wo ist das Rathaus hin und wo die Richter sitzen?
Die Kirche prasselt auch! Soll denn kein Erz noch Stein,
O Freystadt, frei an dir von seinem Sterben sein?
Schützt keiner Mauern Kraft? Sind keiner Retter Hände?
Ist alles Helfen aus, und gehn die kleinen Wände
Zusamt den großen ein? O ja, dies ist der Schluß,
Der alles, was noch stund, zu Boden werfen muß.
So wird die große Welt auf angesetzte Zeit,
Durch schwefelichte Glut des Donners abgemeit,
Verlodern und vergehn. Was seh ich dort für Haufen,
Bestürzt und tränenvoll, mit ihren Kindern laufen?
O Kinder, die ihr kaum das Vaterland erkannt,
Schaut, wie, was euch gebaut, noch eh ihr hin, verbrannt!

Wir sehen keine Stadt. Wie ist der Ort verworren
Mit dunkelroter Glut! Die Häuser sind verschorren
In Asch' und in sich selbst. Wird auch noch jemand sein,
Der aus den Kohlen sucht ein halb verbrannt Gebein
Von denen, die der Schlaf dem Feuer hat verraten?
Wir schauen derer Not, die in den Flammen braten,
Und schauen keinen Rat. Ihr Musen, ach umsunst,
Auch euer Schatz vergeht! Es hat die tolle Brunst
In dies, was heilig heißt, sich grimmig eingedrungen
Und mit der Blätter Rest weit über Feld geschwungen;
Und was ein weiser Sinn erforschet und gedacht,
Wodurch ein sterblich Mensch sich ewig hat gemacht,
Nimmt eine Stunde weg. Wir treten jetzt mit Füßen
Dies, was wir gestern Kunst und große Weisheit hießen!

Oh, daß mein Deutschland sich mit diesem Zunder trägt,
In den der Wetter Macht mit schnellen Funken schlägt,
Der uns zu Asche brennt! Wenn Bosheit wird verschwinden,
Denn wird, was jetzund hin, sich reicher wiederfinden,
Denn wirst du, tote Stadt, aus deiner Kohlengruft
Dein jetzt verscharrtes Haupt aufheben in die Luft,
Dann soll, wo Wolken jetzt von Rauch und Flammen ziehen,
Dein aufgesetzte Zier gleich einer Rosen blühen.
Denn wird, was jetzund bricht, durch Zutun weiser Hand
Erlangen, was man wünscht, und in recht neuem Stand
Sich breiten für und für. Es werden deine Mauern
Nicht mehr voll Jammer stehn, und wo man jetzund Trauern
und Zeterrufen hört, wo jetzt des Höchsten Grimm
Ohn Maß und Ende tobt, da wird die Jubelstimm
Erschallen, voll von Lust. Die neugebauten Türme,
Des Hauses schöne Pracht wird Sicherheit im Schirme
Erhalten. Ja, der Spieß, das halbverrost'te Schwert
Wird werden in ein Beil und einen Pflug verkehrt;
Auch wird die werte Treu, die Treu, die wir verloren,
Von aller Redlichkeit stehn bei uns neugeboren!

Andreas Gryphius

TRÄNEN DES VATERLANDES

Wir sind doch nunmehr ganz, ja mehr denn ganz verheeret!
Der frechen Völker Schar, die rasende Posaun,
Das vom Blut fette Schwert, die donnernde Kartaun
Hat allen Schweiß und Fleiß und Vorrat aufgezehret.

Die Türme stehn in Glut, die Kirch ist umgekehret.
Das Rathaus liegt im Graus, die Starken sind zerhaun,
Die Jungfraun sind geschändt, und wo wir hin nur schaun
Ist Feuer, Pest und Tod, der Herz und Geist durchfähret.

Hier durch die Schanz und Stadt rinnt allzeit frisches Blut.
Dreimal sind schon sechs Jahr, als unser Ströme Flut
Von Leichen fast verstopft, sich langsam fort gedrungen;

Doch schweig ich noch von dem, was ärger als der Tod,
Was grimmer denn die Pest und Glut und Hungersnot,
Daß auch der Seelenschatz so vielen abgezwungen.

Jacques Callot · Die Hinrichtung unter der Eiche
Überfall auf ein Gasthaus

Johann Rist · 1607—1667 · Deutschland

AN DIE CHRISTLICHEN FÜRSTEN UND HERREN IN DEUTSCHLAND

Ermahnung zur Wiederbringung des edlen Friedens
und zur Wiederaufrichtung rechtschaffener, beständiger Liebe
und Einigkeit

Wann wird der lange Krieg sein letztes Ziel erreichen,
Wann dünget man das Feld nicht mehr mit Menschenblut?
Wann wird der grausam Haß, das Land- und Leut-Verheeren,
Das Brennen ohne Not, das Metzeln hören auf?
Wie lange will man noch Mark, Fleisch und Bein verzehren,
Wann bringet man den Mars aus Deutschland auf den Lauf?
Ich sehe ja die Luft mit dickem Rauch erfüllet,
Das grüne Meer mit Blut gefärbet überall,
Den güldnen Sonnenglanz mit Dunkelheit verhüllet,
Ich höre Donner, Blitz und der Kartaunen Schall.
Ach Mars, es ist genug! es ist zuviel vergossen
Von bürgerlichem Schweiß; es ist das schöne Land,
Das Wein und Früchte trägt, von Menschen und von Rossen
Zertreten und verderbt, ja gänzlich umgewandt:
Ein schwarzer Platz zeigt an, wo Städte sind gestanden;
Die Knochen sagen auch, wie mancher kühne Held
Die Erden hat geküßt; da war kein Freund vorhanden,
Der sie vergraben hätt; ihr Grab, das war die Welt.

O edler Friede komm! o komm und laß die Herzen
Durch dich verknüpfet sein, komm an mit vollem Lauf,
Du Geber aller Lust, wir warten dein mit Schmerzen;
Ihr Deutschen, tut ihm Tür und alle Fenster auf!
Wo Fried ist, da geschieht's, daß Schaf und Lämmer springen,
Daß Rosse, Küh' und Stier' in voller Weide gehn,
Daß Hirten und zugleich die Schäferinnen singen,
Daß große Klippen oft voll weißer Ziegen stehn.
Wo Fried ist, da ist Ruh: es kann ein jeder bauen
Die Gärten, da hindurch ein helles Bächlein streicht;
Der Feldmann darf die Saat dem Acker kühn vertrauen,
Der seinem Herren dann viel edler Früchte reicht.

Ach, wer kann allen Nutz des Friedens wohl erzählen,
Der ist zu mannigfalt; nur dies ist klagenswert,
Daß er, der Friede selbst, den Himmel zu erwählen
Und von den Menschen wegzufliehen hat begehrt.
Ihr werten Helden, ihr, die ihr dies Reich regieret,
Das deutsch und römisch heißt, bemühet euch allein,
Wie ihr den edlen Fried zurücke wiedrum führet,
O lasset euch den Fried allein befohlen sein!

O wollte, wollte Gott, ihr möchtet dies erwägen,
Nicht trachten wie zuvor nach Reichtum, Gut und Ehr,
Gott fürchten, einig sein, den Neid beiseite legen:
Was gilt's, der wilde Mars würd uns nicht drücken mehr.

O selges Vaterland, wirst du die Zeit erleben,
Daß man aus Schwertern und Pistolen Sensen macht,
Daß keine Fahnen mehr um ihre Zelte schweben,
Daß man hinfürder nicht muß lauschen auf die Wacht,
Daß Spinnen ihr Gespinst in starke Panzer heften,
Daß die polierten Helm verlieren Glanz und Schein,
Daß man die Speisen kocht mit den Musketenschäften,
So wollen wir, o Gott, dir ewig dankbar sein.

Johann Klaj · 1616—1656 · Deutschland

FREUDENFEUERWERK ZUM GEBURTSTAG DES FRIEDENS

Die Sterne von ferne sich erdenwärts neigen,
Raketen, Musketen, Leuchtkugeln aufsteigen,
Es blinken, es flinken von Flammen die Lüfte,
Es schimmert, es flimmert der Erden Getüfte.

Trompeten, Klareten tartantara singen,
Die Pauken, die pauken, die Kessel erklingen,
So sauset, so brauset kein schaumichtes Wallen,
Kein Stürmen so stürmet, wann Berge zerfallen;

So reißet, zerschmeißet kein Hagel die Blätter,
So rasselt, so prasselt kein donnerndes Wetter,
So prallet, so knallet kein fallend Gemäuer,
Als knicket und knacket das knisternde Feuer.

Raketen Raketen einander nachjagen,
Blitzschläge mit Schlägen erzürnet sich schlagen,
Die Stücke hell blinken, es donnern Kartaunen,
Daß Felder und Wälder und Menschen erstaunen.

Es zittern, es splittern die felsichten Klüfte,
Es schallen, erhallen die moosichten Grüfte:
Das rasende, blasende, blutige Kriegen
Ist schmauchend, ist rauchend zu Himmel gestiegen!

Landsknechtslied · um 1648 · Deutschland

FROH BEGRÜSSTE FRIEDENSTAUBE

so dem auf dem Tränenmeer durch Kriegssturm arg verschlagenen armen teutschen Reiche endlich glückverheißend den grünen Ölzweig wiederbracht

Nun, so schwebest endlich wieder
Aus der Kriegessündflut Meer,
Gülden Friedenstaube, nieder,
Mit dem Ölzweig zu uns her!
Der Kartaunen Donnerrachen,
Schwerter, Partisanen Drohn,
Der Musketen tödlich Krachen
Schwichtet Friedenspsalterton.

O, was ist von Kriegeshanden
Tod und Elend dreißig Jahr
Angetan den deutschen Landen,
Und kein Retter in Gefahr!
Nun ein Schutthauf alles worden,
Not und Elend überall,
Ward er müde selbst das Morden,
Lässet ruhn den Waffenschall.

Ihr, die solches habt verschuldet,
Fürchtet ihr den Herren nicht,
Weil in Langmut er geduldet,
Daß er komm und halt Gericht?
Da ihr vorgebt: Gott zu Ehren
Hättet alles ihr getan
Und, sein Friedensreich zu mehren,
Ausgeführt den blutgen Plan?

Ach, wie bald wär nicht gekommen
Gar ein ander Friedensbot,
Wenn das Schwert hinweggenommen
Auch den letzten in den Tod!
Doch der Herr hat wohl erwogen
Gar ein andern Friedenspfad:
Ließ erstehn den Regenbogen
Als ein Zeichen seiner Gnad.

Alles ist nun überstanden,
Weil das Zorngewitter fern,
Ob wir's schwer auch überwanden,
Und die Toten ruhn im Herrn.
Sucht herfür festliche Lieder,
Kränzt das Haupt, in Freuden rot;
Erst doch kniet zur Erden nieder,
Singt: Nun danket alle Gott.

Dann erhebt euch aus dem Staube,
Bauet frisch die Häuser neu,
Laßt aus der Zerstörung Raube
Alles sprossen jung und frei!
Betet, aber laßt die Hände
Nimmer ruhn, schafft unverwandt,
Daß also das Übel ende
Und erstehe Haus und Land!

Gott der Liebe, Gnade, Güte,
Hilf, daß alles mög gedeihn,
Lange schreckbedrängt Gemüte
Sich der Friedenssonn erfreun!
Segen träuf auf unser Fluren
Nach dem schweren Wetterstreich,
Daß erblühn aus Todesspuren
Unser Heilig Deutsches Reich! Amen!

Nikolaus Peucker · um 1623—1674 · Deutschland

DER BAUER SPRICHT

Wer wollt sich beßre Ruh erwähln:
Soldaten dürfen nicht mehr stehln,
Das Obst bleibt sicher auf dem Baum
Und hat auch auf dem Boden Raum.

Ich sitze ruhig vor der Tür
Und trink ein gutes Kännlein Bier,
Trotz dem Soldaten, wann er kümmt,
Daß er mir etwas tut und nimmt.

Ich bin nun wieder Herr im Haus,
Es jagt mich kein Soldat hinaus,
Es zündet mir's auch keiner an;
Das hat der Friedensschluß getan!

Kommt ein Soldat ins Dorf und spricht:
Gib, Bauersmann, was mir gebricht!
So sprech ich, nein, es hat nicht Not,
Du kriegst nicht einen Mundsvoll Brot.

Mein Weib, von Zucht und Scham geziert,
Wird in Unehren nicht berührt,
Sie wohnet meiner Nahrung bei
Und ist mir, ihrem Mann, getreu!

Will ich in meinen Garten gehn,
So seh ich junge Bäume stehn,
Gepflanzt von meiner eignen Hand:
Wem ist wohl beßre Lust bekannt?

DER SOLDAT SPRICHT

Der Friede wirket Lust? sprach hierauf ein Soldate,
Das will mir übel ein! Ich koche, siede, brate,
Wann wir zu Felde ziehn, und leb in Überfluß.
Bei Friedenszeit, wann ich dem Bauer dreschen muß
Um ein geringen Lohn, dann beiß ich schmale Bissen,
Dann geh ich, wie ich steh, zerlumpet und zerrissen,
Und sing erbärmlich dieses Lied:

Jammer! Wir leben in großem Elende,
Kriegen in Deutschland hat nunmehr ein Ende;
Deutschland, die Mutter so braver Soldaten,
Siehet sich besser durch Friede geraten.

Jammer! Der Bauer geht pflügen und eggen,
Schmiedet Mistforken aus Büchsen und Degen,
Starkes Getränke muß seinen Durst löschen,
Aber wir müssen ihm harken und dreschen.

Jammer! Der Bürger ist lustig im Grünen
Neben den Wiesen (ein Zucker der Bienen),
Aber wir müssen Holz hacken und karren,
Keiner beklaget uns dürftige Narren.

Jammer! Es lassen sich Jungfern und Frauen
Unter den Bäumen im Garten jetzt schauen,
Aber wir werden von Jammer so müde;
Jammer, ach Jammer! Das wirket der Friede!   .

Volkslied · Ende des 17. Jahrhunderts · Deutschland

BAUERNKLAGE

Ist es nicht ein elendes Leben
um den armen Bauernstand?
Muß nur Steuer und Auflage geben,
hat er's nicht, heißt's: Aus dem Land!
Ich kann's wahrhaftig nicht angeben,
wieviel ich schon Geld 'nein getragen;
alle Monat, wenn's tut reichen,
muß ich die Händ' in Beutel stecken.
Ja, mein Herre ist dann froh,
sagt dann: Komm bald öfter so.

Die Steuer und Auflag' geb ich gern,
wenn's dann nur damit ausgerichtet wär.
Aber gibt's mal nichts zu steuern,
führt der Teufel die Soldaten her.
Da geht's an ein Tribulieren,
Saufen, Fressen und Turnieren,
da muß er das Best' einkaufen,
Tag und Nacht im Feld herumlaufen,
reißt die Hosen, Strümpf und Schuh,
kriegt noch tüchtig Schläg' dazu.

Wenn ich's nur könnt' inne werden,
wer das Kriegen hat erdacht,
ich wünscht' ihm von Herzen gerne,
daß er noch heute würd' gehängt.
Was ist für eine Freud' beim Kriegen,
Saufen, Fressen und Turnieren,
Streiten, Rauben, die Leut' ausplündern,
Schänden, Brennen, die die Leute stören?
Soll das etwas Christliches sein?
Scheiß in den Krieg hinein und 'nein.

Hans Ulrich Franck · Landsknecht im eroberten Dorf

William Shakespeare · 1564—1616

ENGLAND WAR LANG IM WAHNSINN

England war lang im Wahnsinn, schlug sich selbst:
Der Bruder, blind, vergoß des Bruders Blut;
Der Vater würgte rasch den eignen Sohn;
Der Sohn, gedrungen, ward des Vaters Schlächter;
All dies entzweiten York und Lancaster,
Entzweiet selbst in greulicher Entzweiung. —
Nun mögen Richmond und Elisabeth,
Die echten Erben jedes Königshauses,
Durch Gottes schöne Fügung sich vereinen!
Mög ihr Geschlecht, (wenn es Dein Will ist, Gott!)
Die Folgezeit mit mildem Frieden segnen,
Mit lachendem Gedeihn und heitern Tagen!
Zerbrich der Bösen Waffe, gnäd'ger Gott,
Die diese Tage möchten wiederbringen,
Daß England weinen müßt in Strömen Bluts!
Der lebe nicht und schmeck des Landes Frucht,
Der heim des schönen Landes Frieden sucht!
Getilgt ist Zwist, gestreut des Friedens Samen;
Daß er hier lange blühe, Gott, sprich Amen!

(August Wilhelm Schlegel)

Jean-François Sarasin · 1614—1654 · Frankreich

SONETT

Der Menschen Greuel haben die Himmel erregt,
Ihr zorn'ges Grollen hat verwüstet die Welt;
Und ohne daß Blitz und Donner niederfällt,
Genug der Strafe die arme Erde schlägt.

Machtgieriger Herzen unheilschwangerer Plan
Hat unter den Völkern des Krieges Flamme geschürt.
Und in den schönsten Ländern, vom Meere berührt,
Schaut furchterregend uns Europa an.

Der größten Könige Tod, Feldschlachten auch,
Bluttriefende Dolche, belagerter Städte Rauch,
Und Leichen, feile Beute für Wölfe und Raben,

Bellonas und des Mars verderbliche Wut,
Die grausame Pest und Hunger, der wehe tut,
Sie sind's, die dieses Bild des Grauens ergaben.

(Max Rieple)

Vincenzo da Filicaia · 1642—1707 · Italien

SONETT

ITALIA! o du, auf deren Auen
    Der Himmel goß unsel'ger Schönheit Spenden,
    So dir gebracht als Mitgift Leid ohn' Enden,
    Das klar geschrieben steht ob deinen Brauen:

Mögt' ich dich minder schön und stärker schauen!
    Damit mehr Furcht und minder Lieb' empfänden
    Die, so nach deinem Reiz sich schmachtend wenden,
    Und dennoch dich bedrohn mit Todesgrauen.

Nicht strömen säh' ich von den Alpen weiter
 Bewaffnet Volk, nicht mit den blut'gen Wogen
 Des Po sich tränken Galliens Ross' und Reiter;

Noch säh' ich dich, mit fremder Wehr umzogen,
 Krieg führen durch den Arm ausländ'scher Streiter,
 Stets, siegend und besiegt, ins Joch gebogen.

(Johann Diederich Gries)

James Shirley · 1596—1666 · England

DER SIEGER TOD

Der Ruhm des Siegers, blutig groß,
Ist Schatten nur, hat kein' Gewalt;
Kein Panzer schützt ihn vor dem Los:
Des Todes Hand ist eisig kalt.
 Zepter und Kron'
 Reißt er davon
Und macht sie Axt und Sichel gleich,
Zu Rost und Staub im dunkeln Reich.

Manch einer sichelt mit dem Schwert
Und pflanzt sich Lorbeer, blutgedüngt;
Zum Schluß ist keiner, der sich wehrt,
Wenn ihn der Tod zur Ruhe bringt.
 Früh oder spät,
 Jeglicher geht
Und beugt sich in der letzten Not,
Schwer röchelnd, bleich, dem Sieger Tod.

Es welkt der Kranz in deinem Haar,
Drum, hoher Held, tu ab die Pracht;
Dein Sieg, dein Ruhm, so groß er war,
 Was einer hab',
 Muß in sein Grab;
Nur was er Gutes tat, lebt fort,
Blüht noch im Staube unverdorrt.

(Richard Flatter)

John Milton · 1608—1674 · England

DES TODES SCHERGEN

In dieser Zeit wird nur die Macht bewundert
Und heldenhafte Tugend, Mut genannt.
Mit Kriegen trumpfen, Völker unterwerfen,
Und Beute raffen sich aus ungeheurem
Gemetzel, hält man für den höchsten Gipfel
Menschlichen Ruhmes, und ist der erreicht,
Gilt es als Gipfel des Triumphs zu heißen
Großer Erobrer, Führer, Gottheit, göttergleich —
Was man Zerstörer, Pest der Menschheit heißen müßte.
So kommt auf Erden man zu Ruhm und Ruf,
Was aber echten Ruhm verdient, deckt Schweigen.

(Anatol Marc)

John Dryden · 1631—1700 · England

EPILOG AUF DAS XVII. JAHRHUNDERT

In allem der einzige Sinn:
deine Jagd traf das Tier nur, das scheue;
deine Kriege sind keinem Gewinn;
deine Buhlen, die brachen die Treue;
es ist gut, daß das alte ging hin,
es ist Zeit, daß beginne das neue.

(Hans Feist)

Für wen, du gutes deutsches Volk,
Behängt man dich mit Waffen?

Jonathan Swift · 1667—1745 · England

SATIRISCHE ELEGIE
AUF DEN TOD EINES BERÜHMTEN GENERALS

Was! Euer Gnaden tot! Und ach,
sogar im Bett, da alt und schwach.
Und so ein großer Krieger fiel
so ganz unrühmlich und senil!
Jeh nun, da ihn die Erde los,
weck ihn ein laut Trompetenstoß:
Und, glaubt mir, wenn der Lärm anschwillt,
wär er zu schlafen gern gewillt.
Konnte so alt er wirklich sein,
wie alle Zeitungsbuben schrein?
Ich denke, sechzig Jahre langt;
's war Zeit, daß nun er abgedankt.
Belastung war er für die Welt;
in trüben Wassern fischt' der Held;
und wo er herrschte unbedingt,
dacht mancher Bürger: Pfui, es stinkt.
O seht, der Leichenzug erscheint!
Die Witwen, Waisen — keiner weint —,
die mit erbarmungswerten Mienen
in solchem Zuge sonst erschienen.
Was tut's! Laßt seine Freunde sagen:
Die Ehr ward ihm in andern Tagen.
Wahr ist's, daß er den Ruhm erwarb,
daß alle weinten, eh er starb.

Herbei, ihr hohlen Dinge all,
des Königs Wort, nur leerer Schall,
die, hochgeschwemmt durch die Gezeiten,
kommt her, ihr könnt es nicht bestreiten,
daß falscher Stolz hierdurch erfährt,
wie wenig doch ein Herzog wert;
von Ehr, die er zu Unrecht nahm,
wird er zum Dreck, aus dem er kam.

(Erika Geissler)

Volkslied · 16./17. Jahrhundert · Litauen

LIED DES JUNGEN REITERS

Mit frühem Morgen
sei schon mein Pferd gefüttert!
Sobald 's nur taget,
mit Sonnenaufgang
muß ich von hinnen reiten.

Da steht mein Vater,
da mir zur Seite steht er,
der alte Vater,
drängt sich an meine Seite,
er steht, mit mir zu sprechen;
er spricht, mich zu ermahnen,
und mich ermahnend weint er.

Still, weine nicht, mein Vater!
Still, weine nicht, mein Alter!
So frisch ich weggetrabet,
so frisch trab ich zurücke,
um dich nur nicht zu kränken.

Ei, mein Hengstchen,
ei, mein Brauner,
wohin streichst du?
Wohin schnaubst du?
Wohin wirst mich tragen?

Ei, in Krieg hin!
Hin in fremde Lande!
Dahin streichst du,
dahin wirst du mich tragen.

Wird dir zu sauer
die weite Straße?
Wird zu schwer dir
dieser Sack mit Haber?
Oder dieser junge Reiter
in dieser Reiters-Livrei,
mit dem blanken Säbel?

Ja, zu sauer
wird der lange Weg mir
und diese Nacht, stockfinster,
und diese grüne Heide
und dieser schwarze Morast ...

(Johann Gottfried Herder)

Mukai Kyorei · 1643—1704 · Japan

SELTSAM

Ein Mann, der sich ergötzt
An einer Blume. Doch ei!
Wozu das lange Schwert?

(Gerhart Haug)

Bashô · 1644—1694 · Japan

ALTES SCHLACHTFELD

O du Sommergras —
Farbiger Traum
Manchen Kriegers!

(Gerhart Haug)

Matthias Claudius · 1740—1815 · Deutschland

KRIEGSLIED

's ist Krieg! 's ist Krieg! O Gottes Engel wehre
    und rede du darein!
's ist leider Krieg — und ich begehre,
    nicht schuld daran zu sein!

Was sollt' ich machen, wenn im Schlaf mit Grämen
    und blutig, bleich und blaß,
die Geister der Erschlagnen zu mir kämen
    und vor mir weinten, was?

Wenn wackre Männer, die sich Ehre suchten,
    verstümmelt und halb tot
im Staub sich vor mir wälzten und mir fluchten
    in ihrer Todesnot?

Wenn tausend, tausend Väter, Mütter, Bräute,
    so glücklich vor dem Krieg,
nun alle elend, alle arme Leute,
    wehklagten über mich?

Wenn Hunger, böse Seuch' und ihre Nöten
    Freund, Freund und Feind ins Grab
versammelten und mir zu Ehren krähten
    von einer Leich' herab?

Was hülf' mir Kron' und Land und Gold und Ehre?
    Die könnten mich nicht freun!
's ist leider Krieg — und ich begehre,
    nicht schuld daran zu sein!

Christian Friedrich Daniel Schubart · 1739—1791 · Deutschland

DIE WELT
IST NUN DES MENSCHENMORDENS MÜDE

Die Welt ist nun des Menschenmordens müde;
    Die Krieger ziehn aus finsterm Streit.
Vom Himmel kommt — sein schönster Sohn, der Friede,
    Und mit ihm kommt die Fruchtbarkeit.
Es neigen sich vor ihm die ährenschweren Halme,
    Die nun kein Pferdehuf zerknickt.
Und weit herum ertönen Friedenspsalmen
    Und Volksgesänge hochentzückt.
O seid es wert, ihr, Deutschlands Bürger,
    Durch Tugend seid des Friedens wert.
Daß Mavors nicht, der höllentflohne Würger,
    Auf ewig euer Land verheert.

Friedrich Gottlieb Klopstock · 1724—1803 · Deutschland

LOSREISSUNG

Weiche von mir, Gedanke des Kriegs, du belastest
Schwer mir den Geist! du umziehst ihn wie die Wolke,
Die den weckenden Strahl einkerkert,
Den uns die Frühe gebar;

Stecktest ihn an mit Trauer, mit Gram, mit des Abscheus
Pestiger Glut, daß, verzweifelnd an der Menschheit,
Er erhebet und, ach, nichts Edles
Mehr in den Sterblichen sieht;

Kehre mir nie, Gedanke! zurück, in den Stunden
Selbst nicht zurück, wenn am schnellsten du dich regest
Und vom leisesten Hauch der Stimme
Deiner Gefährten erwachst.

Johann Gottfried Herder · 1744—1803 · Deutschland

EROBERUNGSSUCHT

Weh euch ihr Prinzen, die für Ruhm
    Der Völker Blut vergossen,
Für deren Macht und Eigentum
    So bittre Tränen flossen;
Die ihr doch, was ihr habt, nicht nützt,
    Und nicht genießt, was ihr besitzt,
        Die ihr um Wahn nur fechtet
        Und um Phantome rechtet!

Die Tränen sind ein bittrer Trank,
    Ein Kelch, für euch zu leeren.
Des Ruhmes heisrer Lobgesang
    Wird sich in Fluch verkehren,
Wenn um die euch gegrabne Gruft,
    Nun jeder Seufzer Rache ruft,
        Wenn eure Kinder müssen,
        Was ihr verschuldet, büßen!

Volkslied · um 1760 · Deutschland

SOLL DENN GAR KEIN FRIEDEN WERDEN?

Soll denn gar kein Frieden werden,
Nimmt der Krieg denn noch kein End?
Unsre Länder sind verheeret,
Städt' und Dörfer abgebrannt,
Jammer überall und Not,
Und dazu auch mehr kein Brot.

Friedrich, o du großer König,
Stecke doch dein Schwert nun ein,
Denn wir haben nur noch wenig,
Was dir könnte dienlich sein.
Alles wüste, alles leer —
Länger geht das so nicht mehr.

Christoph August Tiedge · 1752—1841 · Deutschland

ELEGIE
AUF DEM SCHLACHTFELD BEI KUNERSDORF

Nacht umfängt den Wald. Von jenen Hügeln
Stieg der Tag ins Abendland hinab;
Blumen schlafen, und die Sterne spiegeln
In den Seen ihren Frieden ab.
Mich laßt hier in dieses Waldes Schauern,
Wo der Fichtenschatten mich verbirgt;
Hier soll einsam meine Seele trauern
Um die Menschheit, die der Wahn erwürgt.

Drängt euch um mich her, ihr Fichtenbäume!
Hüllt mich ein wie eine tiefe Gruft!
Seufzend, wie das Atmen schwerer Träume,
Weh' um mich die Stimme dieser Luft.
Hier an dieses Hügels dunkler Spitze
Schwebt, wie Geisterwandeln, banges Grauen,
Hier, hier will ich vom bemoosten Sitze
Jene Schädelstätten überschauen.

O sie können sich nicht mehr verdammen,
Die hier ruhn; sie ruhen Hand in Hand.
Ihre Seelen gingen ja zusammen,
Gingen über in ein Friedensland.
Haben gern einander dort erwidert,
Was die Liebe gibt und Lieb' erhält;
Nur der Sinn der Menschen, noch entbrüdert,
Weist den Himmel weg aus dieser Welt.

Dort das Dörfchen unter Weidenbäumen.
Seine Väter sahn die grause Schlacht:
O sie schlafen ruhig und verträumen
In den Gräbern jene Flammennacht!
Vor den Hütten, die der Asch' entstiegen,
Ragt der alte Kirchenturm empor,
Hält in seinen narbenvollen Zügen
Seine Welt noch unsern Tagen vor.

Lodernd fiel um ihn das Dorf zusammen:
Aber ruhig wie der große Sinn
Seiner Stiftung sah er auf die Flammen
Der umringenden Verwüstung hin.
Finster blickt er, von der Nacht umgrauet
Und von Mondesanblick halb erhellt,
Über diesen Hügel und beschauet
Wie ein dunkler Geist das Leichenfeld.

Hier der See und dort des Stromes Fluten
Spiegelten zurück das Todesschwert,
Dieser Himmel sah das Opfer bluten,
Dieser Hügel war ein Opferherd;
Hier im Bach hat Menschenblut geflossen,
Wo der Halm im Monde zuckend nickt,
Hat vielleicht ein Auge, halb geschlossen,
Nach der Heimatgegend hingeblickt.

War es Klang von einer fernen Quelle,
Was so dumpf zu meinem Herzen sprach?
Oder schwebt Geseufz um jede Stelle,
Wo ein Herz, ein Herz voll Liebe brach?
Ist es Wandeln einer düstern Trauer,
Was am Sumpf dem Hagebusch entrauscht,
Und nun schweigt und wie ein dunkelgrauer
Nebelstreif im Nachtgeflüster lauscht?

Dieser Staub am Wege hing um Seelen.
Wo ich trete, stäubt vielleicht ein Herz.
Gott! und hier aus diesen Augenhöhlen
Starrete zu dir hinauf der Schmerz.
Welch ein Anblick! Hieher, Volksregierer,
Hier, bei dem verwitterten Gebein,
Schwöre, deinem Volk ein sanfter Führer,
Deiner Welt ein Friedensgott zu sein.

XXXIV

Volkslied · 19. Jahrhundert · Kroatien

DREIHUNDERT DUKATEN

In die Fremde zog ich, in die fernen Länder,
ging zu den Soldaten in des Königs Heerschar.
Schwarzes Blut vergieß ich, schreib damit ein Brieflein:
„Kauft mich los, mein Vater, aus des Königs Kriegsmacht!"
„Wieviel soll ich zahlen, um dich frei zu machen?"
„Dreihundert Dukaten müßt Ihr für mich zahlen."
„Lieber will ich nimmer dich zu Hause sehen,
als für dich dem König so viel Geld zu zahlen."
Schwarzes Blut vergieß ich, schreib damit ein Brieflein,
schreib damit ein Brieflein meiner Herzgeliebten:
„Kauf mich los, Geliebte, aus des Königs Heere!"
„Wieviel soll ich zahlen, um dich frei zu machen?"
„Dreihundert Dukaten mußt du für mich zahlen!"
„Gerne, will ich, gerne, und wenn's noch so viel wär!"

(Alexander Issatschenko)

Volkslied · 18. Jahrhundert · Deutschland

ZU STRASSBURG AUF DER SCHANZ

Zu Straßburg auf der Schanz,
Da fing mein Unglück an;
Da wollt ich den Franzosen desertier'n,
Und wollt es bei den Preußen probier'n,
Ei, das ging nicht an.

Eine Stunde wohl in der Nacht
Haben's mich gefangen bracht;
Sie führten mich vors Hauptmanns Haus:
O Himmel, was soll werden daraus!
Mit mir ist's aus!

Früh morgens um zehn Uhr
Stellt man mich dem Regimente vor;
Da soll ich bitten um Pardon
Und werd ich kriegen mein Lohn,
Das weiß ich schon.

Ihr Brüder allzumal,
Heut seht ihr mich zum letztenmal.
Unser Korporal, der gestrenge Mann,
Ist meines Todes Schuld daran,
Den klag ich an!

Gottfried August Bürger · 1747—1794 · Deutschland
FÜR WEN, DU GUTES DEUTSCHES VOLK

    Für wen, du gutes deutsches Volk
Behängt man dich mit Waffen?
Für wen läßt du von Weib und Kind
Und Herd hinweg dich raffen?
Für Fürsten und für Adelsbrut,
Und fürs Geschmeiß der Pfaffen.

    War's nicht genug, ihr Sklavenjoch
Mit stillem Sinn zu tragen?
Für sie im Schweiß des Angesichts
Mit Fronen dich zu plagen?
Für ihre Geißel sollst du nun
Auch Blut und Leben wagen?

    Sie nennen's Streit fürs Vaterland,
In welchen sie dich treiben.
O Volk, wie lange wirst du blind
Beim Spiel der Gaukler bleiben?
Sie selber sind das Vaterland,
Und wollen gern bekleiben.

    Was ging uns Frankreichs Wesen an,
Die wir in Deutschland wohnen?
Es mochte dort nun ein Bourbon,
Ein Ohnehose thronen . . . .

Jakob Michael Reinhold Lenz · 1751—1792 · Deutschland

DER KRIEG

Zagen und Schauder verbreitendes Bild! Aufdampfende Ströme
Menschenbluts rinnen auf dem unterm ehernen Fußtritt des Heeres
Donnernden Acker, der jetzt zum harten Wege getreten,
Sie nicht bergen mehr kann. Entstellete Leichen, Waffen,
Kleider, unkenntliche Fahnen, Äser geschlachteter Rosse,
Liegen unter den Füßen der Streiter zerstampft und verwirret.
Rauch und Staub verdunkelt die Gegend. Kugeln und Flammen
Fahren schrecklich umher: das Schwert wütend geschwungen
Durch die seufzende Luft, und Blut trieft herab von der Schneide.
Knallen, Schreien, Wiehern und Winseln ertönen vermischet
Und die kläglichen Stimmen Verwundter und Sterbender werden
Fürchterlich unterbrochen von jauchzenden Siegesposaunen.
So viele Völker hier kämpften, so viele Zungen und Sprachen
Flehen von verschiedenen Gottheiten oder von Märt'rern Erbarmen.
Hier eröffnet den Mund ein weicherzogner Jüngling;
Aber der Schall seiner Stimme verschwindt im wirbelnden Lärmen.
Dort streckt flehend ein Gatte die Hand aus, der sich der Gattin
Und der unmündigen Kinder erinnert und gern dem Getümmel
Noch entränne, noch lebte; aber die schnaubenden Rosse
Stürmen über ihm weg und ersticken den Funken des Lebens.
Damon, ein Vater und Held, der an der Seite des ersten
Des geliebtesten Sohnes voll Staub und Blut lag, erblickt ihn:
Als er ihn sah, da schob er sich näher zu ihm, umarmt' ihn:
„O dich segn' ich, Geliebter! daß deine ehrende Wunde
Blut fürs Vaterland strömt! Sei getrost! die Kämpfe des Todes
Endet unsterblicher Lohn: laß uns mit Freuden sie kämpfen!
Freue dich, Sohn, und stirb!" Der sprachlose Jüngling
Zärtlicher, furchtsamer von Empfindung, hörte den Helden
Nicht. Sein trübes Auge tröpfelt' unzählige Tränen
In das Blut seiner Wunde und sein Herz brach seufzend.
Indes endt sich die Schlacht. Ein Teil der Siegenden eilet
Denen Entfliehenden nach, von welchen ein plötzlicher Regen
Abgeworfener Kleider und Waffen den Boden bedecket.
Fliegend wiehern die Rosse. Wolken von Staub verhüllen
Laufende Fußgänger ihren Verfolgern. Feigere Sieger
Plündern die Leichen in ihrem Blut. Abscheulicher Anblick!
Menschlicher sind die, die mütterlich Erdreich den Toten eröffnen

Und unter schönen Blumen Helden zu ruhen vergönnen,
Die der Großsprecher Glück durch stumme Wunden erkauften.

Flecken der Menschheit, vom wildsten der höllischen Geister ersonnen,
Krieg, Zerstörer der Freuden, Verderber friedseliger Staaten!
So erschrecklich du bist, sind schrecklicher oft deine Folgen,
Die Jahrhunderte durch dein Andenken wieder erneuern.
Schallet nach langem Kriegsgeschrei die tröstliche Stimme
Der Posaune des Friedens an fröhlich nachhallenden Ufern:
Ach dann nahet der Landmann mit stillen unschuldigen Tränen,
Sucht sein verlassenes Dorf und findt glimmende Asche,
Sucht sein wallendes Feld, die Auen voll hüpfender Schafe
Und die Berge voll Reben: und find' unkenntliche Wüsten.
So fand Noah die vormals lächelnde Erde verschlemmet
Als er aus dem schwimmenden Sarge neugierig heraustrat.
Tiefer gebeugt betrachtet die ihm jetzt drohenden Mauern
Seiner einst zierlichen Wohnung der Bürger. So stumm und erschrocken
Sah der mäonische Held die vorigen Freunde, mit jeder
Tugend des Lebens geschmückt, auf Circens bezauberter Insel
Ihn als zottigte Bären mit wildem Schnauben bedräuen.
Ganz Geschlechter ziehn hilflos umher. Dort kriechet ein Alter
An dem dürren Stecken: ihm folgen mit langsamen Schritten
Seine entstellten Kinder nebst ihrer wehmütigen Mutter:
Alle in Lumpen, alle vom Gipfel des Glücks und des Reichtums
Zu der tiefsten Tiefe der Dürftigkeit niedergesunken.
Stolz geht der niedrige Reiche, der sie geplündert, vorüber,
Hört, umwickelt mit Tressen, bekannt mit Seufzen und Flüchen,
Nicht das stete Gewinsel der nackten hungrigen Knaben,
Noch das Stöhnen des Greises, der sie zu trösten versuchet.
Schändliche Sieger! die wehrlose friedengewöhnte Geschlechte
In ihren Häusern bestürmen und aus den Wällen von Reben
Mit bepanzerten Händen verscheuchen: die köstlichen Weine
Nicht aus Helmen entwaffneter Helden, aus gottlosem Raube
Und dem Heiligtum sonst geweihten Gefäßen verschlucken.
Ist's Verdienst ein Räuber zu sein, ist's Lorbeeren würdig?

Claude Joseph Rouget de Lisle · 1760—1836 · Frankreich

DIE MARSEILLAISE
Kriegslied für die Rheinarmee

    Voran, Kinder des Vaterlandes!
    Der Tag des Ruhms kam nun herbei!
    Gegen uns ist blutig erstanden
    Die Fahne der Tyrannei.
    Hört ihr da draußen in den Landen
    Die wüsten Soldaten schrein?
    Sie kommen bis in unsre Reihn,
    Machen Weib und Kind uns zuschanden!

Die Waffen in die Hand! Auf, Bürger, aufgestellt!
Marschiert, und böses Blut soll tränken unser Feld!

    Was will diese Horde von Sklaven,
    Verrätern, von Fürsten verschworn?
    Wer soll diese Ketten denn haben,
    Wem sind diese Eisen erkorn?

    Franzosen, euch! Ah, welche Schande!
    Der Ausbruch, den das euch erregt!
    Ihr seid es, für die man erwägt
    Die Rückkehr in alte Sklavenbande!

Die Waffen in die Hand! Auf, Bürger, aufgestellt!
Marschiert, und böses Blut soll tränken unser Feld!

    Wie! diese fremden Legionäre,
    Sie wären Herr in unserm Haus!
    Wie denn! diese Söldnerheere
    Schlügen unsere Krieger hinaus!
    O Gott!... von kettenschweren Händen
    Käm unsere Stirn unters Joch!
    Und niedrige Despoten noch
    Würden unser Schicksal vollenden!

Die Waffen in die Hand! Auf, Bürger, aufgestellt!
Marschiert, und böses Blut soll tränken unser Feld!

> Zittert, Tyrannen und Treulose,
> Jeder Partei verlorner Sohn,
> Zittert!... eure mördrischen Pläne
> Nehmen endlich dahin ihren Lohn.
> Wir sind Soldaten, euch zu schlagen:
> Wenn einer der jungen Helden fällt,
> Die Erde bringt sie neu zur Welt,
> Bereit, gegen euch sich zu schlagen!

Die Waffen in die Hand! Auf, Bürger, aufgestellt!
Marschiert, und böses Blut soll tränken unser Feld!

> Franzosen, seid großmütige Krieger,
> So gebt und nehmt hin euren Streich;
> Schont die traurigen Unterlieger,
> Kämpfend ungern nur gegen euch.
> Nicht den Despot, den blutig-heißen,
> Die Komplizen nicht von Bouillé,
> All die Tiger, die ohne Weh
> Ihrer Mutter die Brust zerreißen!

Die Waffen in die Hand! Auf, Bürger, aufgestellt!
Marschiert, und böses Blut soll tränken unser Feld!

> O fromme Lieb zum Vaterlande,
> Oh, führe unsern Rächerarm!
> Freiheit lieb, mit deinem Beistande
> Hilf deiner Verteidiger Schwarm.
> Zu unsern Fahnen möge gehen
> Der Sieg, an dein männlich Aufgebot;
> Damit deine Feinde vor dem Tod
> Deinen Triumph, unsern Ruhm noch sehen!

Die Waffen in die Hand! Auf, Bürger, aufgestellt!
Marschiert, und böses Blut soll tränken unser Feld!

(Gerd Semmer)

Friedrich Schiller · 1759—1805 · Deutschland

DER ANTRITT DES NEUEN JAHRHUNDERTS

Edler Freund! Wo öffnet sich dem Frieden,
Wo der Freiheit sich ein Zufluchtsort?
Das Jahrhundert ist im Sturm geschieden,
Und das neue öffnet sich dem Mord.

Und das Band der Länder ist gehoben,
Und die alten Formen stürzen ein,
Nicht das Weltmeer hemmt des Krieges Toben,
Nicht der Nilgott und der alte Rhein.

Zwo gewaltige Nationen ringen
Um der Welt alleinigen Besitz,
Aller Länder Freiheit zu verschlingen,
Schwingen sie den Dreizack und den Blitz.

Gold muß ihnen jede Landschaft wägen,
Und, wie Brennus in der rohen Zeit,
Legt der Franke seinen ehrnen Degen
In die Waage der Gerichtigkeit.

Seine Handelsflotten streckt der Brite
Gierig wie Polypenarme aus,
Und das Reich der freien Amphitrite
Will er schließen wie sein eignes Haus.

Zu des Südpols nie erblickten Sternen
Dringt sein rastlos ungehemmter Lauf,
Alle Inseln spürt er, alle fernen
Küsten — nur das Paradies nicht auf.

Ach, umsonst auf allen Länderkarten
Spähst du nach dem seligen Gebiet,
Wo der Freiheit ewig grüner Garten,
Wo der Menschheit schöne Jugend blüht.

Endlos liegt die Welt vor deinen Blicken,
Und die Schiffahrt selbst ermißt sie kaum,
Doch auf ihrem unermeßnen Rücken
Ist für zehen Glückliche nicht Raum.

In des Herzens heilig stille Räume
Mußt du fliehen aus des Lebens Drang:
Freiheit ist nur in dem Reich der Träume,
Und das Schöne blüht nur im Gesang.

Friedrich Schiller

O SCHÖNER TAG

O schöner Tag, wenn endlich der Soldat
Ins Leben heimkehrt, in die Menschlichkeit,
Zum frohen Zug die Fahnen sich entfalten,
Und heimwärts schlägt der sanfte Friedensmarsch.
Wenn alle Hüte sich und Helme schmücken
Mit grünen Maien, dem letzten Raub der Felder!
Der Städte Tore gehen auf, von selbst,
Nicht die Petarde braucht sie mehr zu sprengen;
Von Menschen sind die Wälle rings erfüllt,
Von friedlichen, die in die Lüfte grüßen, —
Hell klingt von allen Türmen das Geläut,
Des blut'gen Tages frohe Vesper schlagend.
Aus Dörfern und aus Städten wimmelnd strömt
Ein jauchzend Volk, mit liebend emsiger
Zudringlichkeit des Heeres Fortzug hindernd —
Da schüttelt, froh des noch erlebten Tags,
Dem heimgekehrten Sohn der Greis die Hände.
Ein Fremdling tritt er in sein Eigentum,
Das längst verlass'ne, ein; mit breiten Ästen
Deckt ihn der Baum bei seiner Wiederkehr,
Der sich zur Gerte bog, als er gegangen,
Und schamhaft tritt als Jungfrau ihm entgegen,
Die er einst an der Amme Brust verließ.
O glücklich, wem dann auch sich eine Tür',
Sich zarte Arme sanft umschlingend öffnen.

Johann Wolfgang Goethe · 1749—1832 · Deutschland

DIE FLÜCHTENDE

Wo flieh ich hin, wo berg ich mein bedrohtes Haupt?
Denn überall umgeben mich die Drängenden.
Gewalt'ger Kriegskampf, Waffenklang und Mordgeschrei
Ertönen heute, wo noch gestern Friede sang.
Und aufgeschreckt, wir Armen, scharweis fliehen wir,
Und gleich zersprengt, von Ungemach zu Ungemach.
Umsonst! Kein Ausgang aus dem Irrsal zeigt sich mir.
Der finstre Bergwald, Nacht und Schrecknis heget er;
Die Felswänd' an aufgeregter wilder Flut,
Sie halten hier und überall den Schritt mir an;
Und aus der Tiefe tönet mir der Schreckensruf:
Zurück! Zurück! Wohin entfliehst du einzelne?
Zurück! Des Gatten denke, den das scharfe Schwert,
Der Kinder, die des Hauses Flamme tobend faßt.
Vergebens! Ach, an dieser Seite trennet mich
Der breite Strom des mörderischen Ungestüms
Mit blut'gen Wogen von bekannter Spur hinweg.
O, Seligkeit verhüllendes und nie genug
Geschätztes Dach der Friedenshütte, die mich barg!
O nie genug verehrter Eng-Raum, kleiner Herd!
Du runde Tafel, die den holden Kinderkreis
Anmutig anschloß elterlicher Sorgenlust!
Dort lodert's auf! Die Ernte strömt in Feuerquall
Zum Himmel an, und des Besitzes treu Gehäus
Schwankt unterflammt und beugt sich, widersteht und sinkt.
Durchglühter Schutt stürzt, Flammenrauchstaub kraust empor,
Und unten krachend, schwerbelastet, dumpfgedrückt,
Verkohlt so vieler Menschenjahre werter Fleiß,
Und Grabesruhe waltet über Trümmern.

Johann Wolfgang Goethe
MANCHES HERRLICHE DER WELT

Manches Herrliche der Welt
Ist in Krieg und Streit zerronnen;
Wer beschützet und erhält,
Hat das schönste Los gewonnen.

Heinrich von Kleist · 1777—1811 · Deutschland
DAS LETZTE LIED

Fernab am Horizont, auf Felsenriffen,
Liegt der gewitterschwarze Krieg getürmt.
Die Blitze zucken schon, die ungewissen,
Der Wandrer sucht das Laubdach, das ihn schirmt.
Und wie ein Strom, geschwellt von Regengüssen,
Aus seines Ufers Bette heulend stürmt,
Kommt das Verderben, mit entbundenen Wogen,
Auf alles, was besteht, herangezogen.

Der alten Staaten graues Prachtgerüste
Sinkt donnernd ein, von ihm hinweggespült,
Wie auf der Heide Grund ein Wurmgeniste,
Von einem Knaben scharrend weggewühlt;
Und wo das Leben, um der Menschen Brüste,
In tausend Lichtern jauchzend hat gespielt,
Ist es so lautlos jetzt, wie in den Reichen,
Durch die die Wellen des Kozythus schleichen.

Und ein Geschlecht, von düsterm Haar umflogen,
Tritt aus der Nacht, das keinen Namen führt,
Das, wie ein Hirngespinst der Mythologen,
Hervor aus der Erschlagnen Knochen stiert;
Das ist geboren nicht, und nicht erzogen,
Vom alten, das im deutschen Land regiert;
Das läßt in Tönen, wie der Nord an Strömen,
Wenn er im Schilfrohr seufzet, sich vernehmen.

Und du, o Lied, voll unnennbarer Wonnen,
Das das Gefühl so wunderbar erhebt,
Das, einer Himmelsurne wie entronnen,
Zu den entzückten Ohren niederschwebt,
Bei dessen Klang, empor ins Reich der Sonnen,
Von allen Banden frei, die Seele strebt:
Dich trifft der Todespfeil; die Parzen winken,
Und stumm ins Grab mußt du darnieder sinken.

Ein Götterkind, bekränzt, im Jugendreigen,
Wirst du nicht mehr von Land zu Lande ziehn,
Nicht mehr in unsre Tänze niedersteigen,
Nicht hochrot mehr, bei unserm Mahl, erglühn.
Und nur wo einsam, unter Tannenzweigen,
Zu Leichensteinen stille Pfade fliehn,
Wird Wanderern, die bei den Toten leben,
Ein Schatten deiner Schön' entgegenschweben.

Und stärker rauscht der Sänger in die Saiten,
Der Töne ganze Macht lockt er hervor,
Er singt die Lust, fürs Vaterland zu streiten,
Und machtlos schlägt sein Ruf an jedes Ohr,
Und wie er flatternd das Panier der Zeiten
Sich weiter pflanzen sieht, von Tor zu Tor,
Schließt er sein Lied; er wünscht mit ihm zu enden
Und legt die Leier tränend aus den Händen.

Volkslied · 1812/13 · Deutschland

NAPOLEONS FLUCHT AUS RUSSLAND

Ist denn das gewißlich wahr,
Wie man hat vernommen:
Daß so eine große Schar
Ist nach Rußland kommen?
    Rumdivididirallala, Rumdivididirallala!
    Daß so eine große Schar
    Ist nach Rußland kommen?

Mit Kanonen, Stuck und Schwert
Sind zum Krieg versehen,
Wohl zu Fuß und wohl zu Pferd,
Die nach Rußland gehen.

Als der Kaiser Napoleon
Ist nach Rußland kommen,
Hat er gleich die schöne Stadt
Moskau eingenommen.

Und er zu dem Volke sprach:
„Hier gibt's keine Gaben;
Petersburg, die Residenz,
Müssen wir noch haben.

Allda gibt's brav Fleisch und Brot,
Und ein lustig's Leben;
Bier und Wein gibt's da genug,
Branntewein darneben!"

Kaiser nimm dich wohl in acht,
Wie es dir wird gehen!
Siehst du nicht die große Macht
Auf der Grenze stehen?

Der Kosak und Landwehrmann
Stehn schon auf der Schanze;
Spielt nun auf, ihr Kanonier,
Einmal eins zum Tanze!

Als wir dachten, wir sein da,
Hab'n sie uns gefangen,
Die Kosaken mit der Knut
Und mit Spieß und Stangen.

Die Franzosen laufen schnell,
Sich was zu erwärmen;
Doch der Hunger war so groß,
Daß sie mußten sterben.

Ein französischer Off'zier
Sprach: wir sind verloren!
Alle unsre schöne Leut'
Sein im Schnee erfroren.

In England und Spanien
Tun s' Viktoria singen.
Frankreich muß zerrissen sein,
Sonst gibt's keinen Frieden!

Hochmut wird von Gott gestraft,
Wie es steht geschrieben,
Und der stolze Bonapart,
Der muß unterliegen.
    Rumdivididirallala, Rumdivididirallala!
    Daß so eine große Schar
    Ist nach Rußland kommen?

Friedrich Hölderlin · 1770—1843 · Deutschland

DIE SCHLACHT

Du kömmst, o Schlacht! schon wogen die Jünglinge
Hinab von ihren Hügeln, hinab ins Tal,
Wo keck herauf die Würger dringen,
Sicher der Kunst und des Arms! Doch sichrer

Kömmt über sie die Seele der Neulinge,
Denn die Gerechten schlagen wie Zauberer,
Und ihre Vaterlandsgesänge
Lähmen die Kniee der Ehrelosen.

O nimmt mich, nimmt mich mit in die Reihen auf,
Damit ich einst nicht sterbe gemeinen Tods!
Umsonst zu sterben, lieb ich nicht, doch
Lieb ich, zu fallen am Opferhügel

Fürs Vaterland, zu bluten des Herzens Blut
Fürs Vaterland — und bald ist's geschehn! Zu euch
Ihr Teuern! komm ich, die mich leben
Lehrten und sterben, zu euch hinunter.

Wie oft im Lichte dürstet ich euch zu sehn,
Ihr Helden und Dichter aus alter Zeit,
Nun grüßt ihr freundlich den geringen
Fremdling, und brüderlich ist's hier unten;

Und Siegesboten kommen herab: Die Schlacht
Ist unser! Lebe droben, o Vaterland,
Und zähle nicht die Toten! Dir ist,
Liebes! nicht einer zu viel gefallen.

Friedrich Hölderlin

DER FRIEDEN

Wie wenn die alten Wasser in andern Zorn
In schrecklichern verwandelt wieder
Kämen, zu reinigen, da es not war,

So gärt' und wuchs und wogte von Jahr zu Jahr
Rastlos und überschwemmte das bange Land
Die unerhörte Schlacht, daß weit hüllt
Dunkel und Blässe das Haupt der Menschen.

Die Heldenkräfte flogen, wie Wellen, auf
Und schwanden weg, du kürztest, o Rächerin!
Der sie gedient, die Arbeit schnell und
Brachtest in Ruhe sie heim, die Streiter.

O du, die unerbittlich und unbesiegt
Zu seiner Zeit den Übergewalt'gen trifft,
Daß bis ins letzte Glied hinab vom
Schlage sein armes Geschlecht erzittert,

Die du geheim den Stachel und Zügel hältst,
Zu hemmen und zu fördern, o Nemesis,
Strafst du die Toten noch, es schliefen
Unter Italiens Lorbeergärten

Sonst ungestört die alten Eroberer.
Und schonst du auch der müßigen Hirten nicht,
Und haben endlich wohl genug den
Üppigen Schlummer gebüßt die Völker?

Wer hub es an? wer brachte den Fluch? von heut
Ist's nicht und nicht von gestern, und die zuerst
Das Maß verloren, unsre Väter
Wußten es nicht, und es trieb ihr Geist sie.

Zu lang, zu lang schon treten die Sterblichen
Sich gern aufs Haupt, und zanken um Herrschaft sich,
Den Nachbar fürchtend, und es hat auf
Eigenem Boden der Mann nicht Segen

Und unstet wehn und irren, dem Chaos gleich,
Dem gärenden Geschlechte die Wünsche noch
Umher und wild ist und verzagt und kalt von
Sorgen das Leben der Armen immer.

Du aber wandelst ruhig die sichre Bahn,
O Mutter Erd' im Lichte. Dein Frühling blüht,
Melodischwechselnd gehn dir hin die
Wachsenden Zeiten, du Lebensreiche!

Mit deinem stillen Ruhme, genügsamer!
Mit deinen ungeschriebnen Gesetzen auch,
Mit deiner Liebe komm und gib ein
Bleiben im Leben, ein Herz uns wieder.

Unschuldiger! sind klüger die Kinder doch
Beinahe, denn wir Alten; es irrt der Zwist
Den Guten nicht den Sinn, und klar und
Freudig ist ihnen ihr Auge blieben.

Und wie mit andern Schauenden lächelnd erst
Der Richter auf der Jünglinge Rennbahn sieht,
Wo glühend sich die Kämpfer und die
Wagen in stäubenden Wolken treiben,

So steht und lächelt Helios über uns
Und einsam ist der Göttliche, Frohe nie,
Denn ewig wohnen sie, des Äthers
Blühende Sterne, die Heiligfreien.

Joseph von Eichendorff · 1788—1857 · Deutschland

DER FRIEDENSBOTE

Schlaf ein, mein Liebchen, schlaf ein,
Leis durch die Blumen am Gitter
Säuselt des Laubes Gezitter,
Rauschen die Quellen herein;
Gesenkt auf den schneeweißen Arm,
Schlaf ein, mein Liebchen, schlaf ein,
Wie atmest du lieblich und warm!

Aus dem Kriege kommen wir heim;
In stürmischer Nacht und Regen,
Wenn ich auf der Lauer gelegen,
Wie dachte ich dorten dein!
Gott stand in der Not uns bei,
Nun droben bei Mondenschein,
Schlaf ruhig, das Land ist ja frei!

Adelbert von Chamisso · 1781—1838 · Deutschland

DER INVALID IM IRRENHAUS

Leipzig, Leipzig, arger Boden,
    Schmach für Unbill schafftest du.
Freiheit! hieß es, vorwärts, vorwärts!
    Trankst mein rotes Blut, wozu?

Freiheit! rief ich, vorwärts, vorwärts!
    Was ein Tor nicht alles glaubt!
Und von schwerem Säbelstreiche
    Ward gespalten mir das Haupt.

Und ich lag, und abwärts wälzte
    Unheilschwanger sich die Schlacht,
Über mich und über Leichen
    Sank die kalte, finst're Nacht.

Aufgewacht zu grausen Schmerzen,
    Brennt die Wunde mehr und mehr;
Und ich liege hier gebunden,
    Grimm'ge Wächter um mich her.

Schrei ich wütend noch nach Freiheit,
    Nach dem bluterkauften Glück,
Peitscht der Wächter mit der Peitsche
    Mich in schnöde Ruh zurück.

Adelbert von Chamisso

DER SOHN DER WITWE

Her zogen die Schwäne mit Kriegsgesang:
Zu Roß, zu Roß! es dröhnend erklang.

Es reiten aus allen Höfen umher
Die jüngern Söhne zum Kriegesheer.

Es ist mit uns gar schlimm bestellt,
Und keiner bleibt, wenn einer sich stellt,

Du ziehst, mein Bräutgam, mein Bruder, mein Sohn,
Du ziehst in den Krieg, das wissen wir schon.

Wir Frauen bedienen den Kriegesknecht,
Den Helmbusch steckt die Braut dir zurecht,

Den Rappen führt die Schwester dir vor,
Dir öffnet die Mutter des Hofes Tor.

Wann kehrst du, mein Bräutgam, mein Bruder, mein Kind,
Wann kehrst du zurück? das sag uns geschwind. —

Sind Luft und Wasser und Land erst frei,
Dann säum' ich nicht länger, dann eil' ich herbei. —

Und Luft und Wasser und Land sind frei,
Was säumt er noch länger und eilt nicht herbei?

Wir Frauen, wir wollen entgegen ihm gehn,
Wir wollen vom Hügel entgegen ihm sehn.

Dort harren die Frauen und lauschen zu Tal
Die Straße entlang im Sonnenstrahl.

Und auf und nieder die Sonne steigt,
Kein Reitersmann dem Blicke sich zeigt.

Jetzt hebt sich Staub, jetzt kommt im Lauf
Ein Rappe daher — kein Reiter sitzt drauf.

Sie fangen ihn ein, sie fragen ihn aus.
Wie kommst du, Rappe, doch ledig nach Haus?

Bist, schlechter Gaul, dem Herrn du entflohn?
Wo blieb mein Bräutgam, mein Bruder, mein Sohn? —

Sie haben erschossen ihn in der Schlacht,
Auf grüner Heide sein Bett ihm gemacht.

Mich ließen sie laufen in alle Welt,
Ich habe die Botschaft trauernd bestellt.

. . . .

Es zogen drei Schwäne mit Klaggesang,
Ein Grab zu suchen, die Heide entlang.

Sie ließen sich nieder, wie sie es ersahn,
Zu Füßen, zu Haupte, zur Seite ein Schwan.

Zu Haupte die Schwester, zu Füßen die Braut,
Zur Seite die Mutter, hoch ergraut:

O wehe, weh, Verwaisten uns drei'n!
Wer stimmt in unsre Klage mit ein?

Darauf die Sonne, sich neigend, begann:
Ich stimme mit ein, so gut ich kann.

Neun Tage traur' ich im Nebelflor
Und komme am zehnten nicht hervor.

Die Trauer der Braut drei Wochen war,
Die Trauer der Schwester, die war drei Jahr,

Die Mutter hat der Trauer gepflegt,
Bis müde sie selbst ins Grab sich gelegt.

August von Platen · 1796—1835 · Deutschland

DAS IST DIE BLUME

Das ist die Blume, die dem Heldenmute,
Dem großen Aufstand unsres Volks entsproß,
Das ist die Frucht von dem entströmten Blute,
Das an der Pleiße, an der Seine floß!

Wo ist das Volk, das einst des Wütrichs Sklaven,
Sein Herzblut opfernd, trieb aus diesem Land?
Wo ist dies Volk? Begann's aufs neu zu schlafen,
Das mächtig kaum dem Schlafe sich entwand?

Wo ist die Eintracht, die wir heilig schwuren?
Wo ist des Friedens teu'r erkaufte Huld?
Das Volk ist gut auf allen deutschen Fluren;
Doch ihr, ihr Fürsten, tragt die große Schuld.

Ihr nährt der Zwietracht alte, böse Keime,
Denn ihr mißbraucht der Völker Lieb und Treu,
Die schönste Hoffnung kehrt ihr uns in Träume,
Führt uns den Fluch entströmter Zeit herbei!

Nicht unsre Unschuld wird die Nachwelt mengen
Mit euern Lastern, euerm ew'gen Streit;
Da oft so viele nur an Einem hängen,
Sinkt Deutschlands Kraft und Deutschlands Herrlichkeit.

Sonst konnten wir den Korsen noch verklagen,
Daß er die Zwietracht sende übern Rhein:
Doch schlimmer steht's in diesen letzten Tagen,
Denn jetzt verklagen wir uns selbst allein!

Umsonst fiel mancher Held, die Hand am Schwerte,
Doch was verschlägt den deutschen Fürsten das?
Wenn sie nur streiten um ein Stücklein Erde,
Wenn sie nur nähren ihren giftgen Haß.

Nikolaus Lenau · 1802—1850 · Österreich

EIN SCHLACHTFELD

Ein weites Feld mit Leichen übersät,
Still — alles tot — verstummt das letzte Ächzen:
Verklungen auch der Priester Dankgebet,
Te Deum laudamus nur die Geier krächzen.

Was einst Hesekiel verhieß den Geiern:
„Der Herr wird lassen euch die Mahlzeit feiern
Auf seinem Tisch und Roß und Reiter fressen!"
Die Geier haben's heut noch nicht vergessen.

Ein Geier nur den andern Geier hört,
Neidlos, denn reiches Mahl ist hier geboten,
Die Fliegenschwärme summen um die Toten,
Und sonst kein fremder Laut die Gäste stört.

Der Klageruf verlaßner Mütter, Bräute,
Ertönt zu ferne vom Gefild der Schlacht;
Das Raubtier kann bei ungestörter Nacht
Einschlafen, wenn es mag, auf seiner Beute.

Im Osten kommt der Mond heraufgezogen,
Und Schatten gaukeln um die Angesichter,
Und um die Toten schleichen irre Lichter,
O Mensch, wie bist du um dein Glück betrogen!

„Hat Gott der Herr den Körperstoff erschaffen?
Hat ihn hervorgebracht ein böser Geist?"
Darüber stritten sie mit allen Waffen
Und werden von den Vögeln nun gespeist,
Die, ohne ihrem Ursprung nachzufragen,
Die Körper da sich lassen wohl behagen.

„War Christi Leib echt, menschlich und gediegen?
Für Schmerz und Tod wie unserer empfänglich?
Half ihm ein Scheinleib Schmerz und Tod besiegen
Und steigen aus dem Grabe unvergänglich?"

Die Frage war so heiß und ernst gemeint,
Daß jetzt der Mond auf ihre Leichen scheint;
Die sind gediegen, echt, das ist gewiß,
Wie durch die Welt der tiefe Wundenriß.
O Gott, wie du auch heißen magst, es bleibt
Ein Schmerz, daß Glauben solche Früchte treibt!

Da liegen sie zu Tausenden, kalt, bleich;
Das Blut kann nicht mehr in den Boden sinken,
Der Erde ekelt schon, es aufzutrinken,
Dort in der Niedrung steht's, ein roter Teich.

Weil Tausende getan den letzten Hauch,
Meint Innozenz, der Zweifel tat ihn auch?
Nein! durch das Walgefild Alfar dort schreitet,
Und kummervoll sein Blick darüber gleitet,
Und er gelangt dem Blutteich in die Näh;
Da springen die Gedanken ihm hinein,
Wie aufgeschreckte Unken in den See,
Und singen ihm betrübte Melodei'n.
Sie rufen übers weite Schlachtgefild
Das Unkenlied des Zweifels dumpf und wild:

Was soll das ewig antwortlose Fragen,
In dessen Ungeduld sie sich erschlagen?
Warum das Schicksal so viel Schmerz verschwendet?
Zu neuem Schreck an Leichen sich erfrischt
Und, ist ein Bild der Menschheit halb vollendet,
Den blut'gen Schwamm ergreift und es verwischt?

Ob das ein Gott, ein kranker, ist zu nennen,
Der eine Welt in Fieberglut errichtet,
Und bald im Frost des Fiebers sie vernichtet?
Ist Weltgeschick sein Frieren nur und Brennen?

Ist's nur ein Götterkind, dem diese Welt
Als buntes Spielgeräte zugefallen,
Daß sich bald dran ergötzt, bald es zerschellt,
Und seine Wünsche nur vermag zu lallen?

Was ist's? — und Christus? — wunderliche Märe!
Daß er für uns sich kümmert, zeigt uns nicht
Dies tote Durcheinander zweier Heere,
Wo jedes fiel im Wahn der Christenpflicht.

Wird er bei uns bis an das Ende bleiben,
Solang die Zeit was findet aufzureiben?
Vielleicht daß Wahnsinn auf der Menschheit lastet,
Daß Christus als ein fixer Irrgedanke
Sie nicht verläßt, die unheilbare Kranke,
Bevor das letzte Herz im Tode rastet?

Da liegen sie; — wann klingen die Posaunen,
Die weckenden? und gibt's ein solches Klingen?
Die Fliegen wissen nichts davon zu raunen,
Und auch die Geier keine Kunde bringen,
Wenn sie dort ungeduldig mit dem Schnabel
Auf Panzer und auf Eisenhelme pochen,
Ob nicht Unsterblichkeit die schlimmste Fabel,
Die je ein Mensch dem andern vorgesprochen?
Ein Wahn, der Herzen plündert, und ein Trug,
Der frech dem Elend sagt: hast Freude g'nug!
Hier ist dein Los, zu dulden und zu darben,
In andern Welten reifen deine Garben;

Der Sensenmann wird kommen, sie zu schneiden,
Dir tausendfach vergeltend alle Leiden,
Und Ernte wirst du feiern mit den Engeln;
Sei froh, wenn du ihn hörst sein Eisen dengeln! —

Hörst, Innozenz? — in also düstern Weisen
Beginnt das Herz des Zweifels Lied zu singen,
Weil du es willst zu deinem Gotte zwingen,
Ihm seinen Himmel mit dem Schwert beweisen!

Der Morgen graut, die Sonne kommt, doch nicht
Begrüßt die Lerche hier das Morgenlicht.
Zertreten sind die Saaten auf den Fluren,
Die Lerchen flohen mit den Troubadouren.

Die heitern Vögel werden wiederkommen:
Ist aber einem Volk die Freude fort,
Und aus dem Herzen ihm das Lied genommen,
So kehrt ihm nie zurück das schöne Wort.

Franz Grillparzer · 1791—1872 · Österreich

ICH HAB ERDACHT IM SINN MIR EINEN ORDEN

Ich hab erdacht im Sinn mir einen Orden,
Den nicht Geburt und nicht das Schwert verleiht,
Und Friedensritter soll die Schar mir heißen.
Die wähl ich aus den Besten aller Länder,
Aus Männern, die nicht dienstbar ihrem Selbst,
Nein, ihrer Brüder Not und bitterm Leiden;
Auf daß sie, weithin durch die Welt zerstreut,
Entgegentreten fernher jedem Zwist,
Den Ländergier und, was sie nennen: Ehre
Durch alle Staaten sät der Christenheit,
Ein heimliches Gericht des offnen Rechts.

Moritz Hartmann · 1821—1872 · Österreich

GENUG!

Gib uns, wonach die Erde lechzt,
Sonst wird die Schale voll und voller,
Nicht nach dem Ruhm der Hohenzoller,
Der Friede ist's, wonach sie ächzt.
Den wir allein bis heute kennen,
Laß uns, den Ruhm der Menschlichkeit;
Er wird zu Rauch, wo Städte brennen,
Zu Sünde, wo der Hunger schreit.

Und du, mein Land, gibst für den Wahn
Dahin des Ideales Kränze?
Soll dich der Völker Haß als Grenze
Umschlingen wie ein Ozean?
Verderben zeuget nur Verderben,
Den Tod ruft, wer auf Leichen tritt;
Kein Volk noch sah allein ich sterben,
Am Siege stirbt der Sieger mit.

Lord George Gordon Byron · 1788—1824 · England
SENACHERIB

Wie Wölfe in die Hürde, brach Achurs Macht herein,
Und es prangten seine Scharen in Gold und Purpurschein;
Wie auf dem Meere die Sterne, war seiner Speere Glanz,
Wenn nachts die Wellen zahllos sich heben in kräuselndem Tanz.

Wie Waldeslaub im Sommer, wenn grün die Bäume stehn,
War noch mit seinen Bannern am Abend das Heer zu sehn,
Wie Waldeslaub im Herbste, wenn kalt der Wind gebeut,
Lag dieses Heer am Morgen verwelkt dahingestreut.

Denn hehr auf Sturmesschwingen der Todesengel flog
Und hauchte dem Feind ins Antlitz, als er vorüberzog.
Da wurde nachts das Auge der Schläfer stier und weit,
Und es hob sich ihr Herz noch einmal und schwieg auf Ewigkeit.

Mit weitgeöffneter Nüster lag da das Schlachtroß gut,
Doch ihm entschallet nimmer sein Schnauben in stolzem Mut.
Der Schaum seines Todeskampfes glänzt rings am Rasen umher,
Weiß, kalt, weithin wie Spritzschaum, den aufwirft das stürmische Meer.

Bleich liegt mit verzerrten Zügen der Reiter ausgestreckt,
Und es deckt der Tau die Stirne, und der Rost die Rüstung deckt.
Und rings die Zelte schweigen, das Banner einsam steht,
Unerhoben bleibt die Lanze, ungeblasen die Drommet. —

Und Achurs Witwen weinen und klagen laut zumal,
Und es stürzen alle Götter im Tempel ein des Baal.
Die gewalt'ge Macht der Heiden ist sonder Kampf und Streit
Dem Schnee gleich hingeschmolzen vor Gottes Herrlichkeit.

(Emil Neubürger)

Percy Bysshe Shelley · 1792–1822 · England

KRIEG

Krieg ist des Staatsmanns Spiel,
des Priesters Lust, des Richters Scherz, das Handwerk
des feilen Meuchlers, und für die gekrönten
Mordbuben, deren Throne durch Verrat
und Blut und Frevel jeder Art erkauft,
ihr täglich Brot, die Stütze ihrer Macht.
Um ihren Palast stehn, blutrot gekleidet,
die Wachen, nehmen teil an den Verbrechen,
die roher Zwang verteidigt, und beschützen
vor eines Volkes grimmer Wut den Thron,
den alle Flüche treffen, die der Hunger,
die Not, der Wahnsinn und das Elend atmen.
Dies die gedungnen Bravos des Tyrannen,
die Kron und Zepter ihm verteidigen —
die Polterer seiner Furcht, die Schmutzgefäße
des schlimmsten Lasters, der Gesellschaft Auswurf,
die Hefe niedrigster Verworfenheit.
Ihr kaltes Herz vereint Betrug mit Härte,
Dummheit mit Stolz, und alles, was gemein
und schurkisch ist, mit einer Wut, die nur
Verzweiflung an der Tugend und Verachtung
des eigenen Wertes so entflammen konnte.
Man spendet ihnen Reichtum, Ehr und Macht,
und sendet sie dann aus, ihr Werk zu tun.
Die Pest, die, eine grause Siegerin,
des Ostens Land durchzieht, ist minder furchtbar.
Mit Gold und Ruhmeshoffnung schmeicheln sie
dem Jüngling, dem gedankenlosen Toren,
den schon die Sklaverei gebeugt; zu spät
erkennt sein Elend er, und bitterlich
bereut er sein Verderben, wenn sein Los
mit Gold und Blut besiegelt ist!

Tyrannendiener sind auch, die geschickt
das Recht in der Gesetze Netz verstricken,
den Schwächern zu bedrücken stets bereit;
ob Recht, ob Unrecht, ihnen ist für Gold
jedwedes feil; mit Hohn belächeln sie
die schlichte Tugend, die, erbarmungslos
von ihrem Tritt zermalmt, im Staube liegt,
derweil man hoch der Wahrheit Schänder ehrt.
Auch ernste Heuchler mit ergrautem Haar,
die, ohne Hoffnung, Lieb und Leidenschaft,
sind durch ein üppig Leben voller Lug
mit Schmeichelei zum Sitz der Macht empor
gewunden, stützen eifrig das System,
das sie zu Rang und Ehr und Würden hob.
Drei Worte haben sie — und wohl verstehn
Tyrannen sie zu brauchen; trefflich zahlen
mit Wucherzinsen, die der blutenden Welt
entrissen, sie der Worte Darlehn ab!
Gott, Höll und Himmel! — Ein erbarmungsloser,
rachsuchterfüllter und allmächtiger Dämon,
des Gnade nur ein Hohnwort für die Wut
der wilden, blutgierigen Tiger ist.
Die Höll — ein roter Schlund voll ew'gen Feuers,
wo gift'ge Schlangen ew'ge Qualen noch
den armen Sklaven schaffen, deren Leben
die Strafe schon für ihre Sünden war.
Der Himmel — jenes Bösewichtes Lohn,
der seine menschliche Natur entweiht,
der glaubt und zittert, und im Staube kriecht
vorm eitlen Tand der irdischen Gewalt.

(Adolf Strodtmann)

Percy Bysshe Shelley
ENGLAND IM JAHRE 1819

Ein König blind, verrückt, verachtet, schwammig,
Die Prinzen ahnungsloser Rest der Rasse,
Verloren sickernd durch den Hohn der Masse,
Die wurde selbst, von ihrem Schlammquell, schlammig —

Und Führer, saugend, bis sie satt vom Gelde
Und Blute fallen, ohne Schlag entmachtet —
Ein Volk, auf jedem Felde abgeschlachtet
Und ausgehungert auf dem brachen Felde —

Ein Heer, durch Mord im Krieg und Freiheitsmorden
Zum Doppelschwert für jedermann geworden,
Um das Gesetz in Blut und Geld zu kehren —

Ein Volksrat ohne Volk, wo nur die taube
Zeit unabsetzbar mit sich spricht — Ein Glaube
Von Christen, die den Christ nicht mehr verehren:

Sind Gräber, berstend! Sieh aus ihnen ragen
Ein Glanzgespenst, als Sonne stürmischen Tagen!

(Alfred Wolfenstein)

William Blake · 1757—1827 · England
PROLOG FÜR EIN GEPLANTES DRAMA KÖNIG EDUARDS DES VIERTEN

O eine Donnerstimme und eine Zunge,
zu überschrein des Krieges Kehle! Wenn die Sinne
erschüttert sind, die Seele getrieben zum Wahnsinn,
wer hält stand? Wenn der Bedrückten Seelen
schlagen die Schlacht in der verstörten Luft, wer hält stand?
Wenn von dem Throne Gottes kommt der Sturmwind
der Wut, wenn sein Stirnrunzeln, seine Miene
die Völker hetzt zusammen, wer hält stand?

Wenn Sünde schlägt die breiten Schwingen über der Schlacht
und segelt jauchzend über die Flut des Todes,
wenn Seelen stürzen in das ewige Feuer
und Höllenteufel jubeln auf den Erschlagenen,
o wer hält stand? O wer hat dies verursacht?
O wer gibt Rechenschaft am Throne Gottes?
Die Könige und Edlen des Landes taten es!
Hör es nicht, Himmel, deine Diener taten es!

(Walter Wilhelm)

John Keats · 1795—1821 · England

LA BELLE DAME SANS MERCI

Was grämt dich, Mann in Waffen, was?
Du hinkst allein und bleich umher.
Es sank das Schilf am See und singt
Kein Vogel mehr.

Was grämt dich, Mann in Waffen, was?
Du fällst vom Fleisch vor Ach und Weh.
Des Eichhorns Hamsterbau ist voll,
Und der Herbst haucht ade.

Die Lilie auf deiner Stirn
Seh ich von Fiebern feucht und fahl,
Und rasch auf deiner Wange welkt
Das Rosenmal.

„Fand eine Lady querfeldein,
O schönes elbisches Gebild:
Lang war ihr Haar, ihr Fuß war leicht
Und ihr Auge wild.

Ich tat ihr einen Kranz aufs Haar,
Legt Spangen ihr und Gürtel an —
Sie tat sehr lieb, und süß fing sie
Zu klagen an.

Ich hob sie auf mein schnelles Pferd,
Sah diesen Tag sonst nichts im Ried,
Denn seitwärts lehnte sie und sang
Ein zaubrisch Lied.

Sie flößt mir Saft von Wurzeln ein,
Aus wildem Honig ein Gebräu
Und schwor es mir in fremder Zung:
Ich lieb dich treu.

Sie zog mich in ihr Dickicht fort
Und brach in Tränen aus vor mir,
Und dort schloß ich ihr wildes Aug
Mit Küssen vier.

Und dort hat sie mich eingewiegt,
Dort träumt ich Weh und Waffenklang:
Den letzten Traum, den ich geträumt
Auf dem kalten Hang.

Sah Herrscher, Edelleute bleich
Und Kämpen, todbleich Mann für Mann,
Die schrien: La belle dame sans merci
Hält dich in Bann!

Und Mund um Mund verging vor Gier
Und klaffte warnend, weit und bang —
Da fuhr ich auf und fand mich hier
Auf dem kalten Hang.

Und darum harr ich hier noch aus
Und hink allein und bleich umher,
Sank auch das Schilf am See und singt
Kein Vogel mehr."

(Heinz Piontek)

Pierre-Jean de Béranger · 1780—1857 · Frankreich

DER HEILIGE BUND DER VÖLKER

Ich sah die Freudengöttin niedersteigen,
Sie streute Blumen aus und Ährengold,
Dem Donnergott des Kriegs gebot sie Schweigen.
Still wurde es — er hatte ausgegrollt.
Sie sprach: „Franzosen, Russen, Deutsche, Briten!
Gleich tapfer kämpfte jeder für sein Land!
Schließt einen Bund, den Frieden nun zu hüten!
    Reicht, Völker, euch die Hand!

Ihr armen Sterblichen, vom Hasse müden,
Damit ihr wieder ruhig schlafen könnt,
Teilt euch die Welt! Der Schöpfer hat hinieden
Ja allen einen Sonnenplatz vergönnt.
Gemeine Machtgier hat an ihren Wagen,
Der nie den Weg zum Glück fand, euch gespannt.
Schließt einen Bund! Lernt endlich euch vertragen!
    Reicht, Völker, euch die Hand!

Ihr schlugt mit Feuer eurer Nachbarn Städte,
Der Nordsturm trug zurück zu euch den Brand.
Zerstampft, verödet welkten Felder, Beete,
Rost fraß den Pflug und Blei des Bauern Hand.
Ringsum habt ihr zum Hohn den Menschenrechten
Mit Menschenblut getränkt das Ackerland.
Schließt einen Bund, um Krieg und Mord zu ächten!
    Reicht, Völker, euch die Hand!

Mit ihrem Zepter wagten abzuzählen
Die Potentaten skrupellos und stumpf
In den verbrannten Städten Menschenseelen
— besiegelnd ihren blutigen Triumph —
Wie Schafe! — die man trieb in langen Reihen
Von einem Joch ins andre außer Land.
Schließt einen Bund, übt Nachsicht und Verzeihen!
    Reicht, Völker, euch die Hand!

Gesetze schafft, den Kriegsgott zu entthronen!
Gelitten habt ihr alle allzu schwer!
Erobrern gebt — ihr seht, wie sie's euch lohnen —
Von eurem Blute keinen Tropfen mehr!
Schwört ab dem Anspruch trügerischer Sterne,
Heut schreckeinflößend, morgen schon verbannt!
Schließt einen Bund, ihr alle, nah und ferne!
    Reicht, Völker, euch die Hand!

Frei atmen laßt die Menschen endlich wieder,
Hüllt das Vergangne in Vergessen ein!
Singt auf den Feldern eurer Dichter Lieder,
Die sie als Weihrauch nun dem Frieden weih'n.
Er nur wird Wohlstand, Überfluß uns geben,
Er segnet, die der Liebe Gott verband.
Schließt einen Bund, um froh und frei zu leben!
    Reicht, Völker, euch die Hand!"

Die Göttin sprach's. — Man hörte Beifall schallen,
Und manch ein König sprach's ihr nach geschickt,
So wie der Herbst, bevor die Blätter fallen,
Sich mit des Frühlings bunten Farben schmückt. —
Gottlob, die Fremden sehn wir heimwärts kehren!
Kredenz den besten Wein für sie, mein Land!
Schließt nun den Bund, befolgt der Göttin Lehren!
    Reicht, Völker, euch die Hand!

(Martin Remané)

Heinrich Heine · 1797—1856 · Deutschland

DER TAMBOURMAJOR

Das ist der alte Tambourmajor,
Wie ist er jetzt herunter!
Zur Kaiserzeit stand er in Flor,
Da war er glücklich und munter.

Er balancierte den großen Stock,
Mit lachendem Gesichte;
Die silbernen Tressen auf seinem Rock,
Die glänzten im Sonnenlichte.

Wenn er mit Trommelwirbelschall
Einzog in Städten und Städtchen,
Da schlug das Herz im Widerhall
Den Weibern und den Mädchen.

Er kam und sah und siegte leicht
Wohl über alle Schönen;
Sein schwarzer Schnurrbart wurde feucht
Von deutschen Frauentränen.

Wir mußten es dulden! In jedem Land,
Wo die fremden Eroberer kamen,
Der Kaiser die Herren überwand,
Der Tambourmajor die Damen.

Wir haben lange getragen das Leid.
Geduldig wie deutsche Eichen,
Bis endlich die hohe Obrigkeit
Uns gab das Befreiungszeichen.

Wie in der Kampfbahn der Auerochs
Erhuben wir unsere Hörner,
Entledigten uns des fränkischen Jochs
Und sangen die Lieder von Körner.

Entsetzliche Verse! sie klangen ins Ohr
Gar schauderhaft den Tyrannen!
Der Kaiser und der Tambourmajor,
Sie flohen erschrocken von dannen.

Sie ernteten beide den Sündenlohn
Und nahmen ein schlechtes Ende.
Es fiel der Kaiser Napoleon
Den Briten in die Hände.

Wohl auf der Insel Sankt Helena,
Sie marterten ihn gar schändlich;
Am Magenkrebse starb er da
Nach langem Leiden endlich.

Der Tambourmajor, er war entsetzt
Gleichfalls von seiner Stelle.
Um nicht zu verhungern, dient er jetzt
Als Hausknecht in unserm Hotelle.

Er heizt den Ofen, er fegt den Topf,
Muß Holz und Wasser schleppen.
Mit seinem wackelnd greisen Kopf
Keucht er herauf die Treppen.

Wenn mich der Fritz besucht, so kann
Er nicht den Spaß sich versagen,
Den drollig schlotternd langen Mann
Zu nergeln und zu plagen.

Laß ab mit Spöttelei'n, o Fritz!
Es ziemt Germanias Söhnen
Wohl nimmermehr, mit schlechtem Witz
Gefallene Größe zu höhnen.

Du solltest mit Pietät, mich deucht,
Behandeln solche Leute;
Der Alte ist dein Vater vielleicht
Von mütterlicher Seite.

Georg Weerth · 1822—1856 · Deutschland

DER KANONENGIESSER

Die Hügel hingen rings voll Tau;
Da hat die Lerche gesungen.
Da hat geboren die arme Frau —
Geboren den armen Jungen.

Und als er sechzehn Jahre alt:
Da wurden die Arme strammer;
Da stand er in der Werkstatt bald
Mit Schurzfell und mit Hammer.

Da rannt er den Öfen in den Bauch
Mit schweren Eisenstangen,
Daß hell aus Schlacken und aus Rauch
Metallne Bäche sprangen!

Kanonen goß er — manches Stück!
Die brüllten auf allen Meeren,
Die brachten die Franzosen ins Ungelück
Und mußten Indien verheeren.

Die warfen Kugeln, leidlich schwer,
Den Chinesen in die Rippen;
Die jauchzten Britanniens Ruhm daher
Mit eisernen Kehlen und Lippen!

Und immer goß der lust'ge Held
Die blitzenden Geschütze:
Bis ihm das Alter ein Bein gestellt,
Die Fäuste wenige nütze.

Und als sie versagten den Dienst zuletzt:
Da gab es kein Erbarmen:
Da ward er vor die Tür gesetzt
Wohl unter die Krüppel und Armen.

Er ging — die Brust so zornig weh,
Als ob sie der Donner durchgrollte
Von allen Mörsern, die er je
Hervor aus den Formen rollte.

Doch ruhig sprach er: „Nicht fern ist das,
Vermaledeite Sünder!
Da gießen wir uns zu *eignem* Spaß
Die Vierundzwanzigpfünder."

Georg Herwegh · 1817—1875 · Deutschland
SONETT

Am schönsten Tag um einen Wunsch betrogen,
   Und eine Niete jede, jede Karte,
   An meinem Schwerte Scharte nur an Scharte,
Wenn einmal aus der Scheide ich's gezogen.

Doch halt' ich mutig über allen Wogen
   Die Poesie, die leuchtende Standarte,
   Durch sie versöhn' ich mein Geschick, das harte,
Den rauhsten Sturm mit ihrem Regenbogen.

Nie tönte meine Leier Tod und Fluch,
   Nie schnitt ich aus des Hyperioniden
Purpur ein traurig-düstres Leichentuch;

Der Herr hat mir ein frommes Herz beschieden,
   Die Welt ist mir ein heilig, heilig Buch,
Drin alle Blätter flüstern: Frieden! Frieden!

Anonymes Flugblatt · um 1830 · Deutschland

BERLIN! BERLIN! DU GROSSES JAMMERTAL

Berlin! Berlin! du großes Jammertal,
Bei dir ist nichts zu finden, als lauter Angst und Qual.
Der Offizier ist hitzig, der Zorn und der ist groß:
Miserabel ist das Leben, das man erfahren muß.

Und wenn's dann Sommer ist,
So ist eine große Hitz';
So müssen wir exerzieren,
Daß uns der Buckel schwitzt.

Komm ich auf Wachtparad'
Und tu einen falschen Schritt,
So ruft der Adjutant:
„Den Kerl dort aus dem Glied!

Die Tasche herunter,
Den Säbel abgelegt,
Und tapfer drauf geschlagen,
Daß er sich nicht mehr regt."

Und wenn's dann Friede ist,
Die Kräfte sind dahin;
Die Gesundheit ist verloren,
Wo sollen wir denn nun hin?

Alsdann so wird es heißen:
Ein Vogel und kein Nest!
Nun, Bruder, häng den Schnappsack an,
Du bist Soldat gewest.

Adam Mickiewicz · 1798—1855 · Polen

WO WEILT DER KÖNIG?

Sieh die Granate, die dort in die Reihn
Des Zuges dringt. Rauch deckt die Heeresscharen.
In diesem Rauch platzt sie mit hellem Schein,
Und plötzlich starrt ein Loch, wo Menschen waren.
Und dort fliegt eine Kugel, zischt und pfeift,
Bohrt sich wild heulend in den Grund hinein,
Ergreift die Opfer, schlangenähnlich schleift
Sie sich durchs Heer mit Grauen, Mord und Brand.
Die schrecklichste ward nur am Klang erkannt,
Und Massen wälzen sich in letzter Pein.
Wo sie den Weg sich bahnt, da ist's, als sprenge
Der Todesengel durch das Schlachtgedränge.
Wo weilt der König, der zu solchem Morden drängt
Und Völker sendet? Teilt er ihren Mut,
Gibt Brust und Aug auch er dem Feinde preis?
O nein! Fünfhundert Meilen ferne, weiß
Er sich in seiner Hauptstadt sichrer Hut.

(Ella Mandt)

Alexander Sergejewitsch Puschkin · 1799—1837 · Rußland

AUF ALEXANDER I.

Er wuchs heran beim Trommelrühren,
Ließ pomphaft sich zum Feldherrn küren:
Er flüchtete bei Austerlitz,
Hat Anno zwölf vor Angst geschwitzt,
Jedoch vom Drill verstand er was!
Nur an der Front ward's ihm zu dumm,
So hockt er jetzt vorm Tintenfaß
Im Außenministerium.

(Jens Gerlach)

Taras Schewtschenko · 1814—1861 · Rußland

ZWIETRACHT

Es gab einst Bürgerkrieg und Streit,
Es gab Verräter weit und breit,
Und Neidlinge gab's jederzeit ...

Vorüber ist's, doch nicht verschwunden:
Noch blieben welche, die an Wunden
Sich geifernd freun, gleich wilden Hunden.
Noch immer bohren in der Eiche
Die Würmer, daß sie wanke, weiche,
Geborsten als zernagte Leiche.
Doch einmal endet solcher Hohn:
Empörtes Volk zerschmeißt den Thron,
Zerreißt den Purpur, tilgt die Fron!

Verräterbrut! Du feile Amme
Des fremden Gifts im eignen Stamme,
Verzehrt von blinder Zwietracht Flamme:
Genug des Knie'ns vor fremden Götzen,
Des Beugens vor bemalten Fetzen,
Des Fressens im Gewühl von Metzen!
Du bleibst nur Dreck und dein Gebein
Verscharrt man irgendwo am Rain,
Da Distel nur und Dorn gedeihn.

Lasset uns beten zum Herrn der Zeit!
Vor Bürgerkrieg, Zwietracht und Bruderstreit
Behüte uns, Vater, in Ewigkeit!

(Hans Koch)

Sándor Petöfi · 1823—1849 · Ungarn

O SCHRECKENSZEIT

O Schreckenszeit, o Schreckenszeit!
Und immer mehr wächst Graun und Leid.
Wahrscheinlich hat
des Himmels Rat
bestimmt, uns zu verderben.
Mit Wunden sind wir ganz bedeckt,
die Welt hat sich das Ziel gesteckt,
daß durch das Schwert wir sterben.

Von außen bringt der Krieg uns Not;
doch Böseres im Innern droht;
Die grause Pest
gibt uns den Rest.
Hart über dich ergehen
des Schicksals Schläge, Vaterland;
an deinen Grenzen immer stand
der Tod, bereit zum Mähen.

Heißt's sterben bis zum letzten Mann?
Und wird sich jemand finden dann,
der dieses Bild,
so schaurig wild,
der Nachwelt einst beschriebe?
Und kann auch einer all das Graun
wohl schildern, wie es wär zu schaun,
wenn er am Leben bliebe?

Erzählt er alles, wie es war
und wie es uns ward offenbar,
gibt's einen dann,
der's glauben kann,
daß all dies ist geschehen?
Greift er nicht zweifelnd an die Stirn
und meint, daß solches nur im Hirn
von Narren kann entstehen?

(Lorenz Landgraf)

Eugène Pottier · 1816—1887 · Frankreich

DER TOD EINES PLANETEN

Für Benoit Malon, Mitglied der Commune

Am tiefen Himmel, wo die Sterne schwimmen,
Auch unser Auge mit den Sternen schwimmt.
Zuweilen doch geschieht es, daß die Stimmen
Der Ewigkeit des Geistes Ohr vernimmt.
Du Himmel voll Gestirne zeigst uns wieder,
Daß du beseelt und fühlend bist. Denn seht,
Die Liebe einigt alle Flammenbrüder.
  Ihr Sonnen, weint, denn ein Planet vergeht!

Er drehte sich im stolzen Gleichgewichte,
Und kein Geschöpf an Hunger je verkam.
Der Mensch, der frei war, konnte seine Früchte
Im Überfluß genießen, ohne Scham.
Doch stahl ein Diebsgeschlecht uns Frucht und Kerne
Und ließ verfaulen, was die Welt gesät.
Sein Wahnsinn aber stinkt bis an die Sterne.
  Ihr Sonnen, weint, denn ein Planet vergeht!

Mit Strömen Bluts müßt ihr den Krieg bezahlen.
Mit noch mehr Blut bezahlt ihr die Idee.
Wie Menschenfleisch ernährt den Kannibalen,
So nährt vom Menschenfleisch sich der Bankier.
Das ist der Henker, der in blut'gen Händen
Die arme Erdenkugel wägt und dreht,
Um seinem finstren Gott sie zu verschwenden.
  Ihr Sonnen, weint, denn ein Planet vergeht!

Und doch — die alten Träume uns erfüllen.
Wer wollte aus der Lust am Dasein fort!
Es braust aus dem Gewühl der Menschenwillen
Der Leidenschaften göttlicher Akkord.
Vergebens, arme Seele! Sie gebrauchen
Das Henkerbeil als christliches Gerät.
Prometheus darf nur noch auf Stümpfen krauchen.
     Ihr Sonnen, weint, denn ein Planet vergeht!

Ein Schluchzen schallt durch alle Himmelreiche
Als letzter Schrei am Tage des Gerichts.
Die Ewigkeit zerstäubt die Riesenleiche
Und bläst die Hülse in das leere Nichts.
Leer wird das Weltall sein nach den Gewittern,
Und letzter Wirbelrauch der Welt verweht.
Plejadenhimmel, voll von Knochensplittern!
     Ihr Sonnen, weint, denn ein Planet vergeht!

(Erich Weinert)

Paul Verlaine · 1844—1896 · Frankreich

AGNUS DEI

Es sucht das Lamm die Bitterkeit der Heide,
zieht Salz dem Zucker vor auf seiner Weide,
sein Schritt wird laut im Staub, daß ich ihn nicht vom Regen unterscheide.

Will es ein Ziel, so ist nichts anzufangen,
kopfstoßend starr durchstemmt es sein Verlangen,
dann blökt es seiner Mutter zu, der bangen.

Lamm Gottes, das der Menschen Heil beginnt,
Lamm Gottes, das uns zählt und kennt und findt,
Lamm Gottes, sieh, erbarm dich dessen, was wir sind.

Gib uns den Frieden, nicht den Krieg bescher,
Lamm, schrecklich in des rechten Zornes Wehr,
o du, einziges Lamm, Gott und Gottvaters Einziger.

(Rainer Maria Rilke)

Charles Baudelaire · 1821—1867 · Frankreich

DIE FRIEDENSPFEIFE

Nach Longfellow

Doch Manitu, des Lebens Fürst, stieg wieder,
Der Mächtige, ins grüne Grasland nieder,
Ins Grasland weit und felsenberggekrönt;
Und dort am Klippenfirst des Roten Schroffen,
Dem Raum gebietend und vom Licht getroffen,
Reckt er sich auf und seine Hoheit dröhnt.

Nun rief der Stämme Unzahl er zum Thinge,
So reich an Volk, daß Gras und Sand verginge.
Mit seiner Riesenhand brach er ein Riff
Vom Fels, aus dem er eine Pfeife machte,
Zu der das Rohr er sich am Strome sachte
Aus einer mächtigen Garbe Schilfes griff.

Um sie zu stopfen nahm er Weidenrinde,
Und, der die Kraft erschuf, stand frei im Winde
Und brannte wie ein göttliches Fanal
Die Friedenspfeife an. Noch auf dem Schroffen
Sog er den Rauch und ward vom Licht getroffen.
Doch für die Völker war es das Signal.

Und langsam hebt der Rauch sich in den Lüften
Des sanften Morgens, wellig, schwer von Düften.
Zunächst scheint er ein düstrer Nebelstreif,
Dann wird der Qualm zu grauem Dampf und dichter,
Dann bleicht er, schwillt und steigt und endlich bricht er
Sich an der Himmel hartem Kronenreif.

Und ferne von des Felsgebirges Wällen,
Der Seen des Nordens lauten Wasserfällen,
Von Tawashenta, Tal, dem keines gleicht,
Bis Tuscaloosa, Wald von süßen Düften,
Sehn alle das Signal, das in den Lüften
Des Scharlachmorgens auf im Frieden steigt.

Die Deuter sprechen: „Seht ihr dieses Schwelen,
Den Qualm, der, so wie Hände im Befehlen,
Dort schwingt und dunkel vor der Sonne dräut?
's ist Manitu, des Lebens Fürst, der nieder
Ins weite Grasland stieg und nunmehr wieder
Die Krieger all zu seinem Thinge beut."

Da kommen auf den Strömen, auf den Wegen,
Wo immer her der Winde Atem fegen,
Die Krieger aller Stämme, allzumal
Vom Qualme, der zum Himmel stieg, betroffen,
Gehorsam zu dem Thing am Großen Schroffen,
Zu dem sie Gitsche Manitu befahl.

Die Krieger halten in der grünen Weite
In Wehr und Waffen und gestählt zum Streite,
So bunt gefärbt wie Laub zum Herbst im Wald;
Und Haß, der allen Wesen Kampf verkündet,
Der Haß, der ihrer Ahnen Aug entzündet,
Auch aus dem ihren Todesgluten strahlt.

Und es ist voll von altererbtem Hassen.
Doch Manitu, der Erde Herr, gelassen
Erbarmensblicke auf sie alle tut,
Gleich einem der Verkehrung feinden Weisen,
Der sieht wie seine Söhne sich zerbeißen!
Denn jedes Volk hält Manitu in Hut.

Er breitet über sie die starke Rechte,
Daß er ihr Herz und ihre Enge knechte,
Ihr Fieber kühl' im Schatten seiner Hand.
Dann spricht er hoheitsvoll und mit der Stimme
Der Wasserflut im Aufruhr, die im Grimme
Des Falls ein übermenschlich Tönen fand:

„Nachkommenschaft, beklagenswert und teuer!
O Söhne mein, hört Himmelsweisheit an,
Denn Manitu, des Lebens Herr und Steuer,
Spricht nun zu euch, derselbe, der in euer
Gefild den Büffel, Bär und Elch getan.

Ich gab euch reiche Jagd und Fang hienieden;
Was ward im Jäger denn der Mörder wach?
Ich ließ euch Vögel nisten in den Rieden;
Was seid ihr Frechen denn noch nicht zufrieden?
Was stellt der Mensch denn seinem Nachbarn nach?

Ich bin gar müd des Kriegs! In eurem Munde
Wird Sünde noch Gebet und Weihewort!
Weil ihr in Zwietracht lebt, geht ihr zugrunde,
Und eure Kraft liegt doch im Bruderbunde.
Seid Brüder denn und lebt im Frieden fort!

Bald schenkt euch meine Milde den Propheten,
Der, euch zu lehren, mitzuleiden kommt.
Das Leben wird zum Fest durch des Beredten
Verkündet Wort; doch schmähet ihr sein Beten
In Fluch Verstrickte — dann im Nichts verkommt!

Wascht ab der Blutgier Farben in den Fluten!
Hier habt ihr Fels, dort Schilf, was jeder braucht
Zu seiner Pfeife. Keiner soll mehr bluten
Und morden mehr! In brüderlichen Gluten
Vereint zum Bund die Friedenspfeife raucht!"

Sie werfen jäh die Waffen auf die Brache,
Die Kriegsbemalung löschen sie im Bache,
Die stolz auf ihren wilden Stirnen gleißt.
Ein jeder höhlt den Pfeifenkopf und schneidet
Am Strand ein Rohr, das er sich zubereitet.
Und seinen Kindern lächelt zu der Geist!

Und alle ziehen heim; es sind die Geister
Beglückt und still. Doch Manitu, der Meister
Des Lebens, geht durchs offne Himmelstor.
— Durch einer Wolke glanzerhellte Dünste
Schwebt der Allmächtige, froh seiner Künste,
In Hoheit, Duft und Licht gehüllt empor.

(Karl Schmid)

Volkslied · 1870/71 · Deutschland

ICH BIN SOLDAT, DOCH BIN ICH ES NICHT GERNE

Ich bin Soldat, doch bin ich es nicht gerne,
Als ich es ward, hat man mich nicht gefragt;
Man riß mich fort, hinein in die Kaserne,
Gefangen ward ich, wie ein Wild gejagt;

Ja, von der Heimat, von des Liebchens Herzen
Mußt' ich hinweg und von der Freunde Kreis,
Denk ich daran, fühl ich der Wehmut Schmerzen
Fühl in der Brust des Zornes Glut so heiß.

Ich bin Soldat, doch nur mit Widerstreben;
Ich lieb ihn nicht, den blauen Königsrock,
Ich lieb es nicht, das blut'ge Waffenleben,
Mich zu verteid'gen wär genug ein Stock.

O sagt mir an, wozu braucht ihr Soldaten?
Ein jedes Volk liebt Ruh und Frieden nur,
Allein aus Herrschsucht und dem Volk zum Schaden,
Laßt ihr zertreten, ach, die goldne Flur!

Ich bin Soldat, muß Tag und Nacht marschieren,
Statt an der Arbeit, muß ich Posten stehn,
Statt in der Freiheit, muß ich salutieren,
Und muß den Hochmut frecher Buben sehn.

Und geht's ins Feld, so muß ich Brüder morden,
Von denen keiner mir zuleid was tat,
Dafür als Krüppel trag ich Band und Orden,
Und hungernd ruf ich dann: „Ich war Soldat!"

Ihr Brüder all, ob Deutsche, ob Franzosen,
Ob Ungarn, Dänen, ob vom Niederland,
Ob grün, ob rot, ob blau, ob weiß die Hosen,
Gebt euch statt Blei zum Gruß die Bruderhand!

Auf, laßt zur Heimat uns zurückmarschieren,
Von den Tyrannen unser Volk befrein;
Denn nur Tyrannen müssen Kriege führen,
Soldat der Freiheit will ich gerne sein!

Detlev von Liliencron · 1844—1909 · Deutschland

IN ERINNERUNG

Wilde Rosen überschlugen
Tiefer Wunden rotes Blut.
Windverwehte Klänge trugen
Siegesmarsch und Siegesflut.

Nacht. Entsetzen überspülte
Dorf und Dach in Lärm und Glut.
„Wasser!" Und die Hand zerwühlte
Gras und Staub in Dursteswut.

Morgen. Gräbergraber. Grüfte.
Manch ein letzter Atemzug.
Weither, witternd, durch die Lüfte
Braust und graust ein Geierflug.

Arthur Rimbaud · 1854—1891 · Frankreich

DER SCHLÄFER IM TAL

Liegt eine grüne Lichtung, wo des Flusses Welle,
In tollem Singsang um die Gräser Fetzen säumt
Aus Silber, wo die Sonne stolz von Bergesschwelle
Leuchtet; ist ein kleines Tal, von Strahlen durchschäumt.

Ein Soldat, jung und mit nacktem Haupte, offnen Mundes,
Den Nacken badend, wo die zarte Kresse blaut,
Schläft: liegend unterm Wolkenzelt, im Wiesengrund,
Bleich in dem grünen Bett, drauf lichter Regen taut.

Die Füße in den Lilien schläft er. Lächelnd leise,
Als lächelte ein krankes Kind, in seines Schlafes Weise.
Natur, ihn friert; dein warmes Wiegen tät ihm not.

Die Düfte lassen nicht erschauern seine Nase;
Er schläft, die Hände auf der Brust, im sonnigen Grase,
So still. Er hat, zur Seite, rechts, zwei Löcher, rot.

(Walther Küchler)

Gottfried Keller · 1819—1890 · Schweiz

TRETET EIN, HOHER KRIEGER

Tretet ein, hoher Krieger,
Der sein Herz mir ergab!
Legt den purpurnen Mantel
Und die Goldsporen ab!

Spannt das Roß in den Pflug,
Meinem Vater zum Gruß!
Die Schabrack mit dem Wappen
Gibt 'nen Teppich meinem Fuß!

Euer Schwertgriff muß lassen
Für mich Gold und Stein,
Und die blitzende Klinge
Wird ein Schüreisen sein.

Und die schneeweiße Feder
Auf dem blutroten Hut
Ist zu 'nem kühlenden Wedel
In der Sommerzeit gut.

Und der Marschalk muß lernen,
Wie man Weizenbrot backt,
Wie man Wurst und Gefüllsel
Um die Weihnachtszeit hackt!

Nun befehlt Eure Seele
Dem heiligen Christ!
Euer Leib ist verkauft,
Wo kein Erlösen mehr ist!

Conrad Ferdinand Meyer · 1825—1898 · Schweiz

FRIEDE AUF ERDEN

Da die Hirten ihre Herde
ließen und des Engels Worte
trugen durch die niedre Pforte
zu der Mutter und dem Kind,
fuhr das himmlische Gesind
fort im Sternenraum zu singen,
fuhr der Himmel fort zu klingen:
„Friede, Friede auf der Erde!"

Seit die Engel so geraten,
o wie viele blut'ge Taten
hat der Streit auf wildem Pferde,
der geharnischte, vollbracht,
In wie mancher heil'gen Nacht
sang der Chor der Geister zagend,
dringlich flehend, leis verklagend:
„Friede, Friede . . . auf der Erde!"

Doch es ist ein ew'ger Glaube,
daß der Schwache nicht zum Raube
jeder frechen Mordgebärde
werde fallen allezeit:
etwas wie Gerechtigkeit
webt und wirkt in Mord und Grauen,
und ein Reich will sich erbauen,
das den Frieden sucht — der Erde.

Mählich wird es sich gestalten,
seines heil'gen Amtes walten,
Waffen schmieden ohne Fährde,
Flammenschwerter für das Recht,
und ein königlich Geschlecht
wird erblühn mit starken Söhnen,
dessen helle Tuben dröhnen:
„Friede, Friede auf der Erde!"

Nikolai Alexejewitsch Nekrassow · 1821—1878 · Rußland

KRIEG

Wenn mir ein Mund erbleichend schreit
vom Krieg, von seinen blutigen Schrecken, —
mir tut der Freund, das Weib nicht leid
und nicht die heldenhaften Recken ...
Den Freund vergißt der beste Freund,
das Weib verschmerzt den toten Gatten,
doch *eine* Seele ewig weint
und ist des Toten treuer Schatten ...
Ich sah geheuchelt manches Leid,
ich lernte falschen Kummer kennen, —
wahr sind in ihrer Heiligkeit
der Mütter leidgeborne Tränen,
die nur der tiefste Schmerz ersann.
Stets sind sie in des Toten Bann,
vergrämt und stumm in ihrem Leide,
so, wie die düstre Trauerweide
die Zweige nie erheben kann ...

(K. Roellinghoff)

Michael Albert · 1836—1893 · Rumänien

DER KRIEG

Es rast der Sturm mit Donnerton
In wilden Schlachtenwettern,
Und Heer um Heer und Kron und Thron
Seh ich im Kampf zerschmettern.

Von Strömen Blutes wurden feucht
Des Sommers stille Blüten,
Des Geistes hohes Saatfeld beugt
Sich vor des Sturmes Wüten.

Das ist der Krieg! — O Fluch dem Krieg,
Ihm, unsrer Bildung Schande!
Wann zieht des ew'gen Friedens Sieg
Beglückend durch die Lande?

Torheit! — lief eine Stunde ab
Vom Tag der Weltgeschichte,
Dann ruft die Zeit aus Schutt und Grab
Das Alte zum Gerichte.

Dann dröhnt und gellt vom hohen Turm
Der Glockenschlag die Kunde:
Das Morsche fegt hinweg der Sturm
Und Beßres bringt die Stunde.

Mihail Eminescu · 1850—1889 · Rumänien

ENGEL UND DÄMON

Gibt es einen Gott? Ein hohler Schatten äfft und unterkriegt euch.
Oh, wie müßt' er blind und taub sein und wie boshaft, wenn er wäre!
Und wenn es in seiner Macht steht, daß er allem Bösen wehre,
Warum unterläßt er's? Wenn er aber boshaft ist, was liegt euch

Dann an seiner Ordnung? Doch er ist nicht! Was sie Ordnung schelten
Ist ein Zwang, der euch nur einpfercht, doch die andern nicht berührt.
Leicht ist's, das Gesetz zu achten, wenn man nicht sein Wüten spürt.
Wer sich selbst Gesetze anschafft, läßt sie nach Belieben gelten.

Güte? Wer die Erde eignet, kann sich kaum vor Güte fassen!
Vaterland? Für sie die Größe und der herbe Stab der Macht,
Ihnen hat es Gold und Glorie, uns nur Last und Leid gebracht.
Wehe über die Betrüger, weh' uns, den betrognen Massen!

Sie verdummen uns; an alles glauben wir — sie glauben nicht!
Unser Blut nun tränkt die Erde, wenn der Tod der Schlachten nachtet,
Und von unserm Blute mästet sich ihr Ruhm; sie sind geachtet.
Sie das Gold und wir der Dünger, wir das Dunkel, sie das Licht!

(Konrad Richter)

Volkslied · um 1900 · Rumänien

EIN NEUES SOLDATENLIED

Wer will unter die Soldaten,
Der muß haben ein Gewehr,
Der muß haben ein Gewehr,
Doch es ist ihm auch zu raten,
Daß er nimmer sich beschwer!
Bürschchen, wirst du ein Rekrut,
Merk dir dieses Liedchen gut.
Hopp, hopp, hopp — hopp, hopp, hopp,
Her den Buckel — klopp, klopp, klopp!

Der muß an der linken Seite
Nicht zu sehr empfindlich sein,
Nicht zu sehr empfindlich sein,
Auch im Rücken nicht, im breiten,
Nicht am Kopf und nicht am Bein!
Bürschchen, wirst du ein Rekrut,
Muck nicht, wenn was weh dir tut.
Hopp, hopp, hopp — hopp, hopp, hopp,
Her den Buckel — klopp, klopp, klopp!

Heidenangst, die mußt du haben
Vor den Chargen, Offizieren,
Vor den Chargen, Offizieren,
Laßt euch drillen, liebe Knaben,
Laßt euch willig kujonieren.
Bürschchen, wirst du ein Rekrut,
Laß dich zwiebeln! Kaltes Blut!
Hopp, hopp, hopp — hopp, hopp, hopp,
Her den Buckel — klopp, klopp, klopp!

Volkslied · um 1848 · Deutschland (sorbischer Sprachkreis)
HOFFNUNG

Wenn Kriege Menschenernten mähen,
hier Tod, dort Not und Trauer säen,
da blutet mir das Herz.
Wenn Äcker Lachen widerklingen
und Menschen froh vom Frieden singen,
blüht gute Hoffnung auf.

Wenn Junker frech auf Feldern jagen
und rechtlos Bauern prügeln, plagen,
da blutet mir das Herz.
Wenn Bauern sich dagegen wehren
und Herren Menschen achten lehren,
blüht gute Hoffnung auf.

Wenn stolze Junker faul verfressen,
was sie aus Bauernfleiß erpressen,
da blutet mir das Herz.
Wenn aber Bauern für sich selber säen
und ackern, eigne Ernte mähen,
blüht gute Hoffnung auf.

Wenn roh' Gewalt und Willkür walten,
das Volk Gewehre niederhalten,
da blutet mir das Herz.
Wenn frei das Volk Gesetz verkündet
und Volkes Recht den Richter bindet,
blüht gute Hoffnung auf.

Wenn Volk und Volk einander hassen
und sich zum Morden treiben lassen,
da blutet mir das Herz.
Wenn jedes Brauch und Sprache achtet
des anderen, zu verstehn es trachtet,
blüht gute Hoffnung auf.

Solang' das Volk sich knechtisch beuget
und feig vor seinen Herrn sich neiget,
blüht Hoffnung nicht im Land.
Doch wenn es endlich auferstanden,
die Herrn verjagt mit Schimpf und Schanden —
da scheint die Sonn' im Land!

(Jurij Brězan)

Volkslied · um 1900 · Böhmen
REKRUTENLIED

Als ich noch ein kleiner Junge,
Habt ihr nicht nach mir gefragt,
Hurra!
Habt ihr nicht nach mir gefragt.

Als ich dann um Brot gebettelt,
Habt ihr mich davongejagt,
Hurra!
Habt ihr mich davongejagt.

Kaum habt ihr mich groß gesehn,
Zwangt ihr mich ins Feld zu gehn.
Daß der Blitz in eure Seele,
Eure schwarze Seele schlag'!
Hurra!
Gottverdammtes Lumpenpack!

(F. C. Weiskopf)

Herman Melville · 1819—1891 · USA
REQUIEM

Niedrig fliegen die Schwalben still
Über Siloah am wolkigen Tag,
Über das Feld und über den Hag,
Wo der Regen im April
Kühlte die Wunden der Krieger zur Nacht
Nach der blutigen Sonntagsschlacht. —
Wo von Siloah die Kirche steht,
Stieg zum Himmel manch Stoßgebet,
Hallte das Stöhnen der Abschiedspein
Einsam rings um den Mauerstein,
Sah man im Tod sie beisammen ruhn,
Feinde am Morgen und Freunde nun.
Ruhm ihrer Länder: galt noch sein Wert?
Was eine Kugel doch Besseres lehrt! —
Friedlich schlummern die Toten im Hag,
Über Siloah am wolkigen Tag
Fliegen die Wolken still.
(K. Erich Meurer)

Walt Whitman · 1819—1892 · USA
WENN ICH VON DEM ERKÄMPFTEN RUHM
DER HELDEN LESE

Wenn ich von dem erkämpften Ruhm der Helden lese
    und den Siegen großer Generale, so beneide ich die Generale nicht;
Noch den Präsidenten in seiner Präsidentschaft, noch
    den Reichen in seinem Palast;
Doch wenn ich von der Brüderschaft Liebender höre,
    wie es ihnen erging,
Wie sie durch's Leben, durch Gefahren, Verdächtigungen,
    unverändert, lang und lang,
Durch Jugendzeit hindurch, durch Mannes- und Greisenalter
    unveränderlich in Lieb' und Treue sich zugetan blieben,
Dann erfaßt mich Sinnen — und schnell eile ich
    fort, erfüllt von bitterstem Neide.
(Johannes Schlaf)

Edgar Lee Masters · 1868—1950 · USA

HARRY WILMANS

Ich war gerade einundzwanzig geworden,
Und Henry Philipps, der Sonntagsschulvorsteher,
Hielt eine Rede in Bindels Stadttheater.
„Die Ehre der Fahne muß aufrecht erhalten werden",
Sprach er,
„Sie sei angegriffen von einer Horde Barbaren
Oder der größten Macht Europas."
Und wir schrieen Hurra zu seiner Rede
Und schrieen Hurra, wenn er beim Reden
Die Fahne schwenkte.
Und ich ging in den Krieg trotz des Verbots
Meines Vaters,
Und folgte der Fahne, bis ich sie aufrichten sah
Bei unsrem Lager in einem Reisfeld
Nahe Manila.
Und wir schrieen alle Hurra.
Doch da gab's Fliegen und giftige Dinge,
Und da war das tödliche Wasser,
Und die unbarmherzige Hitze,
Und das faule, verdorbene Essen,
Und der Gestank des Grabens hinter den Zelten,
Wo die Soldaten sich ausleerten,
Und die Huren, die uns folgten, voller Syphilis,
Und allerlei tierische Dinge, die wir
Unter uns selbst trieben,
Und Gehässigkeit, Bedrückung, Entwürdigung
Mancher Art,
Tage voll Unlust und Nächte voll Angst.
Schließlich die Stunde des Angriffs
Durch den dampfenden Sumpf,
Der Fahne nach,
Bis ich aufschreiend fiel, durch
Die Därme geschossen.
Jetzt steht eine Fahne über mir in Spoon River.
Fahne! Fahne!

(Hans Rudolf Rieder)

Volksdichtung · 19. Jahrhundert · Nordamerika

TOTENKLAGE DER SIOUX

Tapferster der tapfern Krieger!
Suchtst am Tor des Tods die Ehre.
Konntest du nicht an mich denken,
Mich, die dich im Haus beweint?
Konntst dich meiner nicht erinnern?

Tapferster der tapfern Krieger!
Ehre war dir mehr als Liebe.
Liebster, glaub, ich bin nicht feig,
Doch mein Herz, es weint um dich,
Weint, wenn deiner ich gedenke.

(Eckhard von Sydow)

Volksdichtung · 19. Jahrhundert · Ostafrika

BESCHWÖRUNGSGESANG DER MASAI-FRAUEN

Eine: Gott Gott zerbrich
Alle: die Macht des Feindes
Eine: Zerbrich zerbrich
Alle: die Macht des Feindes
Eine: Schweigt nicht Frauen
Alle: Gott zerbrich die Macht des Feindes
Eine: Morgenstern
Alle: und Abendstern leuchtende
Eine: zerbrecht zerbrecht
Alle: die Macht des Feindes
Eine: Wolken überm schneehäuptigen Berg ihr
Alle: zerbrecht die Macht des Feindes
Eine: Der du wartest bis der Himmel glüht
Alle: zerbrich
Eine: zerbrich
Alle: die Macht des Feindes

(Achim Roscher)

Volksdichtung · 19. Jahrhundert · Japan

JAPANISCHES SOLDATENLIED

Kamerad, siehst du dort
Den immergrauen
Himmel des Festlands?
Kommt Sturm? Kommt Frost?
Oder kommt Schnee?
Unsere Leichen — wo werden sie liegen?
Auf Korea? Im Mandschuland?
Oder zerstreut auf der Ebene
Sibiriens?

(Adler-Revon)

Ishikawa Takuboku · 1886—1914 · Japan

SOLDATEN

Als ich der Kompanie
Soldaten nachsah,
ward mir weh:
wie sorglos gingen sie ...

(Günther Debon)

Volksdichtung · Anfang des 20. Jahrhunderts · Vietnam

SOLDATEN UND IHRE FRAUEN

Zu Tausenden liegen die toten
Soldaten flußhingestreckt.
Schwalbenflug schreibt an den
Himmel die Todeskunde.
Zerfetzt wird auf Erden schmerzstarrer
Frauen Herz:
Schwalbenschrift im Himmelblau ist
schärfstes gebogenes Messer.

(Kosmas Ziegler)

Rabindranath Tagore · 1861—1941 · Indien

DAS VOLK

Ich blicke ins weite Land und sehe
Die lärmende, die große Menschheit,
Die seit alters her auf mannigfachen Wegen
In großen und kleinen Gruppen schreitet,
Den ewigen Bedürfnissen des
Menschlichen Lebens und Sterbens entgegen.
Das Volk rudert immer nur vorwärts
Und hält das Steuer fest in der Hand.
Das Volk sät draußen auf dem Felde
Den Samen und erntet seine Frucht.
Das Volk arbeitet in Stadt und Land.
Königsthrone stürzen zu Staub,
Kriegstrommeln verstummen,
Siegesmäler vergessen wie Narren ihre Namen,
Gespenster mit Waffen in blutigen Händen
Ziehen in Kindermärchen ein.
Das Volk arbeitet
In aller Herren Ländern,
In den Häfen der Ozeane und Flüsse,
In Bengalen, Bihar und Orissa,
In Bombay, Pandschab, Gudscharat.
Des Lebens Alltag — Tag und Nacht —
Vergeht in dröhnendem Gebrüll und leisem Flüstern.
Glück und Kummer des Alltags
Erklingen im großen Zauber des Lebens.
Auf den Ruinen vieler Imperien
Arbeitet das Volk!

(Štěpánka Kompertová)

Fiona Macleod · 1856—1905 · Schottland

ANRUFUNG DES FRIEDENS

Tiefen Frieden hauche ich in dich,
o Überdruß, hier
o Schmerz, hier!

Tiefer Friede, eine sanfte weiße Taube dir
tiefer Friede, ein stiller Regen dir
tiefer Friede, eine flutende Woge dir
tiefer Friede, roter Wind des Ostens dir
tiefer Friede, grauer Wind des Westens dir
tiefer Friede, dunkler Wind des Nordens dir
tiefer Friede, blauer Wind des Südens dir
tiefer Friede, reines Rot der Flamme dir
tiefer Friede, reines Weiß des Mondes dir
tiefer Friede, reines Grün der Gräser dir
tiefer Friede, reines Braun der Erde dir
tiefer Friede, reines Grau des Taues dir
tiefer Friede, reines Blau des Himmels dir
tiefer Friede der fließenden Welle dir
tiefer Friede der wehenden Lüfte dir
tiefer Friede der stillen Erde dir
tiefer Friede der schlafenden Steine dir
tiefer Friede des gelben Schäfers dir
tiefer Friede der wandernden Schäferin dir
tiefer Friede der Sternenherde dir
tiefer Friede des Friedenssohnes dir
tiefer Friede des Herzens der Maria dir —
von Brigitte mit dem Mantel
tiefer Friede, tiefer Friede!
Und mit der Güte auch des stolzen Vaters,
Friede!
Im Namen der Drei, die Eins sind,
und beim Willen des Herrschers der Elemente,
Friede! Friede!

(Hans Trausil)

Mit Gott, mit Gott, mit Gott!
Mit Gott für König und Vaterland!

Bertha von Suttner · 1843—1914 · Österreich

DAS LIED VON DER MENSCHLICHKEIT

Maschinen stöhnen, Kolosse erbeben,
Aus Schloten speit Feuer hinaus in die Nacht,
Gigantische Formen erstehen zu Leben,
Die Menschengehirne im Schweiße erdacht;
Es drehen sich Räder, es schwanken die Krane,
Zur häßlichen Wahrheit wird jetzt Phantasie
Berechnet zum Kleinsten, Geheimnis entrissen,
Es gibt keinen Traum mehr, gibt nicht Utopie.
Die Erde bezwungen, mit Drähten verbunden,
Gesprochenes Wort saust über die Welt.
Die Wellen der Sphären sind Sklaven der Menschheit,
Die achtlos den Himmel in Händen hält.
In sausender Eile jagen die Züge
Nur rascher, gehetzter, wir hasten ans Ziel,
Die Zeit wird zum Knechte, und Ewigkeitswerte
Sind längst für die Menschen ein krankhaftes Spiel.
Nur immer Verbesserung, Bequemlichkeit, Luxus:
Sie sind für die jagende Menschheit bereit.
So siegt über alle Kräfte der Erde
Der große Gedanke der Menschlichkeit.

Der Raum zwischen Himmel und Erde durchschritten,
Gesundung dem Kranken aus Sonne und Licht,
Die Urkraft gefunden, der Schmerz überwunden,
Der Tod schreckt die forschende Menschheit nicht.
Was gestern noch unklar, ist heute Gewißheit,
Ein Serum, ein Gift gibt's für jegliches Leid.
Wer blind war, wird sehend, wer stumm, der wird reden,
Hin über die Gräber eilt lachend die Zeit.
Chirurgen und Ärzte wehren dem Sterben,
Der Tod wird zur letzten Ecke gezwängt,
Die Menschheit, erlöst, kann ewig nun leben,
Denn Krankheit und Not sind für immer verdrängt.

Und wenn einmal einem bestimmt ist zu enden,
Für den gibt es Leid nicht und Qual nicht und Krampf,
Ihm ist ein stilles Verlöschen beschieden,
Die Wissenschaft endigt im Frieden den Kampf.
Mixturen, Arzneien und die Apparate
Stehn für die leidende Menschheit bereit,
Wir leben und werken, wir kämpfen und sterben
Im hohen Zeichen der Menschlichkeit.

Drommeten ertönen, die Flammen ergänzen,
Vernichtende Kriege zerfetzen das Land,
Sirenen heulen, Kanonen morden
Und speien rings um sich den Tod und den Brand.
Die Bombe erfunden, die alles vernichtet,
Das Land ringsumher in Asche zerlegt,
Ein Schuß — und was war, ist alles verloren,
Daß rund sich auf Meilen nichts lebend mehr regt.
Die blühendsten Länder zu Trümmern verwandelt,
Was einstmals dort lebte, verkohlt und entstellt,
Zu Schutt alle Städte, zu Wüsten die Fluren,
Zu Tod und Verderben ringsum alle Welt.
Und neue Gefahren von Menschen ersonnen,
Das menschliche Hirn tobt in Schrecken sich aus,
Vernichtung ersinnend mit höllischem Graus.
Was gestern noch Schutz, wird heute zur Waffe,
Zu neuem Entsetzen und Elend bereit:
Wo bleibt da der Mensch, wo menschliche Würde,
Wo bleibt sie — die heilige Menschlichkeit?

Ricarda Huch · 1864—1947 · Deutschland

FRIEDE

Aus dem Dreißigjährigen Krieg

Von dem Turme im Dorfe klingt
ein süßes Geläute;
man sinnt, was es deute,
daß die Glocke im Sturme nicht schwingt.
Mich dünkt, so hört ich's als Kind;
dann kamen die Jahre der Schande;
nun trägt's in die Weite der Wind,
daß Frieden im Lande.

Wo mein Vaterhaus fest einst stand,
wächst wuchernde Heide;
ich pflück, eh ich scheide,
einen Zweig mir mit zitternder Hand.
Das ist von der Väter Gut
mein einziges Erbe;
nichts bleibt, wo mein Haupt sich ruht,
bis einsam ich sterbe.

Meine Kinder verwehte der Krieg;
wer bringt sie mir wieder?
Beim Klange der Lieder
feiern Fürsten und Herren den Sieg.
Sie freun sich beim Friedensschmaus,
die müß'gen Soldaten fluchen —
ich ziehe am Stabe hinaus,
mein Vaterland suchen.

Frank Wedekind · 1864—1918 · Deutschland

MENSCHLICHKEIT

„Der grausamste Krieg — der menschlichste Krieg!
Zum Frieden führt er durch raschesten Sieg."
Kaum hört's der Gegner, denkt er: „Hallo!
Natürlich wüt ich dann ebenso!"
Nun treiben die beiden Wüteriche
die Grausamkeit ins Ungeheuerliche
und suchen durch das grausamste Wüten
sich gegenseitig zu überbieten —
jeder gegen den andern bewehrt
durch zehn Millionen Leute,
und wenn sie noch nicht aufgehört,
dann wüten sie noch heute.

Georg Kaiser · 1878—1945 · Deutschland

DIE WEIHE

Nachdem das Schwert gereicht, ward ihm die Weihe
mit alten Sprüchen und mit frischen Salben
und jeder in der meilenlangen Reihe
verschwor sich ihm. Dann hüllt' man es der falben

und funkelnd überzierten Scheide wieder
als berg' man Heiliges in seinem Schrein.
Jetzt stimmten sie die ungestümen Lieder,
mit denen sie sich Tod und Toten weihn

und finden keinen Grund sich mehr zu schämen
des blut'gen Tuns. Einst feiern sie den Sieg,
als ob sie Kronen von den Sternen nähmen,
die dort verwahrt sind — nur erlaubt dem Krieg.

Rainer Maria Rilke · 1875—1926 · Deutschland

SZENE AUS DEM DREISSIGJÄHRIGEN KRIEG

„Du kniest am Markstein, Alter, sprich!
Das ist kein Heiligenbild."
„Kein Bild? — Ich bete. — Es faßte mich
Das Schicksal gar so wild."

„Hast du kein Haus, hast du kein Land,
Das deine Hände braucht?"
„Das Land zerstampft, das Haus verbrannt.
Sieh hin — gewiß — es raucht."

„Was baut's nicht wieder auf dein Sohn
Und hilft dir aus der Not?"
„Mein Sohn zog in den Krieg davon,
Jetzt ist er sicher tot." —

„Was streicht dir deines Haares Schnee
Der Tochter Hand nicht weich?" —
„Der bracht ein Troßbub Schand und Weh,
Da sprang sie in den Teich."

„So sieh mir ins Gesicht! — Und brach
Das Herz dir auch vor Graus..."
„Ich kann nicht, Herr, ein Kriegsknecht stach
mir beide Augen aus."

Karl Kraus · 1874—1936 · Österreich

ZUM EWIGEN FRIEDEN

„Bei dem traurigen Anblick nicht sowohl der Übel, die das menschliche Geschlecht aus Naturursachen drücken, als vielmehr derjenigen, welche die Menschen sich untereinander selbst antun, erheitert sich doch das Gemüt durch die Aussicht, es könne künftig besser werden; *und zwar* mit uneigennützigem Wohlwollen, wenn wir längst im Grabe sein und die Früchte, die wir zum Teil selbst gesät haben, nicht einernten werden."

Nie las ein Blick, von Tränen übermannt,
ein Wort wie dieses von Immanuel Kant.

Bei Gott, kein Trost des Himmels übertrifft
die heilige Hoffnung dieser Grabesschrift.

Dies Grab ist ein erhabener Verzicht:
„Mir wird es finster, und es werde Licht!"

Für alles Werden, das am Menschsein krankt,
stirbt der Unsterbliche. Er glaubt und dankt.

Ihm hellt den Abschied von dem dunklen Tag,
daß dir noch einst die Sonne scheinen mag.

Durchs Höllentor des Heute und Hienieden
vertrauend träumt er hin zum ewigen Frieden.

Es sagt es, und die Welt ist wieder wahr,
und Gottes Herz erschließt sich mit „und zwar".

Urkundlich wird es; nimmt der Glaube Teil,
so widerfährt euch das verheißne Heil.

O rettet aus dem Unheil euch zum Geist,
der euch aus euch die guten Wege weist!

Welch eine Menschheit! Welch ein hehrer Hirt!
Weh dem, den der Entsager nicht beirrt!

Weh, wenn im deutschen Wahn die Welt verschlief
das letzte deutsche Wunder, das sie rief!

Bis an die Sterne reichte einst ein Zwerg.
Sein irdisch Reich war nur ein Königsberg.

Doch über jedes Königs Burg und Wahn
schritt eines Weltalls treuer Untertan.

Sein Wort gebietet über Schwert und Macht
und seine Bürgschaft löst aus Schuld und Nacht.

Und seines Herzens heiliger Morgenröte
Blutschande weicht: daß Mensch den Menschen töte.
Im Weltbrand bleibt das Wort ihr eingebrannt:
Zum ewigen Frieden von Immanuel Kant!

Franz Werfel · 1890—1945 · Österreich

DER KRIEG

Auf einem Sturm von falschen Worten,
Umkränzt von leerem Donner das Haupt,
Schlaflos vor Lüge,
Mit Taten, die sich selbst nur tun, gegürtet,
Prahlend von Opfern,
Ungefällig scheußlich für den Himmel —
So fährst du hin,
Zeit,
In den lärmenden Traum,
Den Gott mit schrecklichen Händen,
Aus seinem Schlafe reißt
Und verwirft.

Höhnisch, erbarmungslos,
Gnadenlos starren die Wände der Welt!
Und deine Trompeten,
Und trostlosen Trommeln,
Und Wut deiner Märsche,
Und Brut deines Grauens,
Branden kindisch und tonlos
Ans unerbittliche Blau,
Das den Panzer schlägt,
Ehern und leicht sich legt,
Um das ewige Herz.

Mild wurden im furchtbaren Abend
Geborgen schiffbrüchige Männer.
Sein goldenes Kettlein legte das Kind
Dem toten Vogel ins Grab,
Die ewige unwissende,
Die Heldentat der Mutter noch regt sie sich.
Der Heilige, der Mann,
Hingab er sich mit Jauchzen und vergoß sich.
Der Weise brausend, mächtig,
Siehe,
Erkannte sich im Feind und küßte ihn.

Da war der Himmel los,
Und konnte sich vor Wundern nicht halten,
Und stürzte durcheinander.
Und auf die Dächer der Menschen,
Begeistert, goldig, schwebend,
Der Adlerschwarm der Gottheit
Senkte sich herab.

Vor jeder kleinen Güte
Gehn Gottes Augen über,
Und jede kleine Liebe
Rollt durch die ganze Ordnung.

Dir aber wehe,
Stampfende Zeit!
Wehe dem scheußlichen Gewitter
Der eitlen Rede!
Ungerührt ist das Wesen vor deinem Anreiten,
Und den zerbrechenden Gebirgen,
Den keuchenden Straßen,
Und den Toten, tausendfach, nebenbei, ohne Wert.
Und deine Wahrheit ist
Des Drachen Gebrüll nicht,
Nicht der geschwätzigen Gemeinschaft
Vergiftetes, eitles Recht!
Deine Wahrheit allein,
Der Unsinn und sein Leid,
Der Wundrand und das ausgehende Herz,
Der Durst und die schlammige Tränke,

Bebleckte Zähne,
Und die mutige Wut
Des tückischen Ungetüms.
Der arme Brief von zu Hause,
Das Durch-die-Straße-Laufen
Der Mutter, die weise,
Das alles nicht einsieht.

Nun da wir uns ließen,
Und unser Jenseits verschmissen,
Und uns verschwuren,
Zu Elend, besessen von Flüchen ...
Wer weiß von uns,
Wer von dem endlosen Engel,
Der weh über unsern Nächten,
Zwischen den Fingern der Hände,
Gewichtlos, unerträglich, niederfallend,
Die ungeheuren Tränen weint?!

4. August 1914

Franz Theodor Csokor · geb. 1885 · Österreich

BRUDER

Brich nieder, Gott, aus den befleckten Tempeln
und neige dich in der Kasernen Stank,
wo sie dein Ebenbild zum Viehe stempeln,
und folge ihm bis auf die Metzgerbank!
Dein Todesweg, der vierzehnmal durchbrochen,
ob er dir dann nicht gnädig kurz erscheint?
Dein Leib am Kreuz, zergeißelt und gestochen,
ob er sich nicht auf linden Rosen meint?

Tritt hin zum Tor, wo sie der feiste Webel
mit dem Papier aus ihrem Leben nimmt!
Steh auf dem Feld, wo der bestirnte Säbel
sich über kleinstes Ungeschick ergrimmt!
Oh, sei bei ihnen in der Scheidestunde,

wo jeder Bahnhof Schädelstätte ist!
In Graben, Feuer, Sturm und Todeswunde,
o sei bei ihnen, Herr!
            Wofern du — bist!

Max Herrmann-Neiße · 1886—1941 · Deutschland

DAS UNABWENDBARE

Die Brunnen des Todes sind aufgebrochen,
der Würger hat seine Fesseln gesprengt,
die große Verwünschung ist ausgesprochen:
nun wird geplündert, gewüstet, gesengt.

Verdammnis dröhnen die Stürme, die Meere,
die Fahnen flattern, in Blut getaucht,
und hinter dem Zuge der heidnischen Heere
der Brand der geschändeten Städte raucht.

Der Himmel spiegelt die höllischen Gluten,
in die wir hilflos starren, gebannt:
bald haben die wildflammenden Fluten
den Wall auch um unser Versteck überrannt.

Ich warte und weiß doch: ich kann nicht entrinnen,
schon morgen ist mir das Letzte geraubt.
Die Hoffnung, ich dürfte noch einmal beginnen —
im Grunde hab ich sie niemals geglaubt.

. . . .

Ein Lied ist erwürgt, ein Herz ist gebrochen.
In Trümmern liegt ein gastliches Haus.
Die große Verwünschung wurde gesprochen.
Das Licht geht aus.

Georg Heym · 1887—1912 · Deutschland

DER KRIEG

Aufgestanden ist er, welcher lange schlief,
aufgestanden unten aus Gewölben tief.
In der Dämm'rung steht er, groß und unbekannt,
und den Mond zerdrückt er in der schwarzen Hand.

In den Abendlärm der Städte fällt es weit,
Frost und Schatten einer fremden Dunkelheit.
Und der Märkte runder Wirbel stockt zu Eis.
Es wird still. Sie sehn sich um. Und keiner weiß.

In den Gassen faßt es ihre Schulter leicht.
Eine Frage. Keine Antwort. Ein Gesicht erbleicht.
In der Ferne zittert ein Geläute dünn,
und die Bärte zittern um ihr spitzes Kinn.

Auf den Bergen hebt er schon zu tanzen an,
und er schreit: Ihr Krieger alle, auf und an!
Und es schallet, wenn das schwarze Haupt er schwenkt,
drum von tausend Schädeln laute Kette hängt.

Einem Turm gleich tritt er aus die letzte Glut,
wo der Tag flieht, sind die Ströme schon voll Blut.
Zahllos sind die Leichen schon im Schilf gestreckt,
von des Todes starken Vögeln weiß bedeckt.

In die Nacht er jagt das Feuer querfeldein,
einen roten Hund mit wilder Mäuler Schrein.
Aus dem Dunkel springt der Nächte schwarze Welt,
von Vulkanen furchtbar ist ihr Rand erhellt.

Und mit tausend hohen Zipfelmützen weit
sind die finstren Ebnen flackernd überstreut,
und was unten auf den Straßen wimmelnd flieht,
stößt er in die Feuerwälder, wo die Flamme brausend zieht.

Und die Flammen fressen brennend Wald um Wald,
gelbe Fledermäuse, zackig in das Laub gekrallt,
seine Stange haut er wie ein Köhlerknecht
in die Bäume, daß das Feuer brause recht.

Eine große Stadt versank in gelbem Rauch,
warf sich lautlos in des Abgrunds Bauch.
Aber riesig über glühnden Trümmern steht,
der in wilde Himmel dreimal seine Fackel dreht

über sturmzerfetzter Wolken Widerschein,
in des toten Dunkels kalten Wüstenein,
daß er mit dem Brande weit die Nacht verdorr,
Pech und Feuer träufet unten auf Gomorrh.

Georg Trakl · 1887—1914 · Deutschland
GRODEK

Am Abend tönen die herbstlichen Wälder
Von tödlichen Waffen, die goldnen Ebenen
Und blauen Seen, darüber die Sonne
Düstrer hinrollt; umfängt die Nacht
Sterbende Krieger, die wilde Klage
Ihrer zerbrochenen Münder.
Doch stille sammelt im Weidengrund
Rotes Gewölk, darin ein zürnender Gott wohnt,
Das vergoßne Blut sich, mondne Kühle;
Alle Straßen münden in schwarze Verwesung.
Unter goldnem Gezweig der Nacht und Sternen
Es schwankt der Schwester Schatten durch den schweigenden Hain,
Zu grüßen die Geister der Helden, die blutenden Häupter;
Und leise tönen im Rohr die dunklen Flöten des Herbstes.
O stolzere Trauer! ihr ehernen Altäre,
Die heiße Flamme des Geistes nährt heute ein gewaltiger Schmerz,
Die ungebornen Enkel.

Richard Schaukal · 1874—1942 · Österreich
GÖTZENDÄMMERUNG

Das ist ein Sommer von besonderer Art:
die Welt ist aus den Fugen, brennt und kracht,
und während so wie sonst die Sonne lacht,
tollt, tost und tobt des Friedens Höllenfahrt.

Wer sich daheim vorm bösen Anhauch wahrt
der grauen Saat, die aufging über Nacht,
tritt vor die Tür, zu einem Traum erwacht,
der unnatürlich mit dem Tag sich paart.

Wird diese Wende wohl die Umkehr sein?
Wird das Geschlecht, das dieser Brand verzehrt,
durch seiner Götzen Dämmerung belehrt,

geläutert aus der Asche auferstehn,
die ewigen Sterne über sich zu sehn
und in der Seele ihren Widerschein?

Romain Rolland · 1866—1945 · Frankreich
ARA PACIS
Geschrieben vom 15.–25. August 1914

De profundis clamans,
Aus der Schlucht des Hasses
Heb ich zu dir, himmlischer Friede, mein Lied.

Heergeschrei soll es mir nicht verdunkeln,
Steigt auch das blutige Meer
Und trägt Europas zerrissenen Leib,
Steigt auch der irre Wind und schüttelt die Seelen:
Blieb ich der Einzige, ich bleibe dir treu!
Unbeteiligt am schändenden Blut-Bund
Werd ich mich nicht am Menschen-Sohn vergreifen.

Bruder bin ich allen, ich liebe euch alle,
Ihr Lebenden einer Stunde,
Die ihr auch diese Stunde
Gegenseitig euch raubt.
Auf heiligem Hügel wachse, aus meinem Herzen,
Über Lorbeer des Ruhms und Eiche hinweg,
Der Ölbaum, steil in die Sonne,
Wo Grillen nisten.

Großer Friede, du herrschest
Mit erhabenem Stab
Über die Unruh der Welt,
Über die Taumel der Wasser,
Rhythmus des Meeres!

Dom, du steigst
Im ruhigen Gleichmaß über die feindlichen Kräfte:
Strahlende Fensterrose,
Draus der Sonne Blut springt,
Leuchtende Garbe, vom Künstler
Ganz in Harmonie gebunden.

Großer Vogel,
Über den Himmel gespannt,
Unter dem Flügel
Trägst du die Niederungen; —
Aber im Fluge
Erfaßt du über das Seiende hin
Gewesenes und die Zukunft.

Bruder der Freude, Bruder des Schmerzes,
Älterer, wissender Bruder,
Beide nimmst du bei der Hand:
Zwischen zwei Flüssen bist du der helle Kanal,
Der den Himmel zurückscheint
Zwischen der doppelten Fassung der weißen Pappeln.

Göttlicher Bote,
Gehst hin und her, wie die Schwalbe
Von Ufer zu Ufer,
Einst sie,
Flüsterst dem einen:
„Weine nicht, Freude kehrt wieder!"
Flüsterst dem andern:
„Eitle nicht, Glück kommt und geht!"

Wie eine Mutter, mit vollem Arm,
Küßt du zärtlich
Die feindlichen Kinder,
Lächelst, leuchtest sie an,
Wie sie in die schwellenden Brüste sie beißen.

Eine die Hände, die Herzen,
Die sich suchend einteilen;
Beuge ins Joch die ungebändigten Stiere,
Leite die Wut ihrer dampfenden Leiber,
Die sich in Kämpfen vergeuden,
In die fruchtbaren Äcker,
Wo durch Furchen tief der Samen rinnt.

Treuer Genosse
Empfängst du die Rückkehr der Streiter:
Sieger, Besiegte sind gleich deiner Liebe!
Ihres Kampfes Ertrag,
Nicht ein Fetzen von Erde,
Dem des Siegers Fett
Mit dem Sklavenblut vermischt zum Dung dient —
Nein, sie waren Werkzeug des Schicksals,
Und ihr Lohn, daß sie es getragen.

Friede, du lächelst, die guten Augen voll Tränen,
Regenbogen des Sommers, umsonnter Abend,
Goldenen Fingers
Streichelst du die feuchten Felder,
Liebst die gefallenen Früchte,
Heilst die Bäume,
Die der Wind und Hagel verwundet.

Gib uns Heilung, wiege die Schmerzen!
Sie vergehen, sie vergehen
Mit uns!
Du nur bist die Dauer!

Brüder, zum Bunde!
Stürzt ineinander,
Kämpfe des zerrissenen Herzens!
O umschlingt euch,
Tanzet, ihr Schreiter!

Wir sind nicht hastige, fiebrige
Jäger der Zeit,
Wir bändigen sie!
Aus des Jahrhunderts Geflecht
Baut der Friede sein Nest.

Wie die Zikade im Strauch —
Wolkensturm naht, Regen schon strömt und ertränkt
Felder und Lieder;
Dann, kaum rauschte das Wetter vorbei,
Klingt der trotzige Sänger wieder —
Also, wenn im rauschenden Osten
Über die zerschmetterte Erde
Die vier Reiter im rasenden Ritt
Laut sich entfernen,
Heb ich das Haupt,
Nehme die Strophe auf, singe,
Schwach, aber trotzig!

(Yvan und Claire Goll)

Yvan Goll · 1891—1950 · Deutschland / lebte in Frankreich

LOTHRINGENS KREUZ

    Herz Frankreichs
    Frankreich meines Herzens
    Turm des Leidens
    Garten der Tränen
In Lothringens Fruchtbäume kletterte ich
Ich kelterte die Oliven der Provence
Ich pflückte deinen Kerbel dein Eisenkraut
Frankreich: Obsthain der Liebe und Fülle
    Ob Linde ob Eiche
    Jeder Baum wird Kreuz
    Lothringens Kreuz
    Überall wächst du
Heute verwandeln sich deine alten Ulmen zu Galgen
Deine Ährenfelder sind nur noch Felder der Ehre
Hinter deinen Kirchen knien deine erschoßnen Söhne
Unter den Blüten des Klees tut sich ein Massengrab auf
    Kreuz Frankreichs
    Frankreich am Kreuz
    Eibe des Duldens
    Winde des Glaubens
    Lilie der Königinnen
    Maiglöckchen des Volks
    Weinberg des Herrn
    Wein der Armen
    Weiße des Schaumweins
    Rot des Bordeaux
    Blau der Kornblumen
    Scheiterhaufen Johannas
    Brennendes Weihnachtsscheit
    Rose von Chartres
    Straßburgs Rosette
    Herz Frankreichs
    Frankreich meines Herzens

(Claire Goll)

Victor Ségalen · 1878—1919 · Frankreich

MIT DES SÄBELS SPITZE

Wir, auf unseren Rossen, wir wissen nichts vom Säen.
    Doch jedes Land, das man im Trabe pflügen
    und im Gras durchrennen kann,
        Wir haben es durchrannt.

Wir verschmähen das Bauen von Mauern und von
    Tempeln, aber jede Stadt, die sich verbrennen
    läßt mit Tempeln und mit Mauern,
        Wir haben sie verbrannt.

Wir ehren unsere Frauen wie Kleinodien, sie alle sind
    von höchstem Rang. Doch die andern, die man
    überreiten, scheuchen, nehmen kann,
        Wir haben sie genommen.

Unser Siegel ist ein Lanzeneisen; unser Festgewand ein
    Küraß, wo der Tau kristallisiert; unsere Seide
    ist gewebt von Roßhaar. Doch die andere, die
    sanftere, die man verkaufen kann,
        Wir haben sie verkauft.

Ohne Grenzen, manchmal ohne Namen, wir regieren
    nicht, wir eilen weiter. Aber alles, was man
    schneidet, spaltet, was man nagelt, was man
    trennt ...

Kurz alles, was man tun kann mit des Säbels Spitze,
        Wir haben es getan.

(Friedhelm Kemp)

Henri Guilbeaux · geb. 1884 · Frankreich

AN EINEN DEUTSCHEN FREUND

Wo bist du, den ich kannte, den ich liebte?
Gefangen? Verwundet? Tot?
Schlugst du dich in fürchterlicher Schlacht?
Verharrtest du einsam in einer Stadt
oder Landschaft?
Was sinnst du?
Wie standest du
im schrecklichen Kampf des alten Europa?
Kamerad, wie lasten diese fahlen Tage,
auch wenn besoldete Zeitung sie
vergeblich mit Ruhm schmückt.

Wo bist du, den ich kannte, den ich liebte?
Da wir die brüderlichen Träume zusammenwanden,
Pläne wie Garben immer fügten und banden,
wirrer, stolzer Wünsche verschlungenen Rosenpark:
All unsere ehrlichen, fertigen Forderungen,
rot überm Felde des Friedens!
Fern sind solche Landschaften, fern!

Schweigsam, ergeben hatten sich unsere Hände gefunden.
Du bestauntest die Helle, die schimmernde Harmonie
der Sträuße von Ile-de France.
Ich liebte deiner Heimat Tannen, dicht, schwarz gestaut!
Du lobtest unseren Impuls, unsre Kunst,
unseren jungen, aufgeschossenen Drang,
und mir behagte das Gefühl, die Musik,
die gastliche Gemütlichkeit Deutschlands.

Blumen und Früchte jeglicher Heimat pflückten
und genossen wir um und um,
gemeinsam zertrat man die Nesseln und Disteln im Weg,
überall Nesseln und Disteln dichter,
verdunkelter Feindschaft.
Und nun, wie sind die Zweige der Hoffnung welk!
Unerbittlicher, grollender Sturm zerbrach
die gläubigen Knospen.

Wo weinst du, mein Freund?
Wo bist du, den ich kannte, den ich liebte?
(Yvan und Claire Goll)

Kurd Adler · 1892—1916 · Deutschland

BETRACHTEN

Ganz lauernd stehen wir auf hohem Berg
und sehen Deutschland links und Frankreich rechts;
und überall ist großes stilles Land
mit weichen Wäldern und verblinkten Dörfern.
Tief eingegraben sind wir wie die Tiere,
die Beute bergen. Der Geschütze
blauschwarze Mäuler glotzen stumpf und stier.
So ahnungslos ist aller Dinge Schein,
daß erst der runde, dumpfe Schall von drüben
uns bitter denken läßt, daß wir Zerstörer sind.
Hoch hebt sich ein Gefühl
von jener Liebe zu dem stillen Lied,
dem Sonntagmorgen und Sebastian Bach.
Ein Augenblick! Und schon ist alles grau.
Fünf Männer rennen wild um ein Geschütz.
Ich denke lächelnd der Begeisterung
der Morgenblätter, die wir nicht mehr lesen.

Gerrit Engelke · 1882—1918 · Deutschland

BUCH DES KRIEGES

Mein Freund du, gebrochenes Auge nun,
Gebrochener Blick wie der des erschossenen Hasen
Oder verächtlichen, kalten Verräters —
Zwölf Jahre gemeinsam sprang uns der Zeitwind entgegen,
Schweigsam teilten wir Bücher und Brot,
Teilten im Schulhaus die Bänke,
Des Lebenshindranges rauschende Not,
Einigen Sinnes Erkennung und Lehre,
Freund, dein Auge ist tot.

Darum deine Mutter im Kummer nun geht,
Harmvoll, seufzend, doch schlicht in der Menge,
Darum Klein-Schwester, Klein-Brüder zu frühe schon spüren
Verfinsternd qualmendes Schicksalgewitter
Und mächtiges Mähen des Todes.
Leer ist dein Bett in der ärmlichen Kammer
Und dein Platz am Tische des Mittags.
Und darum, daß niemand mehr wartet auf dich,
Geht grau deine Mutter im Kummer.

Du wärst eine Wurzel, ein Saatkorn,
Ein trotzender Keim in den Furchen des Lebens,
Ein bärtiger Vater von freundlichen Kindern geworden.
Ein schmerzzerpflügtes Ackerland fraß dich,
Ein blutbedüngter Acker verdarb dich,
Der weise und ewige Säer zertrat dich.
Wer hadert und redet von Schuld?
Doch wärst du ein Saatkorn und wärest ein Vater!

Du wärest das Saatkorn — und wurdest doch Opfer;
Ein tausendstel Gramm nur, ein blutendes Fleisch
Fielst du auf blutleerer Leichen unendlich Gebirge.
Ist auch dein Tod nicht mehr denn ein anderer Tod.
Marschierten doch Tausend und Tausende rhythmischen Schrittes
Hinweg in das qualschwarze Nichts,
Regiment und Brigade, Armee und Armeen
Ins blutigbefleckte Ruhm-Reich des toten Soldaten.
Du wurdest ein Opfer.

Der Brimont ist kahl und sein Wald ist zerschroten,
Keine Fichte verschont, dir daraus ein Grabkreuz zu schlagen
So liegst du stumm in zertrümmertem Boden,
In brustbedrückendem, traumlosem Schlummer.
Nicht Held, noch Führer — Soldat nur, unbekannt.
Gebein im Wind der Verwesung.
Doch des gewaltigen Friedens unzählbare, selige Glanzlegionen,
Wenn ehern und klirrend sie über dein Grabfeld marschieren,
Wirst du erschauernd einst hören,
So horche und harre darauf.

Anton Wildgans · 1881—1932 · Österreich

DIE SCHRECKEN DES KRIEGES

Was wissen denn wir, was der Krieg ist?
Dörfer in Brand geschossen und Habe und Hausrat geplündert!
Frauen und Töchter geschändet und Kinder und Greise gemetzelt!
Und nicht der Mensch nur gemordet! Gemordet wird auch die Erde!
Ja, sie stirbt wie ein Weib! Wie ein Weib, ein gesegnetes, stirbt sie,
Dem man den Leib aufreißt und die werdende Frucht in den Kot tritt:
Von Millionen Geschossen zerstampft, zermartert, zerrissen
Klafft ihr das Innerste bloß! Jahrzehntelang wird da kein Pflug gehn,
Ohne auf Eisen zu knirschen. In ungeheueren Trichtern
Sammelt Gewässer sich an und versumpft das herrlichste Saatland!
Und erst die Wälder, die Wälder! Was Ahnen und Väter geforstet
Viele Jahrhunderte lang, die uralt-gewaltigen Stämme
Sinken granatenzerschmettert aus heulenden Flammen zu Mist hin!
Das ist der Krieg, meine Lieben, die Geißel Gottes! Und all dies,
O es ereignet sich nicht in fremden, entlegenen Welten
Oder in anderen Zeiten, nein, *jetzt* und benachbart!

Alfred Kubin · Kriegsfurie mit Brandfackel

Richard Aldington · 1892—1962 · England

FELDWACHE

Dämmerung und tiefes Schweigen...

Drei Soldaten, auf eine Bank gedrängt,
An einer glühenden, roten Pfanne;
Ein Vierter, der abseits steht
Und in den kalten, regnerischen
Frühen Morgen blickt.

Dann der vertraute Ruf der Vögel —
Helles Kakeln der Hühner,
Krächzen der Saatkrähen,
Die zerbrechliche Flöte des Hänflings
Und das „Fing-fing" der Buchfinken,
Über allem aber die Lerche,
Die selbst das Rotkehlchen übertönt...

Müde geht der Posten hin und her,
Murmelt nur ein Wort: „Friede".

(Heinz-Joachim Heydorn)

Alfred Lichtenstein · 1889—1914 · Deutschland

DIE SCHLACHT BEI SAARBURG

Die Erde verschimmelt im Nebel.
Der Abend drückt wie Blei.
Rings reißt elektrisches Krachen
Und wimmernd bricht alles entzwei.

Wie schlechte Lumpen qualmen
Die Dörfer am Horizont.
Ich liege gottverlassen
In der knatternden Schützenfront.

Viel kupferne feindliche Vögelein
Surren um Herz und Hirn.
Ich stemme mich steil in das Graue
Und biete dem Morden die Stirn.

August Stramm · 1874–1915 · Deutschland
KRIEGSGRAB

Stäbe flehen kreuze Arme
Schrift zagt blasses Unbekannt
Blumen frechen Staube schüchtern
Flimmer
Tränet
Glast
Vergessen.

Georg von der Vring · geb. 1889 · Deutschland
CAP DE BONNE-ESPÉRANCE

Am Kap da steht ein Häuschen
zu täglichem Gebrauch,
Da wohnen keine Mäuschen
Und keine Ratten auch.

Das Häuschen, schief und putzig,
Von Splittern ganz durchsiebt,
Erlauf ich und benutz ich,
So oft es mir beliebt.

Ich sitze da und spähe
Bequem durch jede Wand:
Geschütze in der Nähe
Und tief verschneites Land.

Und sitze da ganz eilig
Im windigen Privé
Und schaue hundertteilig
Die Hoffnung und den Schnee.

Die Hoffnung geht in Scherben.
Dreckerde fliegt und Schnee.
O Sterben und Verderben
Im windigen Privé!

Alfred Wolfenstein · 1888—1945 · Deutschland

DIE FRIEDENSSTADT

Die Nacht verdunkelt tiefer sich in Bäume,
Der Boden schwankt wie Schädel voller Träume,
Wir wandern langsam, wissen kaum, warum,
Wir aufgebrochen sind, und harren stumm.

Wir haben paradiesisch lau gelebt,
In Wäldern, Ebenen farblos eingeklebt,
Aus weiter Landschaft blickte jeder stille,
In ruhigen Körpern hauste klein der Wille.

Durch kleine Teiche schwammen unsre Pläne,
Gleichgültig leicht und einsam wie die Schwäne,
Auf unsrer ahnungslosen Jugend lag
Der Alten Zeit, der Ordnung glatter Tag.

Kein Herz, kein Blick, kein Kampf ward in ihr groß,
Aus Wurzeln stieg die Landschaft regungslos
In einen Schein des Friedens, halb verdunkelt
— Und plötzlich wie ein Schein von Größe funkelt

Von Ungeheuern unser Weg, und Brände
Und Waffen drücken sich in unsre Hände,
Zweischneidig, in die Seele drückend Wunden,
Und wir, umtrommelt rings, gepreßt, gebunden,

Stehn in der Erde ältestem Geschick,
Im Krieg, — ein Späherheer fängt unsern Blick,
Wald wächst voll unnatürlicher Gewalten,
Voll Mauern, die uns grau in Waffen halten:

Mit kahlem Steingesicht, unnahbar böse,
In seinen Händen gellendes Getöse,
Den Stahl im Munde und im Herzen stumm
Geht ein Gespenst durch Menschenreihen um.

Es schlägt die Erde dröhnendes Zerstören,
Und nirgends ist ein Herzschlag mehr zu hören,
Wir stehen eingereiht ins Heer des Nichts
Und werden ausgesandt zum Mord des Lichts.

Doch plötzlich in dem allfeindseligen Land —
Mit wem zusammentastet meine Hand?
Oh — etwas mutigeres Weiterstrecken
Und dich bei mir und mich bei dir Entdecken!

Mensch bei dem Menschen — Und die Welt ist wieder!
Gewalt erblaßt, Gewalt sinkt vor dir nieder,
O Freund —! Kaserne flieht um unser Haupt,
Um Schönheit, die sich plötzlich gleicht und glaubt!

Die Erde fällt, doch Geister sind noch da,
Um sie zu halten! Komm und bleibe nah,
In ihre Wüste werde eingetürmt
Die Friedensburg, die keiner wieder stürmt.

Aus Donnerspannung unsrer Hände bricht
Die Stadt! voll Stirnen, Himmeln, Wucht und Licht,
Der Kuß sich ewiglich umschlingender Straßen,
Die Glücklichkeit an Hellem ohne Maßen.

Die Sonne nimmt durch unsre Stadt den Flug!
Und nie ist ein Verräter dunkel genug,
Sich hinzuwühlen unter diesen Frieden,
Kein Winkel wird hier Waffen heimlich schmieden.

Dring weiter, Strahl der Stadt, in alle Reiche,
Wir speisen dich, wir tief im Geiste Gleiche,
Aus endloser Berührung brennt ein Meer
Hervor, zurück und heißer, höher her.

Du Friede, Kampf der Stadt! du roter Stern,
Mach über Krieg, Nacht, Kälte dich zum Herrn,
Von uns verbunden tiefer uns verbünde,
Geliebt und liebend leuchte und entzünde!

Carl Zuckmayer · geb. 1896 · Deutschland / BR

MORITURI

Truppen marschieren bei Nacht.
Alle Gesichter sind gleich:
Fleckig und bleich,
Helmüberdacht.

Mancher hebt sein Gesicht
Jäh aus dem Mantelkragen:
Hörte er eben nicht
Laut seinen Namen sagen?

Ins Auge rinnt Schweiß,
Schweiß beißt im Genick.
Wohl dem, der nichts weiß
Von fremdem Geschick.

Carl Zuckmayer

VERLASSENE GÄRTEN

Wo Häuser standen, — Schutt, verkohltes Gemäuer.
Wo Bäume ragten, — Stumpf, zersplitterte Kron'.
Rostige Pflugschar ragt aus dem Grabe der Scheuer.
Unkraut und Wegerich verwischt die Straßen schon.

Aber die Gärten, die keine Hand mehr pflegte,
Die Rosen, ungepflückt am Strauch verdorrt,
Die Beete, die kein Heckengrün umhegte, —
Wohin der Wind die reifen Samen fegte,
Wuchern sie auf und blühn von Ort zu Ort!

Am Grabenrand, von Gas und Rauch verbrannt,
Beginnt ein Strauch in Blüte zu entbrennen.
Gott mag in seinem Dufte mild erkennen
Die Toten, die vermodern unerkannt.

Charles Vildrac · geb. 1882 · Frankreich

ABLÖSUNG

Ach! Die Apfelbäume in Blüte!
Ich lege Blüten in meine Briefe.
Ich werde lesen in einer Wiese.
Ich werde beim Waschen zum Fluß gehn.

Er, der vor mir im Glied marschiert,
Flötet ein Lied, das sein Nebenmann singt;
Ein Lied, das weit entfernt ist vom Krieg:
Ich summe es mit und schmecke es nach.
Und doch: die Gefallenen von Gestern!

Aber der Mensch, der gestrauchelt ist
Zwischen den Beinen des Todes,
Der dann sich wieder erhebt und atmet,
Kann nur noch lachen und schluchzen:
Die Seele hat keinen Platz für Trauer.

Das Licht ist zu berauschend für den,
Der an diesem Morgen noch lebt;
Er ist schwach und ist voller Staunen,
Daß er ohne Hast seinen Weg geht.

Und wenn er träumt, dann wohl von dem Glück,
Die Stiefel auszuziehn, um zu schlafen,
In Neuvilly, in einem Stall.

(Wolfgang G. Deppe)

Guillaume Apollinaire · 1880—1918 · Frankreich

DIE ERDOLCHTE TAUBE
UND DER SPRINGBRUNNEN

Süße erdolchte Gestalten
Liebe blühende Lippen
MIA
MAREYE
YETTE
LORIE
ANNIE und du MARIE
wo seid ihr
o
junge Mädchen
DOCH
neben dem Springquell
der weint und der betet
gerät diese Taube in Verzückung
?

All die Erinnerung von einst
Meine Freunde fort in den Krieg
Sprudeln zum Firmament
Eure Blicke im schlafenden Wasser
Sterben in Melancholie
Wo sind sie Braque und Max Jacob
Derain grauäugig wie der Morgen

Wo sind Raynal Billy Dalize
Namen die in Schwermut verhallen
Wie Schritte in der Kirche
Wo ist Cremnitz der sich meldete
Vielleicht sind sie schon tot
Mein Herz ist der Erinnerungen voll
Der Springquell beweint mein Leid

DIE IN DEN KRIEG ZOGEN IM NORDEN SCHLAGEN SICH JETZT
Der Abend fällt
O blutiges Meer
Gärten wo der rosige Lorbeer kriegerische Blüte verblutet

(Marie Philippe)

Géza Gyóni · 1884—1917 · Ungarn

FÜR EINE NACHT NUR

Schickt ins Feld sie alle nur für eine Nacht,
Die von Parteien schwatzen und Helden, wenn wir halten Wacht,
    Für eine Nacht nur.
Die es frech verkünden: „wir können nicht vergessen"
Und die Todesinstrumente unterdessen
Musizieren über uns, die Nebel tragen
Verkohlten Samen und Bleivögel mordlustig über uns jagen.

Schickt ins Feld sie alle nur für eine Nacht,
Die aus dem Balken einen Splitter stets gemacht,
    Für eine Nacht nur:
Wenn mit Getös zu dröhnen beginnen die Granaten,
Blutige Erde weint um die geknickten Saaten,
Arglistig blitzen die Kugeln, lechzend nach Menschenblut,
Aus den Ufern tritt der Weichsel blutrote Flut.

Schickt ins Feld sie alle nur für eine Nacht,
Wucherer, Knicker und Feiglinge, elende Niedertracht,
    Für eine Nacht nur.
Wenn auf dem Vulkane der Granaten früh und spät
Sich der Mann verwundet wie ein Baumblatt dreht,
Und der schöne rote Held zu Boden sinkt entleibt,
Nur ein schwarzer Leichnam von ihm übrigbleibt.

Schickt ins Feld sie alle nur für eine Nacht,
Geldverdiener und Gottlose, die uns verlacht,
    Für eine Nacht nur.
Wenn der lodernde Höllenschlund sich öffnet im glühenden Raum,
Menschenblut fließt am Boden und tropft von jedem Baum,
Wenn das zerfetzte Zelt leis wimmert in Wetter und Wind
Und der sterbende Krieger seufzt: Mein Weib, mein Kind.

Schickt ins Feld sie alle nur für eine Nacht,
Die Hurra-Helden, die alles erdacht und besser gemacht,
     Für eine Nacht nur.
Wenn am hellen Himmel erglänzt der Sterne schimmerndes Licht,
Möge im San ein jeder erblicken sein eigen Gesicht,
Sehen, wie die Flut das dampfende Blut wälzt ins Meer,
Auf daß sie weinend Alle jammern: Nicht weiter, o Herr!

Schickt sie ins Feld, sie alle nur für eine Nacht,
Dort denken sie dran, daß die Mutter in Schmerzen zur Welt sie gebracht.
     Für eine Nacht nur.
Dort wollten sie aneinander sich schlingen und Buße tun,
Doch ließe ihr böses Gewissen keinen von ihnen ruhn,
Sie rissen die Kleider sich vom Leibe, verfluchten ihr Joch
Und heulten aus heiserer Kehle: Christus, was willst du noch?

Christus, was willst du noch? Sagt, Brüder, was soll ich euch geben,
Um mein Blut zu bezahlen, ich will ja nur weiterleben?
     Wie wollten sie alle, alle schwören.
Hoffärtige, die den Glauben verhöhnten mit ödem Spott,
Wie wollten sie Christus jetzt rufen und den allmächtigen Gott!
„Gegen mein Blut nie wieder Kampf um keine Erdenmacht!"
... Schickt ins Feld sie nur für eine Nacht.

(Lajos Brájjer)

Endre Ady · 1877—1919 · Ungarn

MENSCH SEIN IN DER UNMENSCHLICHKEIT

Kolben der Gewehre zermalmen mein Herz,
Tausend Greuel zerschinden mein Auge,
Stumm hockt ein Dschinn auf der stolzen Kehle,
Und der Wahnsinn schlägt mein Gehirn.

Trotz allem, brich auf, meine Stärke,
Brich wiederum auf von der Erde!
Ob Morgenrot, ob Höllen-Mitternacht,
Gleichviel, brich auf, verwegen,
Wie du einstmals, einstmals getan.

Nichts Schöneres konnten dem hehren Ungarn
Hundert Himmel und Höllen je geben:
Mensch sein in der Unmenschlichkeit,
Ungar im gehetzten Ungartum,
Starrköpfiger Toter, wiederum lebendig.

(F. Klee-Pály)

Lion Feuchtwanger · 1884—1958 · Deutschland
LIED DER GEFALLENEN
1915

Es dorrt die Haut von unsrer Stirn.
Es nagt der Wurm in unserm Hirn.
Das Fleisch verwest zu Ackergrund.
Stein stopft und Erde unsern Mund.
    Wir warten.

Das Fleisch verwest, es dorrt das Bein.
Doch eine Frage schläft nicht ein.
Doch eine Frage wird nicht stumm
Und wird nicht satt: Warum? Warum?
    Wir warten.

Staub stopft und Erde uns den Mund.
Doch unsre Frage sprengt den Grund
Und sprengt die Scholle, die uns deckt,
Und ruht nicht, bis sie Antwort weckt.
    Wir warten.

Wir warten, denn wir sind nur Saat.
Die Ernte reift. Die Antwort naht.
Weh, wen sie trifft! Heil, wem sie frommt!
Die Antwort zögert, doch sie kommt.
    Wir warten.

F. S. Flint · geb. 1885 · England

WEHKLAGE

Die jungen Männer der Erde
Sind verurteilt zum Tod.
Sie sind aufgerufen zu sterben
Für die Schuld ihrer Väter.

Die jungen Männer der Erde,
Die wachsende, reifende Frucht,
Sind von den Zweigen gerissen,
Während Erinnerung an die Blüte
Noch süß ist im Herzen der Frauen:
Geschleudert sind sie zu grausamem Zweck
Hinein in Stampfpresse und Esse.

Die jungen Männer der Erde
Schauen einander ins Auge
Und lesen dort die gleichen Worte:
Noch nicht! Noch nicht!
Aber bald vielleicht und vielleicht bestimmt.

Den jungen Männern der Erde
Gehört die Straße nicht mehr:
Sie gehören der Straße.
Sie besitzen die Erde nicht mehr:
Die Erde besitzt sie.

Sie sind nicht mehr die Herren des Feuers:
Das Feuer ist ihr Herr;
Sie dienen ihm, es zerstört sie.
Sie beherrschen nicht mehr die Wasser:
Der Dämon der Meere
Hat ein neues Untier erschaffen,
Und sie fliehen vor seinen Zähnen.
Sie atmen nicht mehr in Freiheit:
Der Dämon der Lüfte
Hat ein neues Gespenst erfunden,
Das reißt sie in Stücke.

Die jungen Männer der Erde
Sind umfangen vom Tod.
Er ist immer um sie
Mit einem Ring von Feuer und Bajonetten.

Weint, weint, ihr Frauen,
Ihr Greise, zerbrecht euer Herz.

(Wolfgang G. Deppe)

Siegfried Sassoon · geb. 1886 · England

IHR LIEBT UNS

Ihr liebt uns, wenn wir Helden auf Urlaub sind,
oder verletzt an einem erwähnbaren Ort.
Ihr verehrt Orden; denn euer Credo beginnt:
Kühnheit wischt die Schande des Krieges fort.

Granaten dreht ihr für uns, ihr lauscht entzückt
gruselnd Geschichten von Gefahr und Kot.
Von euch wird unser ferner Kampf geschmückt,
und euer Lorbeer feiert unsern Tod.

Ihr könnt nicht glauben, daß britische Truppen „weichen":
zermürbt von Höllen rennen sie davon
und zertrampeln blind vom Blut die gräßlichen Leichen.

O deutsche Mutter, du träumst im Feuerschein?
während du Socken strickst für deinen Sohn,
tritt man ihn tiefer in den Schlamm hinein.

(Erich Fried)

Paul Zech · 1881—1946 · Deutschland
SOMMER AN DER SOMME

Zerstampft stirbt Korn: im Regen zu verwesen;
aus braunen Wasserlöchern schielt der Tag,
mit jedem Wind, der breit im Duftgrund lag,
lahmt schmal das fröstelnde Skelett: Gewesen!
In jeder Kreatur ist nur ein Trauern,
um jedes Herz, um jeder Kehle Laut
ist ein Gebirge bittrer Klagemauern,
düster und unentrinnbar aufbaut.

Wohin, wohin, Soldat, ist das entschwunden,
was dich an Dorf und Kindgemeinschaft band?
Wohin die runden, abendblauen Stunden,
Gefühle einer Frau im Sternenschwur der Hand?
Wohin der Gruß, der dir im fremdesten Begegnen
noch auf der Zunge schmolz wie Pfirsichfrucht?
Wohin der Hund, der noch in Wind und Regen
schwarzer Gewitter Wege wußte aus der Schlucht?

Nicht eine Stunde kommt mehr: uns zu lieben!
Nicht eine Welle fließt, daß sie uns trägt!
Auf unsern Stirnen steht ein Mal geschrieben,
das noch den letzten Mörder blitzerschlägt . . .
Wir aber tragen das wie bunte Steine,
die aus den Kronen blühn auf hohem Thron,
und schänden ein Jahrhundert, daß es weine
durch aller Götter eingebornen Sohn.

Alfons Petzold · 1882—1923 · Österreich
DIE FRAU DES URLAUBERS

Wohl über drei Nächte, wohl über drei Tag
Muß er wieder von mir;
Der dumme, eilige Uhrenschlag
Schlägt nirgends so schnell wie hier.

Wohl über drei Nächte, wohl über drei Tag
Bin ich wieder allein
Mit unseren Kindern und der Frag':
Muß dieses Elend sein?

Wohl über drei Nächte, wohl über drei Tag —
Mein Herz ist dunkel und weint,
Da steht er wieder in arger Plag'
Und zielt auf einen Feind.

Wohl über drei Nächte, wohl über drei Tag
Reißen sich los vier Händ'.
Du lieber Herrgott im Himmel sag,
Wann hat der Krieg ein End'?

Ernst Toller · 1893—1939 · Deutschland

DEN MÜTTERN

Mütter,
Eure Hoffnung, Eure frohe Bürde
Liegt in aufgewühlter Erde,
Röchelt zwischen Drahtverhauen,
Irret blind durch gelbes Korn.
Die auf Feldern jubelnd stürmten,
Torkeln eingekerkert, wahnsinnschwärend,
Blinde Tiere durch die Welt.
Mütter!
Eure Söhne taten das einander.

Grabt Euch tief in den Schmerz,
Laßt ihn zerren, ätzen, wühlen,
Recket gramverkrampfte Arme,
Seid Vulkane, glutend Meer:
Schmerz gebäre Tat!

Euer Leid, Millionen Mütter,
Dien' als Saat durchpflügter Erde,
Lasse keimen
Menschlichkeit.

Hermann Hesse · 1877—1962 · Deutschland / lebte in der Schweiz
AM ENDE EINES URLAUBS IN DER KRIEGSZEIT

Den alten Wanderstecken
Werf ich ins feuchte Gras,
Es ist doch zum Verrecken,
Die Augen sind mir naß.
Muß wieder mich bequemen,
Muß wieder Abschied nehmen,
Tun, was mir nicht gefällt —
Und ringsum blaue Lüfte,
Bach, Wiese und Geklüfte
Und aller Klang und Glanz der Welt!

Muß wieder mich bescheiden,
Muß wieder Sehnsucht leiden
Und fremde Dinge tun,
Indes im Herzen innen
Die dunklen Schmerzen spinnen
Und goldne Träume halb verschüttet ruhn.
Ich spucke still in ein Gesträuch:
Ihr, denen ich muß dienen, allzumal,
Minister, Exzellenzen und General,
Der Teufel hole euch!

Nikolaos Poriotis · geb. 1886 · Griechenland
DIE GATTIN IM KRIEGE

Heim kehret mein Lieber. Stern meiner Jugendzeit,
goldstrahlend leuchte wieder ins Weltenall!
Wer mich nennt Witwe, schwarz gekleidet,
Schlangen sollen im Munde ihm nisten!

Welch' Glück, daß er heimkehrt! Liebedürstend wie einstmals,
sein sonnig Auge, gierig verschlingt es mich.
Dein Heldenarm soll mich erdrücken,
reiche Lippen mir zur Erquickung!

Was? Ist es ein Grabstein, der mich belastet hat?
Wie kalt seine Lippen! — War's eines Kindes Kuß?
Hin zog es mich zu ihm so mächtig,
daß es wie Flammenglut mich verzehrte.

Wie? Du kannst weinen, du, der sonst tränenlos?
Hat eine Schlange der schmerzlich Lachenden
ihr bißchen Leben abgeschnüret?
Wehe! Ich ward eines Lebenden Witwe.

(Karl Dieterich)

Giuseppe Ungaretti · geb. 1888 · Italien

WACHE

Eine ganze Nacht lang
hingeworfen
neben einen hingemetzelten
Kameraden
mit seinem gefletschten
Mund
dem Vollmond zugewandt
mit dem Blutandrang
seiner Hände
der in mein Schweigen
einbrach
habe ich Briefe geschrieben
voll von Liebe

Nie bin ich so sehr
am Leben
gehangen

(Ingeborg Bachmann)

Erich Heckel · Zwei Verwundete

André Breton · geb. 1896 · Frankreich
KRIEG

Ich betrachte das Tier während es sich leckt
Um besser sich zu vermischen mit allem was es umgibt
Seine Augen haben die Farbe der wogenden See
Und sind unversehens die sumpfige Lache welche die schmutzige
    Wäsche den Abfall hin zu sich zieht
Und den Menschen immer anhält
Die Lache mit ihrer kleinen Place de l'Opéra im Bauch
Denn die Phosphoreszenz ist der Schlüssel der Augen des Tiers
Das sich leckt
Und seine Zunge
Die hinausschnellt man weiß zum voraus nie wohin
Ist eine Kreuzung von Schmelzöfen
Von unten beschaue ich seinen Gaumen
Aus Lampen in Säcken besteht er
Und unter dem königsblauen Gewölbe
Entgoldeter Bögen einer im andern im Durchblick
Während der Atem keucht der besteht aus der Verallgemeinerung
    ins Unendliche des Atems jener Elenden die sich mit nacktem
    Oberkörper auf dem öffentlichen Platz zur Schau stellen und
    unter einem herben Münzenregen Petrolfackeln schlucken
Die Pusteln des Tieres glänzen von Hekatomben junger Menschen
    mit denen sich vollstopft die Zahl
Die Flanken geschützt durch schimmernde Schuppen (die Armeen)
Die gewölbten deren jede sich perfekt in ihrem Scharnier dreht
Obwohl sie voneinander abhangen nicht weniger als die Hähne
    die sich im Morgengrauen von Miststock zu Miststock beschimpfen
Man rührt an den Gewissensfehler doch manche versteifen sich
    auf die Behauptung der Tag breche an

(Manfred Gsteiger)

Henri Michaux · geb. 1899 · Belgien

LAZARUS, SCHLÄFST DU?

Nerven-Krieg
Erden-
Stände-
Rassen-
Ruinen-
Eisen-
Bedienten-
Kokarden-
Wind-
Wind-
Wind-Krieg
Luft-Spuren-, Meer-Spuren-, Sensen-Spuren-Krieg
Fronten-Krieg und Jammer-Krieg die sich verwickeln
die uns verwickeln
unter dem Krach, unter der Verachtung
unter Gestern, unter den Scherben des gefallenen Standbilds
unter ungeheuren Veto-Tafeln
Gefangene im Misthaufen
unter Morgen gebrochenes Kreuz, unter Morgen
unter Morgen
während Millionen und Millionen Menschen
fortgehn, in den Tod eintreten
sogar ohne einen eigenen Schrei
Millionen und Millionen
das Thermometer friert wie ein Bein
aber eine Stimme gellt aufs äußerste ...
und Millionen und Millionen kommandiert vom Norden bis zum Süden
gehen fort und treten ein in den Tod

Lazarus, du schläfst? wie?

Sie sterben, Lazarus
sie sterben
und kein Leichentuch
weder Martha noch Maria
oft kaum mehr der Kadaver

Wie ein Narr, der eine Auster schält, lacht
schreie ich
schrei ich
schreie ich stumpfsinnig zu dir
wenn du irgend etwas verstanden hast
an dir ist jetzt die Reihe
an dir ist die Reihe, Lazarus!

(Max Hölzer)

Stefan Zweig · 1881—1942 · Österreich

POLYPHEM

1917

DREI Jahre schon leben wir
In deiner Höhle,
Höhle des Dunkels, des Grauens und böser Erwartung,
Polyphem,
Du ewig hungriger, menschenfressender Riese,
Dessen Auge
Starr, stählern und wimpernlos
Die selige Träne nicht kennt.

Tag für Tag
Greift deine harte haarige Hand
In unsere Reihen,
Fühlt, betastet und wägt unsre schauernden Glieder,
Reißt
Freunde von Freunden,
Bruder von Brüdern,
Schlägt
Schädel und Hirne, gefüllt mit Liebe und warmen Gedanken,
Körper und Stirnen, durchglüht von Samen und Süße des Lebens,
Gegen die Felsen des Schicksals,
Und gierig schlürft
Dein breites, wulstiges tierisches Maul
Das heilige Fleisch
Göttlicher Menschen.

Wie Tiere gedrängt
Schauernd im Dunkel
Der blutigen Höhle
Sitzen wir nachts und fragen uns an mit sklavischen Augen:
Wann du? Wann ich? Wann der letzte
Göttlicher Menschen
In den Wanst,
Den ewig sich weitenden,
Dieses aufgeblähten sinnlosen Tiers?
Unsere Wangen
Sind mürb
Von vergossenen Tränen,
Unsere Augen
Verdunkelt vom täglichen Anblick der Schmach,
Ein eiserner Ring
Erdrückt unsere Kehle,
Die einstens lobsang die Schönheit der Welt.
Wir können nicht reden,
Wir können nur stöhnen.
Wie die Vögel im Sturm
Gesträubten Gefieders
Niedergeduckt
Wärmen wir uns
Einer am andern,
Aber wir ballen die Fäuste,
Daß das Blut uns rot aus den Nägeln springt.

Er aber,
Trunken von Blut,
Frech von der Mast
Heiliger Menschen,
Räkelt sich breit
Auf der ewigen Erde,
Von Morgen bis Mittag
Liegt er hingestreckt,
Zermalmend die Äcker,
Zerberstend die Wälder,
Zerdrückend die Städte,
Der Menschenschlinger,
Und lacht

Mit dem kalten Auge, dem tränenlosen,
In die Himmel,
Wo die Götter, die schläfrigen, schlafen und schlafen.

Aber hüte dich, Polyphem!
Es brennen heimlich
Die Feuer der Rache
In unseren Seelen.
Der Atem der Toten facht sie zur Glut.
Schon schmieden
Wir nächtlich den Pfahl,
Den Pfahl für dein Auge,
Das harte, das kalte, das tränenlose!
Hüte dich, hüte dich, Polyphem,
Schon schärfen wir
Die Spitze im Feuer!
Friß nur, saufe, mäste dich an,
Polyphem,
Doch wenn du dann träumst vom ewigen Fraße,
Stoßen wir dir die Nacht in die Stirn,
Und aus der Höhle des Bluts und des Grauens
Schreiten
Wir, Brüder der Völker, Brüder der Zeiten,
Über deine stinkende Leiche
In die ewigen Himmel der Welt.

Robert Frost · 1874—1963 · USA

HANNIBAL

Selbst an den allerverlorensten Schlachten,
selbst an Plänen, die wieder und wieder
scheiterten, scheitern *mußten*, berauschen sich
Knabentränen und Heldenlieder.

(Robert R. Schnorr)

Erich Mühsam · 1878—1934 · Deutschland

KRIEGSLIED
März 1917

Sengen, brennen, schießen, stechen,
Schädel spalten, Rippen brechen,
spionieren, requirieren,
patrouillieren, exerzieren,
fluchen, bluten, hungern, frieren...
So lebt der edle Kriegerstand,
die Flinte in der linken Hand,
das Messer in der rechten Hand —
mit Gott, mit Gott, mit Gott,
mit Gott für König und Vaterland.

Aus dem Bett von Lehm und Jauche
zur Attacke auf dem Bauche!
Trommelfeuer — Handgranaten —
Wunden — Leichen — Heldentaten —
bravo, tapfere Soldaten!
So lebt der edle Kriegerstand,
das Eisenkreuz am Preußenband,
die Tapferkeit am Bayernband,
mit Gott, mit Gott, mit Gott,
mit Gott für König und Vaterland.

Stillgestanden! Hoch die Beine!
Augen gradeaus, ihr Schweine!
Visitiert und schlecht befunden.
Keinen Urlaub. Angebunden.
Strafdienst extra sieben Stunden.
So lebt der edle Kriegerstand.
Jawohl, Herr Oberleutnant!
Und zu Befehl, Herr Leutnant!
Mit Gott, mit Gott, mit Gott,
mit Gott für König und Vaterland.

Vorwärts mit Tabak und Kümmel!
Bajonette. Schlachtgetümmel.
Vorwärts! Sterben oder Siegen!
Deutscher kennt kein Unterliegen.
Knochen splittern, Fetzen fliegen.
So lebt der edle Kriegerstand.
Der Schweiß tropft in den Grabenrand,
das Blut tropft in den Straßenrand,
mit Gott, mit Gott, mit Gott,
mit Gott für König und Vaterland.

Angeschossen — hochgeschmissen —
Bauch und Därme aufgerissen.
Rote Häuser — blauer Äther —
Teufel! Alle heiligen Väter! . . .
Mutter! Mutter!! Sanitäter!!!
So stirbt der edle Kriegerstand,
in Stiefel, Maul und Ohren Sand
und auf das Grab drei Schippen Sand —
mit Gott, mit Gott, mit Gott,
mit Gott für König und Vaterland.

Edwin Hoernle · 1883—1952 · Deutschland / DDR

MARVILLE

Granatensturm tagaus, tagein,
Mörser brüllen, Haubitzen schrein,
in Gas, in Feuer Tal und Hang,
der Mensch in Loch und Minengang —
Wann werden deine Zähne ruhn,
    Bluthund Verdun?

Sie gruben Massengräber aus,
sie trugen Schädel in Gottes Haus,
sie schufen geisterhaftes Werk,
um Christi Kreuz den Knochenberg —
Sie zählten schweigend, zählten grausend:
    Vierzigtausend.

Vierzigtausend nördlich Verdun!
Zu Marville in der Kapelle nun;
Freund und Feind — auf ewig stumm,
keiner wußte, wofür, warum?
Vierzigtausend zerschossen, zerschellt,
    ums Leben geprellt.

Weiter und weiter die endlose Schlacht,
Mörser halten die Totenwacht,
Mörser sprechen das Totengebet —
Manchmal stummes Entsetzen geht
durch Bunker und Graben — Wir flüstern grausend:
    Vierzigtausend.

Bertolt Brecht · 1898—1956 · Deutschland / DDR

LIED GEGEN DEN KRIEG
Muschiklied 1917

Der Prolet wird in den Krieg verladen
Daß er tapfer und selbstlos ficht.
Warum und für wen wird ihm nicht verraten
Für ihn selber ist es nicht.
    Dreck euer Krieg! So macht ihn doch allein!
    Wir drehen die Gewehre um
    Und machen einen andern Krieg
    Das wird der richtige sein.

Der Prolet muß in den vordersten Graben
Die Generäle bleiben dahint.
Und wenn die Herren gegessen haben
Kann sein, daß er auch noch etwas find't.
    Dreck euer Krieg! So macht ihn doch allein!
    Wir drehen die Gewehre um
    Und machen einen andern Krieg
    Das wird der richtige sein.

Der Prolet baut ihnen die Kriegsmaschinen
Für einen schlechten Lohn
Damit sie ums Leben bringen mit ihnen
Mancher Proletenmutter Sohn.
     Dreck euer Krieg! So macht ihn doch allein!
     Wir drehen die Gewehre um
     Und machen einen andern Krieg
     Das wird der richtige sein.

Der Prolet bezahlt die Niederlage
Der Prolet bezahlt den Sieg.
Drum planen sie bis zum Jüngsten Tage
Mit ihm noch manchen blutigen Krieg.
     Dreck euer Krieg! So macht ihn doch allein!
     Wir drehen die Gewehre um
     Und machen einen andern Krieg
     Das wird der richtige sein.

Der Prolet steht Jahr und Tag im Kriege
In der großen Klassenschlacht
Und der blutet und zahlt bis zu seinem Siege
Der ihn für immer zum Herren macht.
     Dreck euer Krieg! So macht ihn doch allein!
     Wir drehen die Gewehre um
     Und machen einen andern Krieg
     Das wird der richtige sein.

Carl August Sandburg · geb. 1878 · USA

MÖRDER

Ich singe euch zu,
Sanft wie ein Mensch zu einem toten Kinde spricht,
Hart, wie ein Mann in Handschellen,
In denen er sich nicht rühren kann.

Unter der Sonne sind sechzehn Millionen Menschen
Ausgewählt für ihre glänzenden Zähne,
Scharfen Augen, starken Schenkeln
Und warmem, jungem Blut in den Adern.

Und roter Saft rinnt über Gras,
Und roten Saft trinkt die dunkle Erde,
Und die sechzehn Millionen morden ... und morden ... und morden.

Ich vergesse sie weder am Tag noch zur Nacht.
Sie hämmern Erinnerung an meine die Stirn;
Sie drücken mein Herz, und ich schreie ihnen zu,
Ihren Heimen und Frauen, Träumen und Spielen.
Nachtwachend, riech ich die Schützengräben,
Hör das leise Geräusch der Linienschläfer —
Sechzehn Millionen Schläfer und Wacher im Dunkel,
Einige unter ihnen Schläfer auf immer.

Andere stürzen in den morgigen Todesschlaf.
Gekettet an den Rechen dieser herzbrechenden Welt,
Essend und trinkend, sich abmühend ...
An der Akkordarbeit des Mords.

Sechzehn Millionen.

(Claire Goll)

Walter Hasenclever · 1890—1940 · Deutschland

DIE MÖRDER SITZEN IN DER OPER

Der Zug entgleist. Zwanzig Kinder krepieren.
Die Fliegerbomben töten Menschen und Tier.
Darüber ist kein Wort zu verlieren.
Die Mörder sitzen im „Rosenkavalier".

Die Soldaten verachtet durch die Straßen ziehen.
Generale prangen im Ordensstern,
Deserteure, die vor dem Angriff fliehen,
Erschießt man im Namen des obersten Herrn.

Auf, Dirigent, von deinem Orchesterstuhle!
Du hast Menschen getötet. Wie war dir zumut?
Waren es viel? Die Mörder machen Schule.
Was dachtest du beim ersten spritzenden Blut?

Der Mensch ist billig und das Brot wird teuer.
Die Offiziere schreiten auf und ab.
Zwei große Städte sind verkohlt im Feuer.
Ich werde langsam wach im Massengrab...

Ein gelber Leutnant brüllt an meiner Seite:
„Sei still, du Schwein!" Ich gehe stramm vorbei,
Im Schein der ungeheuren Todesweite
Vor Kälte grau in alter Leichen Brei.

Das Feld der Ehre hat mich ausgespien;
Ich trete in die Königsloge ein.
Schreiende Schwäne nackter Vögel ziehen
Durch goldene Tore ins Foyer hinein.

Sie halten blutige Därme in den Krallen,
Entrissen einem armen Grenadier.
Zweitausend sind in dieser Nacht gefallen!
Die Mörder sitzen im „Rosenkavalier".

Verlauste Krüppel sehen aus den Fenstern.
Der Mob schreit: „Sieg!" Die Betten sind verwaist.
Stabsärzte halten Musterung bei Gespenstern;
Der dicke König ist zur Front gereist.

„Hier, Majestät, fand statt das große Ringen!"
Es naht der Feldmarschall mit Eichenlaub.
Die Tafel klirrt, Champagnergläser klingen.
Ein silbernes Tablett ist Kirchenraub.

Noch strafen Kriegsgerichte das Verbrechen
Und hängen den Gerechten in der Welt.
Geh hin, mein Freund, du kannst dich an mir rächen!
Ich bin der Feind. Wer mich verrät, kriegt Geld.

Der Unteroffizier mit Herrscherfratze
Steigt aus geschundenem Fleisch ins Morgenrot.
Noch immer ruft Karl Liebknecht auf dem Platze:
„Nieder der Krieg!" Sie hungern ihn zu Tod.

Wir alle hungern hinter Zuchthaussteinen,
Indes die Oper tönt im Kriegsgewinn.
Mißhandelte Gefangene stehn und weinen
Am Gittertor der ewigen Knechtschaft hin.

Die Länder sind verteilt. Die Knochen bleichen.
Der Geist spinnt Hanf und leistet Zwangsarbeit.
Ein Denkmal steht im Meilenfeld der Leichen
Und macht Reklame für die Ewigkeit.

Man rührt die Trommel. Sie zerspringt im Klange.
Brot wird Ersatz und Blut wird Bier.
Mein Vaterland, mir ist nicht bange!
Die Mörder sitzen im „Rosenkavalier".

Gabriela Mistral · 1889—1957 · Chile

EUROPAS STURZ

Komm, Bruder, komm heute abend
mit deiner Schwester zu beten, die keinen Sohn,
keine Mutter noch der Ihren Gegenwart hat.
Es ist bitter zu beten und das Echo zu hören,
das eine taube Luft und eine Mauer dir werfen.
Komm, Bruder, du, oder Schwester durch die Lichtung
des Maisfelds, ehe der Tag irre
und blind dahinsinkt, ohne zu ahnen,
daß sie, die niemals gelitten, leidet,
von Feuern durchlöchert und raucherstickt brennt,
die Alte Mutter, die uns in ihrem
Olivenhain und ihrem Weinberg geborgen.

Die amerikanische Gäa allein
lebt ihre Nacht mit Duft
von Klee, Thymian und Majoran,
Biber- und Marderlaut lauschend
und dem blauen Lauf der Chinchilla.
Ich spüre Scham ob meines ermüdeten Ave,
das mir kaum die Schultern umstreicht
oder wie eine erjagte Möwe aufsteigt und abstürzt,
indes die Mutter in Trauer verharrt,
zu einem pechschwarzen Himmel starrend,
der ihre Hoffnung höhnend beschneidet
und der Alten Nacht zuschreit: „Du bist es nicht."
Wir sind die Kinder, die ihrer Mutter Namen rufen,
ohne in diesen Stunden zu wissen, ob sie die nämliche ist,
ob sie uns mit dem gleichen Namen erwidert,
oder ob, von Metall und Feuer entzündet,
die Glieder ihr brennen, die da Sizilien,
Flandern, Normandie und Kampanien heißen.

Für die Traurigkeit und das Gebet
genügen zwei Spannen Gras und Luft.
Brot und Wein und Frucht schaffe man
nicht herbei bis zum Tag des Frohlockens,
des Tanzes und toller Arme, die Zweige schaukeln.
In dieser Nacht weder ein Tisch,
mit Falerner glückhaft bestellt noch mit Blüten von Mohn.
Auch kein Schluchzen. Und auch kein Schlaf.

(Albert Theile)

George Coşbuc · 1866—1918 · Rumänien

GESTORBEN — FÜR WEN?

Wenn heute an meine vier Neffen ich denk,
    Von meinen drei Schwestern die Söhne,
Und wenn ich ins Los mich der Meinen versenk,
So frag ich mich, sind es die drei, sind's die vier,
Für die ich ein größeres Mitleid verspür!
    Um wen fließt mir heißer die Träne?

Der deine gefallen bei Krasnik! Fortab
    Hast Ruhe dem Schmerz du geboten.
Der Junge der zweiten ist nahe dem Grab,
Er siecht an den Wunden des Kriegs im Spital.
Die dritte, die sucht ihre beiden voll Qual
    Schon lang in den Listen der Toten.

Die Armen! Ich sehe sie spielen im Sand...
    Wie rasch sie der Kindheit entgleiten!
Wie blühn die Gesichter, so sonnenverbrannt!
Wie jauchzen zum Hause sie hin von den Höhn!
Und vor meinem geistigen Auge erstehn
    Die Bilder vergangener Zeiten.

Ich seh im Getümmel des Krieges sie jetzt,
 Im feuerumbrandeten Raume!
Sie stehen, krümmen sich, fallen zuletzt,
Die Schauer des Todes verziehn ihr Gesicht,
Doch glänzt auf den bleichenden Wangen ein Licht,
 Wie manchmal dem Schläfer im Traume.

Ich fühle kein Leid mehr um sie. Mein Gemüt
 Ist ruhig, gestillt ist das Bluten.
Und wie seine Lieben im Traume man sieht,
So stehn sie vor mir, und mich schmerzt nicht ihr Los.
Mir ist es, als trüge im Schlaf mich ein Floß
 Dahin über spiegelnde Fluten.

Mag sein, daß die Toten Gespräche geführt
 Und daß sie geraunt mir die Kunde;
Mag sein, daß ein Zweifel den Geist mir berührt:
Rumänen seh ich!... Ein gespenstiges Heer!
Sie greifen, und haben doch Hände nicht mehr,
 Sie schrein mit zerschmettertem Munde!

Sie fallen! Ich schaudre! Auf wessen Gebot?
 Wer fordert von ihnen das Leben?
Für uns ist ja traurig und sinnlos ihr Tod!
Ich stell mir mit Schrecken die Frage: *Für wen?*
Ich suche und forsche und kann's nicht verstehn,
 Und keiner kann Antwort mir geben!

(Rudolf Lichtendorf)

Wladimir Majakowski · 1893—1930 · UdSSR

KRIEG UND WELT

Mahlzeit,
Nero!
Willst du? Ein wahrer Schmaus
für Augen
und Ohren!
Heute kämpfen,
Staat gegen Staat,
sechzehn der besten Gladiatoren!

Ihr Legenden von Kriegen der Cäsaren! Was seid ihr,
mit heutiger Wahrheit verglichen?!
Eure grimmigsten Hyperbeln erscheinen heute
mild wie Morgenröte
auf Kindergesichtern.

Du wirst dich bald wie ein Eichhörnchen drehen
im Rad des Lachens, wenn du erfährst,
die ganze
Erde
sei ein Kolosseum,
bespannt mit dem Schaumsamt
des Weltenmeers.
Statt Tribünen — Felsen. Einer sieht aus,
als gingen ihm im Kampf ein paar Zähne verloren.
Kathedralenskelette,
gitterumkraust,
ausgebrannte Kuppeln
und Tore.

Ganz Europa pendelt
an Wolkenbalken
wie ein brennender Lüster im Himmelsazur,
überschüttet mit Feuersbrünsten den Kahlkopf
der Erde und rötet der Völker Gemurr.

Gäste machten sich häuslich
in irdischen Tälern,

Männer,
in grausige Trachten
gekleidet.
Um jeden Nacken, vor jeder Kehle
glitzert finster ein Kanonenkugelgeschmeide.

Das Gold des Slawen.
Der schwarze Schnurrbart der Magyaren.
Der Neger stockfinsterer Schlick.
Alle irdischen Breitengrade scharen
sich hier, herbeigerufen vom Krieg.
Und dort,
wo die Berge
dem Alpenglühn
die eisigen Wangen zum Streicheln boten,
dort hingen wie Wolkengalerien
sich spreizend scharfsichtige Kampfpiloten.

Und als die Krieger
im Paradeschritt
auf dem Kampfplatz erschienen,
Paar an Paar, wie zusammengekoppelt,
und der Milliardenarmeen
Donnertritt
werstweit schmetternd und dramatisch verdoppelnd —
da preßte der Erdball
die Pole zusammen
und verharrte erwartungsvoll, und es traten
grauhaarige Meere
aus den Uferrahmen
und betrachteten trüb das Theater.
Sonne,
der ewige strenge Richter,
lief den Steg hinab zwischen flammenden Pfählen,
und die Augen der Himmelslichter
quollen vor Wißbegier aus den Höhlen.

Die Sekunde wartete, faul und zag.
Und als das blutige Kriegsvarieté
begonnen, so spannend wie ein Begattungsakt,
blieb atemlos stehen der Augenblick. Jäh

zersprang
die Sekunde in tausend Scherben,
indes die Arena im Rauchgrund versank
und der Himmel sich tiefschwarz färbte.
Die andern Sekunden kamen ins Rasen,
explodierten,
brüllten
und verflogen.
Die Schüsse schäumten und schlugen Blasen
über blutroten Feuerwogen.
Vorwärts!

Herrgott, rette unsre See ...

Schreie, die Lungen der Divisionen blähn.
Vorwärts —
mit geifernden Mündern durch Schlamm!
Der siegreiche Georg sei unser Emblem!

Tra-tata-ta-tam, ta-ta-tam, ta-ta-tam-tam,
tra-ta-ta-ta-tam, ta-ta-tam, ta-ta-tam

Requisiteur!
Errichte Katafalke!
Witwen in die Menge!
Je mehr, um so feierlicher!
Der Fakten Feuerwerk
schoß
zum Himmel empor —
immer ungeheuerlicher!
Der weinende Leuchtturm
gießt Tränenkaskaden
in des Ozeans Finsternis,
und irgendwo winden sich
ganze Geschwader,
auf die Lanzen der Minen gespießt.
Schmutziger als Dantescher Hölle Alp,
mit Geklirr überwiehernd den erzenen Donnerton,
verschießt an der Marne General
Joffre, zitternd um Paris,
die letzte Munition.

Im Süden speit
das moscheenhissende
Konstantinopel
Leichen
in den Bosporus heute.
Wellen!
Treibt sie, die in Hostien Verbissenen,
jagt sie weiter!

Wald. Keine Stimme.
Bedachtes Schweigen.
Ein Wirrwarr
von Freund und Feind
erfüllt das Düster.
Nur Krähen und Nächte
folgen einander
wie schwarzgekleidete Priester.

Und wieder, die Brust vor Geschossen entblößend,
schwimmt durch die Lenze
dem Winter entgegen
ein Heer nach dem andern,
überflutet in Stößen
die Meilen
der irdischen Wege.

Es lodert empor.
Holt die Neuen aus dem Dickicht!
Vor den Schwellen der Wiesen
Feuerpentagramme.
Die Blitze der Drahtverhaue zerstückeln
und fressen verkohlte Leichname.
Batterien hüpfen über Hütten und Schlösser,
die Hitze zur Weißglut ballend;
ihre erzenen Mäuler fressen
alles.

Flammenspeier!
Du findest und strafst überall.
Als Rakete stürz ich
in den Himmel im Nu.

Von oben rieselt ein roter Strahl,
das Blut von Pégoud.
Aufgerührte Wasser,
Lüfte
und Erden.
Zu welchen Zielen eilt ihr, Schritte?
Ich spüre der Seele
Wahnsinnsgebärden,
ihr Schluchzen, ihr Drängen, ihr Bitten:
Krieg!
Genug!
Laß das Morden und Brennen!
Die Erde ist nackt und bang.
Die schon im Anlauf Enthaupteten rennen
ohne Köpfe noch eine Minute lang.

Über allem
des rauchenden Satans
Feuerperücke —
im Sternbild
der Eisenbahnlinien
glühn,
erleuchtet von Pulverfabriken,
die Himmelshöhen über Berlin.

Niemand weiß,
ob Tage,
ob Jahre verflossen,
seit wir zum ersten Male
unser Blut im Namen des Krieges vergossen
in der Erde offene Schale.
(A. E. Thoß)

Hermann Broch · 1886—1951 · Österreich

STIMMEN

Als die Männer zurückkehrten aus dem Krieg,
dessen Schlachtfelder brüllende Leerheit
gewesen waren, da fanden sie daheim genau
dasselbe, kanonengleich brüllend die Leere
der Technik, und wie auf den Schlachtfeldern
hatte das Menschenleid sich in die Winkel der
Vakuumräume zu verkriechen, umwittert von
deren Schreckensheiserkeit, mitleidlos umwittert vom
rohen Nichts.
Da war es den Männern, als hätten sie nicht
zu sterben aufgehört,
und sie fragten, was alle Sterbenden
fragen: wohin, ach, wohin haben wir
unser Leben vertan? Was hat uns in
solche Leerheit hineingestellt und
dem Nichts anheimgegeben? Ist das
wirklich des Menschen Bestimmung und
sein Los? Soll unser Leben wirklich
keinen anderen Sinn als diesen Nicht-Sinn
gehabt haben?

Indes, die Antworten auf die Fragen waren
selbsterteilte, und demzufolge waren sie
wieder nur leere Meinungen, wieder nur das
leere Nichts,
eingebettet im Nichts, geformt vom Nichts
und daher vorbestimmt, wiederum abzugleiten
zur Wirrnis der Überzeugungen, die den
Menschen zwingen, aufs neue sich aufzuopfern,
aufs neue wie im Kriege,
aufs neue in unheilig-hohler Heldischkeit,
aufs neue in einem Tod ohne Märtyrertum,
aufs neue im leeren Opfer, das nimmermehr
über sich hinauswächst.
Wehe über eine Zeit der hohlen Überzeugungen
und hohlen Opfer!

(Copyright © 1950 by Rhein-Verlag AG, Zürich)

Johannes R. Becher · 1891—1958 · Deutschland / DDR

AN DEN FRIEDEN

O süßester Traum der streicht wie Sommer lind!
Doch bald mußt du wohl mehr sein als ein Ahnen.
Da blüht er auf wie kleinster Duft von Wind.
Ein Engel durch der Leichen Schlucht sich bahnend.

Dein Tag —: er wölbt! Die Stadt birst vor Geläut.
Der Sonne Fluß erbraust in jeder Straße.
Gemäuer hoch sprießt goldener Strahl-Efeu.
Fanfarenmünder Halleluja blasen.

Das Blutgefild verbaut zu weichem Beet,
Zu Wald und See mit Stern und Wolk darein.
Millionen Toter schwarze Fahne weht
Breit auf vom Grund. Zerpeitschte Lüfte schrein.

Wird sich ein Blitz zum Mord im Abend zücken!?
Nein. Menschen wallen Heilige im Chor.
Auf Promenaden mögt ihr Frauen pflücken.
Ein Bund von Freunden tritt im Platz hervor.

Ihr —: laßt uns gern vom ewigen Frieden reden!
Ja, wissend sehr, daß er Gestalt gewinnt
Noch süßester Traum nur. Unsere Hände jäten
Das Unkraut aus, das jenen Weg bespinnt.
Ertön o Wort, das gleich zur Tat gerinnt!
Das Wort muß wirken! Also laßt uns reden!!

Auf den Schlachtfeldern von Verdun
stehn die Toten auf und reden

John Dos Passos · geb. 1896 · USA
WELTWOCHENSCHAU XXIV
1919

Man kann sich nur schwer vorstellen, welch gewaltige Summen Europa wird borgen müssen, um die durch den Krieg angerichteten Zerstörungen wiedergutzumachen

ERLEDIGT GANZ ALLEIN 28 HUNNEN

DIE FRIEDENSGERÜCHTE BEGINNEN AUF DEN SÜDLICHEN EISENMARKT EINZUWIRKEN

Es gibt ein Lächeln, das uns glücklich macht
Es gibt ein Lächeln, das uns traurig macht

wir wollen aber nun die Frage der Schiffsraten untersuchen, wir wollen annehmen, daß die gesamte Flotte der Vereinigten Staaten 3000 Fracht- und Passagierdampfer umfaßt, die zwischen den USA und ausländischen Häfen verkehren

BANDENFÜHRER
AUF OFFENER STRASSE ERMORDET

Es gibt ein Lächeln, das die Tränen verscheucht,
Wie der Sonnenstrahl den Tau,
Es gibt ein Lächeln, das hat einen zärtlichen Sinn,
Den nur das liebende Auge sieht

SOLDATENSTIMMEN GABEN DEN AUSSCHLAG

angenommen jetzt, daß in dieses empfindliche Getriebe der wirtschaftlichen Gesetzmäßigkeiten als kontrollierender Faktor der Besitzer eines Drittels der gesamten Welttonnage eingreift, dem Profit und Verlust gleich viel bedeuten, der die Zinsen auf das investierte Kapital nicht als Unkostenfaktor rechnet, der Schiffe baut, gleichgültig, ob ihr Betrieb profitbringend ist oder nicht, und der Preise festsetzt, die in keiner Weise mit dem Gesetz von Angebot und Nachfrage übereinstimmen, wie lange würde es dann dauern, bevor das Schiffahrtswesen der ganzen Welt völlig zusammenbräche?

DER KRONPRINZ REISST AUS

Aber das Lächeln, das mein Herz mit Sonne erfüllt
Ist das Lächeln, das du mir schenkst

die unaufhörlichen Friedensgerüchte wirken beunruhigend, und die Influenza-Epidemie hat die Provinzkäufer von dem Besuch der größeren Zentren abgehalten

Wenn du die Herrn Generale suchst
    Ich weiß wo sie sind
Wenn du die Herrn Generale suchst
    Ich weiß wo sie sind

Drunten ja drunten
    Im tiefen Unterstand
Dort hab ich sie gesehn
    Dort hab ich sie gesehn

(Paul Baudisch)

Ernest **Hemingway** · 1899—1961 · USA

ALLE MACHEN FRIEDEN — WAS IST FRIEDEN?

Alle Türken sind Gentlemänner, und Ismet Pascha ist ein
bißchen taub. Aber die Armenier. Was machen wir mit den
Armeniern?
Well, die Armenier.

Lord Curzon vielleicht,
vielleicht auch Chicherin,
vielleicht auch Mustapha Kemal. Sieht gut aus übrigens.
Seine Augen stehen zu nahe beisammen, aber er macht Krieg.
Ist so seine Art.
Lord Curzon mag Chicherin nicht. Nicht ein bißchen.
Sein Bart kitzelt, und er hat kalte Hände.
Tut nichts weiter als denken.
Lord Curzon denkt auch. Aber er ist viel größer und
reist nach St. Moritz.

Mr. Child trägt keinen Hut.
Baron Hayaschi steigt rein ins Auto und steigt raus aus 'm Auto.
Monsieur Barrère erhält Telegramme. Marquis Garonni ebenfalls.

Seine Telegramme kommen per Motorrad von Mussolini.
Mussolini hat Niggeraugen und eine Leibwache und hat
sich fotografieren lassen mit 'm Buch falsch rum.
Mussolini ist wundervoll. Steht in der Daily Mail.

Ich hab Mussolini gekannt. Damals mochte ihn niemand.
Sogar ich mochte ihn nicht.
War 'n unangenehmer Mensch. Frag Monsieur Barrère.

Nun für alle erst mal 'n Cocktail. Ist es zu früh für Cocktails?
Wer will was trinken? George. Man zu, einen Cocktail, Admiral?
Ist gerade noch Zeit bis zum Lunch. Well, kippen wir einen?
Nicht zu trocken.
Well, meine Herrn, was gibt's Neues heut morgen?

O sie sind so gerissen. Sind so gerissen!

Wen haben wir denn im Unterausschuß heut morgen, Admiral?
Monsieur Stambulski läuft den Hügel rauf, läuft den Hügel runter.
Sprich nicht über Monsieur Venizelos. Der ist tückisch.
Man sieht's ihm an. Man sieht's an seinem Bart.
Mr. Child ist nicht tückisch.
Mrs. Child hat 'n flachen Busen, und
Mr. Child ist ein Idealist und hat für Harding die Wahlreden
geschrieben und nennt Senator Beveridge „Al".
Du kennst mich, Al.
Lincoln Steffens geht mit Child.
Men schwacher Witz mit dem großen C.

Dann ist da noch Mosul.
Und der griechische Patriarch.
Was machen wir mit dem griechischen Patriarchen?

(Erika Guetermann)

Jindřich Hořejší · 1889—1941 · Tschechoslowakei

MONOLOG EINES EHEMALIGEN INFANTERISTEN

Nie hab ich fremde Länder gesehn.
Nur aus der Schulstunde kamen
Mir ein paar Namen
Oft in den Sinn.
Sonst war der Werksaal und die stille
Tägliche Fron
Meines Lebens ewig gleiche Idylle.

Zum erstenmal waren mir gnädig die Sterne,
Als der Krieg begann.
Endlich winkte die Ferne!
Vielleicht war es gar nicht Gnade, nur Hohn;
Die Herren gewährten sie, wie den Lohn
Am Zahltag.
Und das ersehnte Wandern begann:
Rußland, Italien und Balkan.

Was ich erkennen wollte, erkannt' ich.
Überall fand ich
Gleiche Schwielen an harten Händen,
Gleiches Lieben
Und gleiches Verenden,
Sah, daß die Nacht stets dem Tage folgt.
Menschen sind wir,
Sind hier allein,
Niemand ist mit uns
Als wir allein.

Nun bin ich zurück, es macht mich nicht mehr
Die Stimme der weiten Ferne trunken,
Alles ist in einen Traum versunken,
Hell wie der Tag und voll Freude.

Aber die Freude ist irgendwie stumpf.
Vielleicht geht der alte Schmerz zu Ende.
Ich denk an den Russen, dessen Rumpf
Ich durchbohrte, es war sein Mund
Rot, blau seine Augen — und
Die Wangen wie Kreide.

(F. C. Weiskopf)

Fraña Šrámek · 1877—1952 · Tschechoslowakei

RITTEN, RITTEN ADJUTANTEN ...

Ritten, ritten Adjutanten
Wie der Wind,
Melden, daß die Rebellanten
Wieder auf den Beinen sind.
Schlag die Trommel, Trommler,
Rühr die Schlägel strack,
Daß wir heut nicht schonen
Rebellantenpack!

Und als Trommler schlag ich gerne
Kälberfell.
Aus den Augen springt die Flamme,
Trommeln will ich schnell.
Schlag die Trommel, Trommler,
Rühr die Schlägel strack,
Daß wir heut nicht schonen
Rebellantenpack!

Doch, Herr Hauptmann, bitt gehorsamst,
Sagt mir an,
Wenn mir heut das Leder platzte,
Ja, was tu ich dann?
Schlag die Trommel, Trommler,
Rühr die Schlägel strack,
Daß wir heut nicht schonen
Rebellantenpack!

Und wenn bei den Rebellanten
Ich nun Brüder find,
Deren Not und deren Träume
Meine Not und Träume sind? —
Schlag die Trommel, Trommler,
Rühr die Schlägel strack,
Daß wir heut nicht schonen
Rebellantenpack!

Tanzten, tanzten da die Schlägel,
Stimmten an:
„Zu den Brüdern, zu den Brüdern
Vorwärts — rataplan!"
Trommler rührt die Trommel,
Schläge fallen dicht:
Fort mit dem Soldatenspielen,
Schießen wolln wir nicht!

(F. C. Weiskopf)

Sergej Jessenin · 1895—1925 · UdSSR

OKTOBER

Oktober! Oktober!
Mir tun so leid
die roten Blumen, die gefallen sind,
Stahl, Stahl das Rosenköpfchen schneidet,
und trotzdem fürcht den Stahl ich nicht.

Blumen der Erde, welche gehn;
sie werden auch den Stahl noch schlagen.
Stahlschiffe lassen sie in See.
Aus Stahl werden sie Häuser machen.

(Rainer Kirsch)

Stepan Stschipatschow · geb. 1898 · UdSSR

DER BUDJONNYREITER

Hinterm Dorfe, in blauer Sommerglut,
Wogte golden, fast schon reif, das Korn.
Ein Budjonnyreiter, junges Blut,
Stand, den Schatz im Arm, am Feldrain vorn.
Keck saß ihm der Schopf. Am Kinn
Sproß ihm erster Flaum. Vom Dorf her scholl
Hornsignal... Ach, ihm ist doch so wohl,
Auch das Mädchen hat nur ihn im Sinn!
Heut hat er zum erstenmal geküßt.
Ähren rings und blaues Himmelszelt...
Er ging fort. Und schon nach kurzer Frist
Sprengte er mit der Schwadron durchs Feld.
Sie stand da, das Kopftuch, taugenäßt,
An die tränenschwere Brust gepreßt.
Doch ihn warf die Kugel hin — dort vorn,
Wo, fast reif schon, golden wogt das Korn.
Lang ist's her...
          Mein lieber fremder Freund,
Weißt du auch, was diese Zeile meint?
Du bist heut vielleicht, mit siebzehn Jahr,
Glücklich, wie noch niemand vor dir war.
Sterne flimmern. Friedlich liegt das Land.
Und du liebst — du weißt nichts andres mehr...
Doch bist du wohl glücklich nur, weil er
In der Liebe nicht Erfüllung fand!

(Alfred Kurella)

Mark Lissjanski · geb. 1926 · UdSSR

DAS ERSTE DEKRET

Noch tobte auf unserm Planeten der Kampf,
die Newa entlang
zog in Schwaden
der „Aurora"-Geschütze wallender Dampf
nach des Baltischen Meeres Gestaden.
Und rot flammte auf ob der Stadt Petrograd,
ob Smolny,
ob Land,
Ozeanen
die Fahne, die erst gestern gehißt der Soldat —
die Arbeiter-Bauern-Fahne.
Auf die Karte sah Lenin und blickte dorthin,
wo grimmig die Völker sich schlagen,
dann wählte er mit entschlossenem Sinn
die wichtigste von allen Fragen.
Er sah die Millionen, vom Kriegssturm umweht,
nach friedlicher Arbeit sich sehnen,
und er unterschrieb
das erste Dekret:
Uljanow —
        in Klammern:
                Lenin.

Nicht Wasser noch Feuer je tilgen kann
die Worte — die Müh ist vergebens.
Mit diesem Friedensdekrete begann
der erste Tag unseres Lebens.
Im verstaubten Archiv nicht und nicht hinter Schlössern —
auf dem Feld, wo der Weizen grünt leuchtend und zart,
am Bergpaß, wo man die Grenze treu wahrt,
im strahlenden Himmel,
auf blauen Gewässern
wird die Unterschrift Lenins verwahrt.

(Maximilian Schick)

Kurt Tucholsky · 1890—1935 · Deutschland

DREI MINUTEN GEHÖR!

Drei Minuten Gehör will ich von euch, die ihr arbeitet!
Von euch, die ihr den Hammer schwingt,
von euch, die ihr auf Krücken hinkt,
von euch, die ihr die Feder führt,
von euch, die ihr die Kessel schürt,
von euch, die mit den treuen Händen
dem Manne ihre Liebe spenden —
von euch, den Jungen und den Alten:
Ihr sollt **drei Minuten** innehalten.
Wir sind ja nicht unter Kriegsgewinnern.
Wir wollen uns einmal erinnern.

Die erste Minute gehöre dem Mann.
Wer trat vor Jahren in Feldgrau an?
Zu Hause die Kinder – zu Hause weint Mutter ...
Ihr: feldgraues Kanonenfutter!
Ihr zogt in den lehmigen Ackergraben.
Da saht ihr keinen Fürstenknaben:
der soff sich einen in der Etappe
und ging mit den Damen in die Klappe.
Ihr wurdet geschliffen. Ihr wurdet gedrillt.
Wart ihr noch Gottes Ebenbild?
In der Kaserne — im Schilderhaus
wart ihr niedriger als die schmutzigste Laus.
Der Offizier war eine Perle,
aber ihr wart nur „Kerle"!
Ein elender Schieß- und Grüßautomat.
„Sie Schwein! Hände an die Hosennaht!"
Verwundete mochten sich krümmen und biegen:
kam ein Prinz, dann hattet ihr strammzuliegen.
Und noch im Massengrab wart ihr Schweine:
Die Offiziere lagen alleine!
Ihr wart des Todes billige Ware ...
So ging das vier lange blutige Jahre.
Erinnert ihr euch?

Die zweite Minute gehöre der Frau.
Wem wurden zu Haus die Haare grau?
Wer schreckte, wenn der Tag vorbei,
in den Nächten auf mit einem Schrei?
Wer ist es vier Jahre hindurch gewesen,
der anstand in langen Polonäsen,
indessen Prinzessinnen und ihre Gatten
alles, alles, alles hatten?
Wem schrieben sie einen kurzen Brief,
daß wieder einer in Flandern schlief?
Dazu ein Formular mit zwei Zetteln...
wer mußte hier um die Renten betteln?
Tränen und Krämpfe und wildes Schrein.
Er hatte Ruhe. Ihr wart allein.
Oder sie schickten ihn, hinkend am Knüppel,
euch in die Arme zurück als Krüppel.
So sah sie aus, die wunderbare
große Zeit — vier lange Jahre...
Erinnert ihr euch?

Die dritte Minute gehört den Jungen!
Euch haben sie nicht in die Jacken gezwungen!
Ihr wart noch frei! Ihr seid heute frei!
Sorgt dafür, daß es immer so sei!
An euch hängt die Hoffnung. An euch das Vertraun
von Millionen deutschen Männern und Fraun.
Ihr sollt nicht strammstehn. *Ihr* sollt nicht dienen!
Ihr sollt frei sein! Zeigt es ihnen!
Und wenn sie euch kommen und drohn mit Pistolen:
Geht nicht! Sie sollen euch erst mal holen!
Keine Wehrpflicht! *Keine* Soldaten!
Keine Monokel-Potentaten!
Keine Orden! *Keine* Spaliere!
Keine Reserveoffiziere!
Ihr seid die Zukunft!
                    Euer das Land!
Schüttelt es ab, das Knechtschaftsband!
Wenn ihr nur wollt, seid ihr alle frei!
Euer Wille geschehe! Seid nicht mehr dabei!
Wenn ihr nur wollt: bei euch steht der Sieg!
              Nie wieder Krieg!

Klabund · 1890—1928 · Deutschland

DIE BALLADE DES VERGESSENS

In den Lüften schreien die Geier schon,
Lüstern nach neuem Aase.
Es hebt so mancher die Leier schon
Beim freibiergefüllten Glase,
Zu schlagen siegreich den alt bösen Feind,
Tät er den Humpen pressen ...
Habt ihr die Tränen, die ihr geweint,
Vergessen, vergessen, vergessen?

Habt ihr vergessen, was man euch tat,
Des Mordens Dengeln und Mähen?
Es läßt sich bei Gott der Geschichte Rad
Beim Teufel nicht rückwärts drehen.
Der Feldherr, der Krieg und Nerven verlor,
Er trägt noch immer die Tressen.
Seine Niederlage erstrahlt in Glor
Und Glanz: Ihr habt sie vergessen.

Vergaßt ihr die gute alte Zeit,
Die schlechteste je im Lande?
Euer Herrscher hieß Narr, seine Tochter Leid,
Die Hofherren Feigheit und Schande.
Er führte euch in den Untergang
Mit heiteren Mienen, mit kessen,
Längst habt ihr's bei Wein, Weib und Gesang
Vergessen, vergessen, vergessen.

Wir haben Gott und Vaterland
Mit geifernden Mäulern geschändet.
Wir haben mit unsrer dreckigen Hand
Hemd und Meinung gewendet.
Es galt kein Wort mehr ehrlich und klar,
Nur Lügen unermessen ...
Wir hatten die Wahrheit so ganz und gar
Vergessen, vergessen, vergessen.

Millionen krepierten in diesem Krieg,
Den nur ein paar Dutzend gewannen.
Sie schlichen nach ihrem teuflischen Sieg
Mit vollen Säcken von dannen.
Im Hauptquartier bei Wein und Sekt
Tat mancher sein Liebchen pressen.
An der Front lag der Kerl, verlaust und verdreckt
Und vergessen, vergessen, vergessen.

Es blühte noch nach dem Kriege der Mord,
Es war eine Lust, zu knallen.
Es zeigte in diesem traurigen Sport
Sich Deutschland über allen.
Ein jeder Schurke hielt Gericht,
Die Erde mit Blut zu nässen.
Deutschland, du sollst die Ermordeten nicht
Und nicht die Mörder vergessen!

O Mutter, du opferst deinen Sohn
Armeebefehlen und Ordern.
Er wird dich einst an Gottes Thron
Stürmisch zur Rechenschaft fordern.
Dein Sohn, der im Graben, im Grabe schrie
Nach dir, von Würmern zerfressen ...
Mutter, Mutter, du solltest es nie
Vergessen, vergessen, vergessen!

Ihr heult von Kriegs- und Friedensschluß — hei:
Der andern — ihr wollt euch rächen:
Habt ihr den frechen Mut, euch frei
Von Schuld und Sühne zu sprechen?
Sieh deine Fratze im Spiegel hier
von Haß und Raffgier besessen:
Du hast, war je eine Seele in dir,
Sie vergessen, vergessen, vergessen.

Einst war der Krieg noch ritterlich,
Als Friedrich die Seinen führte,
In der Faust die Fahne — nach Schweden nicht schlich
Und nicht nach Holland 'chappierte.
Einst galt noch im Kampfe Kopf gegen Kopf
Und Mann gegen Mann — indessen
Heut drückt der Chemiker auf den Knopf,
Und der Held ist vergessen, vergessen.

Der neue Krieg kommt anders daher,
Als ihr ihn euch geträumt noch.
Er kommt nicht mit Säbel und Gewehr,
Zu heldischer Geste gebäumt noch:
Er kommt mit Gift und Gasen geballt,
Gebraut in des Teufels Essen.
Ihr werdet, ihr werdet ihn nicht so bald
Vergessen, vergessen, vergessen.

Ihr Trommler, trommelt, Trompeter blast:
Keine Parteien gibt's mehr, nur noch Leichen!
Berlin, Paris und München vergast,
Darüber die Geier streichen.
Und wer die Lanze zum Himmel streckt,
Sich mit wehenden Winden zu messen —
Der ist in einer Stunde verreckt
Und vergessen, vergessen, vergessen.

Es fiel kein Schuß. Steif sitzen und tot
Kanoniere auf der Lafette.
Es liegen die Weiber im Morgenrot,
Die Kinder krepiert im Bette.
Am Potsdamer Platz Gesang und Applaus:
Freiwillige Bayern und Hessen...
Ein gelber Wind — das Lied ist aus
Und auf ewige Zeiten vergessen.

Ihr kämpft mit Dämonen, die keiner sieht,
Vor Bazillen gelten nicht Helden,
Es wird kein Nibelungenlied
Von eurem Untergang melden.
Zu spät ist's dann, von der Erde zu fliehn
Mit etwa himmlischen Pässen.
Gott hat euch aus seinem Munde gespien
Und vergessen, vergessen, vergessen.

Ihr hetzt zum Krieg, zum frischfröhlichen Krieg.
Und treibt die Toren zu Paaren.
Ihr werdet nur einen einzigen Sieg:
Den Sieg des Todes gewahren.
Die euch gerufen zur Vernunft,
Sie schmachten in den Verlässen:
Christ wird sie bei seiner Wiederkunft
Nicht vergessen, vergessen, vergessen.

Louis Fürnberg · 1909—1957 · Deutschland / DDR

VOGESENBALLADE

Ein Sommer führte uns durch die Vogesen.
Dort war der letzte Krieg noch nicht begraben.
Um einen Wald verkohlter Rutenbesen
zog sich ein Zaun aus Kreuzen toter Knaben.

Oft sahn wir Mütter, die die Erde küßten,
sie streichelten, ihr schmeichelnd Namen gaben,
als ob die Gräber, die die Toten haben,
besänftigt werden und sich öffnen müßten.

Der mit mir ging, der blieb vor jeder stehn
und fragte sie: Wie ließest du's geschehn?
Und als sie schwiegen, fragte er: Für wen? ...
Mit Hungerschrei nach Beute auszuspähn,
krächzten vom Hartmannsweilerkopf die Raben ...
Für wen? Für wen?

Slang · 1895—1932 · Deutschland

DER GROSSE VERBRECHER

Das ist das Große am großen Krieg:
Er kennt kein Oben und Unten.
Das Universalmittel „Heil und Sieg!"
hilft für alle sozialen Wunden.

Hat einer fünf oder zehn Jahre „Ehrverlust"
für einen Griff in gefüllte Taschen —
der Zuchthausstempel auf seiner Brust
wird vorm Feind mit Blut abgewaschen.

Das Vaterland ruft und gibt Pardon
für große und kleine Sünder.
Der Kleine kommt mit dem Pappkarton,
der Große im Achtzylinder.

Entsprechend sieht auch die Belohnung aus
für das gesetzlich geschützte Morden:
Der Kleine bringt ein Holzbein nach Haus,
der Große viel Geld und Orden.

Bis dann alles wieder das Alte ist:
Ihr hungert und kommt ins Gefängnis,
und der Räuber und Mörder Kapitalist
rüstet zum nächsten Verhängnis.

Nur eine Macht hemmt seinen Lauf:
Die Faust der proletarischen Rächer.
Dann stehen die Unterdrückten auf
und erschlagen den großen Verbrecher!

Erich Kästner · geb. 1899 · Deutschland / BR

VERDUN, VIELE JAHRE SPÄTER

Auf den Schlachtfeldern von Verdun
finden die Toten keine Ruhe.
Täglich dringen dort aus der Erde
Helme und Schädel, Schenkel und Schuhe.

Über die Schlachtfelder von Verdun
laufen mit Schaufeln bewaffnete Christen,
kehren Rippen und Köpfe zusammen
und verfrachten die Helden in Kisten.

Oben am Denkmal von Douaumont
liegen zwölftausend Tote im Berge.
Und in den Kisten warten achttausend
Männer vergeblich auf passende Särge.

Und die Bauern packt das Grauen.
Gegen die Toten ist nichts zu erreichen.
Auf den gestern gesäuberten Feldern
liegen morgen zehn neue Leichen.

Diese Gegend ist kein Garten,
und erst recht kein Garten Eden.
Auf den Schlachtfeldern von Verdun
stehn die Toten auf und reden.

Zwischen Ähren und gelben Blumen,
zwischen Unterholz und Farnen
greifen Hände aus dem Boden,
um die Lebenden zu warnen.

Auf den Schlachtfeldern von Verdun
wachsen Leichen als Vermächtnis.
Täglich sagt der Chor der Toten:
„Habt ein besseres Gedächtnis!"

Erich Kästner

SERGEANT WAURICH

Das ist nun ein Dutzend Jahre her,
da war er unser Sergeant.
Wir lernten bei ihm: „Präsentiert das Gewehr!"
Wenn einer umfiel, lachte er
und spuckte vor ihm in den Sand.

„Die Knie beugt!" war sein liebster Satz.
Den schrie er gleich zweihundertmal.
Da standen wir dann auf dem öden Platz
und beugten die Knie wie die Goliaths
und lernten den Haß pauschal.

Und wer schon auf allen vieren kroch,
dem riß er die Jacke auf
und brüllte: „Du Luder frierst ja noch!"
Und weiter ging's. Man machte doch
in Jugend Ausverkauf ...

Er hat mich zum Spaß durch den Sand gehetzt
und hinterher lauernd gefragt:
„Wenn du nun meinen Revolver hättst —
brächtst du mich um, gleich hier und gleich jetzt?"
Da hab ich „Ja!" gesagt.

Wer ihn gekannt hat, vergißt ihn nie.
Den legt man sich auf Eis!
Er war ein Tier. Und er spie und schrie.
Und Sergeant Waurich hieß das Vieh,
damit es jeder weiß.

Der Mann hat mir das Herz versaut.
Das wird ihm nie verziehn.
Es sticht und schmerzt und hämmert laut,
Und wenn mir nachts vorm Schlafen graut,
dann denke ich an ihn.

Rudyard Kipling · 1865—1936 · England

TOMMY

Den feldgrauen Gemeinen zur Erinnerung

In eine Kneipe ging ich 'rein und wollt' 'nen Schoppen Bier;
Der Ober reißt die Schnauze auf: „Bedient wer Mannschaft hier?"
Die Mädels hinterm Bartisch grien'n und kichern sich 'nen Ast:
Ich mach aufs Pflaster 'raus zurück und red' mir zu verbaast:
    Ja, „Tommy hin" und „Tommy her" und: „Tommy, mach beiseit!";
    Doch „Dank dir, wackrer Tommy", wenn die Kriegserklärung schreit,
    Die Kriegserklärung schreit, ihr Jungs, die Kriegserklärung schreit,
    Oh, „Dank dann, wackrer Tommy", wenn die Kriegserklärung schreit.

Ich wollt' da ins Theater 'rein, so nüchtern wie nur kaum,
Für'n angetrunknen Bürger ja, für mich war da kein Raum;
Sie stukten mich zur Galerie in Varietégestank;
Doch heißt's: „In'n Graben!" — Großer Gott, so blüht mir Erster Rang.
    Denn „Tommy hin" und „Tommy her" und: „Tommy, wart im
        Schnee —"
    Doch „Extrazug für Atkins", wenn 's Transportschiff heult am Kai.
    Der Dampfer heult am Kai, ihr Jungs, der Dampfer heult am Kai,
    Dann „Extrazug für Atkins", wenn der Dampfer heult am Kai!

Ja, Grinsen übern grauen Rock, der euch im Schlaf bewacht,
Ist billiger als der Graurock, der's für fünf Mark dreißig macht,
Und uns dem Spieß verpetzen, wenn wir bißken Schnaps gesehn
Ist fünfmal beßre Sache als: „Mit Sturmzeug — stillestehn!"
    Denn „Tommy hin" und „Tommy her" und: „Tommy, schämst dir
        nischt?"
    Doch „Graue Heldenmauer", wenn die Sturmrakete zischt!
    Die Sturmrakete zischt, ihr Jungs, die Sturmrakete zischt!
    Dann „Graue Heldenmauer!", wenn die Sturmrakete zischt.

Wir sind nicht graue Helden, doch auch Lümmels sind wir nicht,
Nur einz'lne Leut im Unterstand, höchst gleich dir von Gesicht.
Und wenn dir unsre Führung auch nicht immer schön gefällt,
Na, einz'lne Leut im Unterstand sind nicht wie feine Welt.
    Denn „Tommy hin" und „Tommy her" und: „Schmeißt ihn 'raus, den
        Schuft!"
    Doch „vorwärts schnell, in Front, ihr", ja, am Tag voll dicker Luft —
    's gibt höllisch dicke Luft heut, Jungs, 's gibt höllisch dicke Luft,
    Dann: „Vorwärts, schnell in Front, ihr", denn's gibt höllisch dicke Luft!

Ihr quatscht von beßrem Fraß für uns, von Unterricht, Kluft und Feuer —
Behandelt uns als Menschen erst, das kommt euch halb so teuer.
Bohrt nicht im Küchenabfall 'rum, doch zeigt uns ins Gesicht,
Des Britenvolkes Waffenrock bringt keine Schande nicht:
    Denn „Tommy hin" und „Tommy her" und: „Kerl, er ist verlaust!"
    Doch „Retter du der Heimat!", wenn das Bombenflugzeug braust.
    Und Tommy dies und Tommy jen's und alles, was euch paßt —
    Nur zeigt, daß ihr, was Mannschaft war, nicht immerzu vergaßt!
(Arnold Zweig)

Wladimir Majakowski · 1893—1930 · UdSSR

NIEDER!

1929

Die Sirupschmierer
                und Idealisierer des Alten
wußten den Krieg
            mit Scharm zu gestalten.
Hei, Feldzug!
        Hei, Schlachtfeld!
                  Mit Blasorchestern!
Aufs Uniformgold
              starren Bräute und Schwestern.
Durch lächelnder Lippen und Augen Spalier
stampft mancher
              Husarenschnurrbart-Offizier.
Befunkle den Feind —
                und für deine Verdienste
nimm Dienstgrade,
          Orden
              und andre Gewinste.
Oder geh hin
         und stirb im Granatenhagel, —
ein Denkstein
        besiegelt
                dein glorreich Debakel.
Noch heut kann sich's mancher
                        nicht abgewöhnen
und lügt wie gedruckt,
                wie ein Tischchenklopfer:

„In schönen Gewändern
                    brachten die Schönen
stolz ihre Leiber zum Opfer..."
Ist's wirklich so schön?
                    Ich bedank mich ergebenst
für diese Verschönung
                    und Krönung des Lebens!
Die Kriegslust trachten uns einzutrichtern
Poeten.
            Sie seien entlarvt von Dichtern!
Krieg — ist ein Stankwind,
                    von Leichen gesäugt.
Krieg — die Fabrik,
            die Bettler erzeugt.
Ein gräßliches Massengrab ohne Maß,
Hunger, Schmutz, Läuse,
                    Typhus und Aas.
Krieg — für die Reichen
                    Gewinn und Glück.
Für uns — Verkrüppelung.
                        Krieg heißt Krück.
Krieg heißt Befehl,
            heißt Manifest:
„daß ihr eure Bräute
            in Holzarme preßt!"
Genossen Leute,
            dem ganzen Planeten
erklärt:
        den Krieg haben wir uns verbeten!
Und wär's,
        daß des Weltfriedens Wohl
                            von euch forderte:
„Vernichtet
        die regierenden Häuflein,
                    ihr Proleten!" —
so betrachtet euch
            als heilig Beorderte:
Herolde der Zukunft,
            befriedet den Planeten!
(Hugo Huppert)

Federico García Lorca · 1899—1936 · Spanien

ROMANZE VON DER SPANISCHEN GUARDIA CIVIL

Schwarze Pferde. Schwarze Eisen.
Auf den Capas glänzen Flecken,
die von Tinte sind und Wachs.
Ihre Schädel sind aus Blei,
Darum weinen sie auch niemals.
Ihre Seelen sind aus Lack —
damit kommen auf der Straße
über Land sie hergeritten.
Bucklig sind sie, nächt'ge Mahre,
ordnen, wo sie auch erscheinen,
Schweigen an aus dunklem Gummi
Ängste ganz aus feinem Sand.
Ziehn vorüber, wenn sie wollen,
und verbergen tief im Kopf
eine vage Sternenkunde
unersichtlicher Pistolen.
Stadt, o Stadt du der Zigeuner!
Fahnen an den Straßenecken.
Mond am Himmel, Kalabasse
mit den eingemachten Kirschen.
Stadt, o Stadt du der Zigeuner!
Schmerzgetränkte, moschusvolle
Stadt mit deinen zimtnen Türmen.
Pfeile schmiedeten und Sonnen
die Zigeuner in den Schmieden,
als die Nacht sich niedersenkte,
diese Nacht, die Nacht der Nächte.
Und ein Pferd, zu Tod verwundet,
klopfte laut an alle Türen.
Ob Jerez de la Frontera
krähten Hähne, die aus Glas.
Um der Überraschung Ecke
huscht der nackte Wind herum
in der Nacht, der Silbernacht,
in der Nacht, der Nacht der Nächte.

Heilge Jungfrau und Sankt Josef
haben ihre Kastagnetten
in des Zugs Gedräng verloren
und sie gehn zu den Zigeunern
um zu sehn, ob sie sich finden.
Einer Bürgermeistrin Festkleid
— Schokoladeglanzpapier —
trägt die Jungfrau; und am Hals
hängen Kettchen ihr aus Mandeln.
San José bewegt die Arme
unter einer seidnen Capa.
Mit drei Perserfürsten geht
hinterher Pedro Domecq.
Und von einer Storchekstase
träumte es dem halben Mond.
Flatternde Standarten, Lämpchen
überfluten die Altane.
In den hohen Spiegeln schluchzen
Tänzerinnen ohne Hüften.
Wasser, Schatten, Schatten, Wasser
durch Jerez de la Frontera.

Stadt, o Stadt du der Zigeuner!
Fahnen an den Straßenecken.
Lösche deine grünen Lichter,
denn die Guardia Civil kommt.
Stadt, o Stadt du der Zigeuner!
Wer wohl deiner nicht gedächte,
der dich je gesehen hat?
Laßt weit fort sie nur vom Meer,
kämmt nicht ihr gescheitelt Haar.

Nacheinander und zu zweit
rücken sie zur Feststadt vor.
Die Patronentaschen füllt
ein Geraun von Immortellen.
Und sie rücken vor zu zweit.
Zweifaches Gespinstnotturno.
Himmel ist für sie nur eine
Schauvitrine voller Sporen.

Doch die Stadt war ohne Furcht
und vervielfacht ihre Tore.
Vierzig Guardias Civiles
dringen durch sie ein und plündern.
Stehen blieben da die Uhren,
und, um nicht Verdacht zu wecken,
hat der Cognac in den Flaschen
rasch maskiert sich als November.
Hufe stampfen Brisen nieder,
die durchschnitten sind von Säbeln.
Durch der Straßen halbes Dunkel
fliehen die Zigeunerinnen,
die ganz alten, mit den Pferden
— müd und schläfrig — und mit ihren
Einmachtöpfen voller Münzen.
Durch die steilen, engen Straßen
flattern auf die Unheilcapas;
hinter ihrem Rücken lassen
flücht'ge Wirbel sie von Scheren.

Unterm Tor von Bethlehem
sammeln sich nun die Zigeuner.
San José, bedeckt mit Wunden,
hüllt sein totes Mägdlein ein.
Störrische Gewehre gellen
hart die ganze Nacht hindurch.
Und mit feinem Sternenspeichel
heilt die Heil'ge Jungfrau Kinder.
Aber die Gardisten rücken
vor und säen Scheiterhaufen,
drauf die Imagination,
jung und nackend, bald verbrannt wird.
Rosa, die von den Camborios,
hockt in ihrer Tür und ächzt —
beide Brüste, abgeschnitten,
hingelegt auf eine Schale.
Andre Mädchen wieder rannten
— und verfolgt von ihren Zöpfen —
hin in eine Luft, wo Rosen
auf aus schwarzem Pulver bersten.

Als dann aller Häuser Dächer
Furchen in der Erde waren,
wiegt' das Morgengrauen in langem
steinernem Profil die Schultern.
Stadt, o Stadt du der Zigeuner!
Die Zivilgardisten reiten
fort durch einen Schweigetunnel,
während Flammen dich umzüngeln.
Stadt, o Stadt du der Zigeuner!
Wer wohl deiner nicht gedächte,
der dich je gesehen hat?
Suchet sie auf meiner Stirn.
Spiel des Mondes und des Sands.

(Enrique Beck)

Pablo Neruda · geb. 1904 · Chile

ERKLÄRUNG EINIGER DINGE

Du wirst fragen: Und wo ist der Flieder?
Und die Metaphysik von Mohn zugedeckt?
Und der Regen, der oft die Trommel
seiner Worte schlägt und sie füllt
mit Leere und Vögeln?

Ich will dir jetzt alles sagen, was mir geschieht.
Ich pflegte in einem Viertel
von Madrid zu leben mit Glocken,
mit Uhren, mit Bäumen.
Von da konnte man
das trockene Antlitz Kastiliens sehen
wie einen Ozean aus Leder.

Man nannte mein Haus
das Haus der Blumen, denn überall
brachen Geranien hervor: es war
ein schönes Haus
mit Hunden und kleinen Kindern.

Raúl, entsinnst du dich?
Erinnerst du dich, Rafael?
Federico, erinnerst du dich
dort unter dem Rasen,

entsinnst du dich meines Hauses der Balkone, wo
das Junilicht Blumen in deinem Mund ertränkte?
Bruder, Bruder!
Alles
war laute Stimmen, Salz der Bewegung,
Anhäufung herzschlagenden Brotes,
Märkte meines Arguelles-Viertels mit seiner Statue
wie ein Tintenfaß zwischen Stockfischen,
das Öl erreichte die Löffel
dunkles Getöse
von Füßen und Händen erfüllte die Straßen,
Masse, Liter, scharfe Essenz
des Lebens,
gestapelter Fisch,
Geweb von Dächern mit kalter Sonne, in der
der Pfeil ermüdet,
wahnsinniges zartes Elfenbein von Kartoffeln,
Tomaten immer wieder bis hinab zur See.

Und eines Morgens brachen Flammen aus allem,
und eines Morgens stiegen Feuer
aus der Erde,
verschlangen Leben,
und seither Feuer,
Pulver seither,
und seither Blut.

Banditen mit Flugzeugen und Marokkanern,
Banditen mit Ringen und Herzoginnen,
Banditen mit segnenden schwarzen Mönchen
kamen vom Himmel, um Kinder zu töten,
und durch die Straßen das Blut von Kindern
floß einfach, wie das Blut von Kindern.

Schakale, widerwärtig für einen Schakal,
Steine, auf die die trockene Distel gespien hätte,
Vipern, die Vipern verachten würden!

Vor euch habe ich das Blut
Spaniens aufwallen gesehn,
euch zu ersäufen in einer einzigen Woge
von Stolz und Messern.

Generäle
Verräter:
Seht mein totes Haus,
seht mein zerbrochenes Spanien:
doch aus jedem toten Haus schießt brennendes Metall
an Stelle von Blumen,
aus jedem Loch in Spanien
springt Spanien empor,
aus jedem ermordeten Kind wächst ein Gewehr mit Augen,
aus jedem Verbrechen werden Kugeln geboren,
die eines Tages den Sitz
eines Herzens finden werden.

Ihr fragt, warum seine Dichtung
uns nichts vom Traum erzählt, von den Blättern,
den großen Vulkanen seines Heimatlandes?

Kommt, seht das Blut in den Straßen,
kommt, seht
das Blut in den Straßen
kommt, seht doch das Blut
in den Straßen!

(Stephan Hermlin)

Nordahl Grieg · 1902—1943 · Norwegen

AN DIE JUGEND
1936

Umringt von Feinden, geh
hinein in deine Zeit!
Unter blutigem Sturm —
stell dich zum Streit!

Fragst du voll Angst
wehrlos und offen:
Womit soll ich kämpfen,
welche Waffe läßt hoffen?

Hier ist die Waffe gegen Gewalt,
hier ist dein Schwert:
Glaub an das Leben,
an des Menschen Wert.

Für all unsre Zukunft
bergt es und hört es,
sterbt, wenn es sein muß — doch:
Stärkt es und mehrt es!

Still geht der Granaten
gleitendes Band.
Wehrt ihrem Todeszug,
wehrt mit Verstand!

Krieg achtet kein Leben.
Friede nur schafft.
Der Tod muß verlieren:
Setz ein deine Kraft!

Allem Großen, das war,
gib Liebe und Traumhort!
Geh Neuem entgegen,
entreiß ihm die Antwort.

Schaffe das Kraftwerk,
schöpfe Gestirne,
erschaff sie, Verschonter,
kühn mit dem Hirne!

Die Erde ist reich,
der Mensch ist gut!
Not herrscht nur und Hunger,
weil Trug noch nicht ruht.

Brich ihn! Fürs Leben
muß Unrecht hier fallen.
Sonnenschein, Brot und Geist
gehören uns allen.

Dann sinken die Waffen
machtlos hienieden!
Schaffen wir Menschenwert,
schaffen wir Frieden.

Wer eine Bürde trägt
in seinen Händen,
unwiederbringlich,
kann mordend nicht enden.

Stimmt Bruder zu Bruder
zum Schwure mit ein:
Der Erde der Menschen
laßt gut uns stets sein.

Wir wollen bewahren
was schön ist; so warm,
als trügen ein Kind wir
behutsam im Arm!

(Horst Bien und Helmut Stelzig)

Jaroslav Seifert · geb. 1901 · Tschechoslowakei

GRUSS AN DEN TOTEN DICHTER GARCÍA LORCA

Mit Kalk bespritzt liegt in der Heimaterde
García Lorca, Kämpfer einst und Dichter;
Er liegt verkrümmt im Unterstand des Grabes,
Der Laute ledig, ledig des Gewehrs.
Aus Blut gewebt der Teppich dieser Tage,
Auf dem die Mauren tanzen ihren Tanz.
Über die Alpengletscher, Pyrenäengipfel
Spricht mit dem toten Dichter einer, der noch lebt,
Schickt mit der Faust zum Grab hin einen Kuß —
So küssen sich bisweilen Dichter unsrer Tage.
Ach, nicht fürs Morden,
Nein, für Friedenstage
Ist unser Liebeslied bestimmt.
Das stille Spiel,
Das Spiel von Worten, Reimen,
Das wir gesucht an der Geliebten Herz,
Das wir gesucht unter den Apfelbäumen,
Es sollt zu Versen werden
So voll und rein wie Glockenton,
Wie alte Spruchweisheit des Volks.
Doch als die Feder wurde zum Gewehr,
Floh uns das Licht?
Nein, auch mit Bajonetten kann man schreiben,
Man schreibt auf Menschenhaut,
Und schrecklich brennt die Schrift,
Rot wie das dürre Laub, durch das ich streife
In diesem Herbst, der schwer und blutig ist.
Doch eines weiß ich, toter Freund und Dichter,
Es kommt die Zeit,
Da ziehen durch Madrid
Die Arbeiter und singen Deine Lieder auf den Straßen,
Wenn sie die Flinten,
Die sie heute halten,
Dankbar und siegreich an die Wände hängen,
Wie es geheilte Lahme mit den Krücken tun in Lourdes.

(F. C. Weiskopf)

Wystan Hugh Auden · geb. 1907 · USA

SPANIEN 1937

Gestern alles Vergangene. Die Sprache der Normen,
Die sich an den Handelsstraßen entlang bis nach China vorschob;
    Rechenschieber vermischt mit Druidensteinen;
Die Errechnung der Hitze im Schatten unter tropischem Klima.

Gestern die Festsetzung von Versicherungen nach Listen,
Die Suche nach Wasseradern; gestern Erfindung
    Von Rädern und Uhren, die Züchtung von Pferden;
Gestern die geschäftige Welt der Navigatoren.

Gestern die Abschaffung von Feen und Riesen; die Festung
Über dem Tal wie ein lautlos äugender Adler,
    Die in den Wald gebaute Kapelle;
Gestern die Engel aus Stein und die Dachspeierfratzen.

Das Verhör von Ketzern zwischen den marmornen Pfeilern;
Gestern der theologische Streit in Tavernen
    Und die wunderbar heilende Quelle;
Gestern der Hexen-Sabbath. Doch heute: der Kampf.

Gestern die Aufstellung von Turbinen und großen Dynamos;
Der Streckenbau im Sande der Kolonien;
    Gestern der klassische Vortrag
Über den Ursprung des Menschen. Doch heute der Kampf.

Gestern der Glaube an die absoluten Werte der Griechen;
Der fallende Vorhang über dem Tod eines Helden;
    Gebet an die untergehende Sonne
Und die Verehrung Besessener. Doch heute der Kampf.

Während der Dichter flüstert, erschreckt, unter Föhren
Oder wo Wasserfall rauscht, gefaßt, oder aufrecht
    Auf einem Fels neben dem schroffen Turm:
„O meine Vision. O sende der Seefahrer Glück mir."

Und der Forscher durch seine Instrumente die unmenschlichen
Provinzen betrachtet, die Virusbazillen oder
      Jupiter, gewaltig vollendet:
„Aber das Leben meiner Freunde. Ich frage, ich frage."

Und die Armen in ihren kalten Wohnungen lassen die Zeitung
Fallen: „Unsere Tage sind verloren. O zeigt uns
      Geschichte, die handelnde Kraft,
Die Ordnerin, Zeit, den erfrischenden Fluß."

Und die Nationen tun alle Schreie zusammen, rufen das Leben,
Das den Leibern der Einzelnen Gestalt gibt und die privaten
      Nächtlichen Schrecken beordert:
„Schufest du nicht die Städte ähnlich wie Schwämme

Und die weiten kriegerischen Räume des Hais
Und des Tigers, und nicht die muntere Sphäre der Vögel?
      Interveniere! O komme herab als Taube,
Als zorniger Vater oder freundlicher Techniker: Doch komme!"

Und das Leben, wenn überhaupt es erwidert, spricht aus
Den Augen und Lungen, den Läden und Plätzen der Stadt:
      „O nein, ich bin nicht der Beweger,
Nicht heute, nicht für euch. Für euch bin ich

Der Ja-Sager, der Bar-Freund, der leicht zu Betrügende:
Ich bin was immer ihr tut; ich bin euer Vorsatz
      Zum Gutsein, euer lustiges Buch;
Ich bin eure Stimme im Amt. Ich bin eure Ehe.

Was schlagt ihr vor? Die Gerechte Stadt zu erbauen?
Ich will es. Ich stimme zu. Selbstmord-Entschluß? Den
      Romantischen Tod? Ich stimme zu, denn
Ich bin eure Wahl, eure Entscheidung: ja, ich bin Spanien."

Viele haben es auf entfernten Halbinseln gehört,
Auf schläfrigen Ebenen, in den entlegenen Nestern,
      In dem korrupten Herzen der Stadt,
Und wanderten hin wie Möwen oder wie Blütenstaub.

Wie Zapfen hafteten sie an dem langen Expreß,
Der die unrechten Länder durchfuhr, die Nacht und die Tunnel;
    Sie strömten über das Wasser;
Durchquerten die Pässe: sie kamen und boten ihr Leben.

Auf jener dürren Ebene, jenem Afrika abgetrennten,
So grob ans erfinderische Europa geflickten Gebiet,
    Jener flußdurchschnittenen Tafel
Sind unsre Fiebergespenster genau und lebendig.

Morgen, vielleicht, die Zukunft: die Untersuchung der Müdigkeit
Und die Bewegungen der Packer, die allmähliche Erforschung
    Aller Nuancen der Strahlung;
Morgen die Erweiterung des Bewußtseins durch Diät und Atmung.

Morgen die Wiederentdeckung der romantischen Liebe;
Das Photographieren von Verbrechen; all jener Spaß
    Unter dem mächtigen Schatten der Freiheit;
Morgen die Stunde des Zeremonienmeisters und der Konzerte.

Morgen: die Jugend, die Dichter berstend wie Bomben,
Die Wege am See, die Winter vollkommener Freundschaft;
    Morgen: am Sommerabend
Die Radrennen in der Vorstadt; doch heute: der Kampf.

Heute das unvermeidliche Wachsen der Todes-
Chance; die bewußte Hinnahme der Schuld als Mörder;
    Heute die Verschwendung von Kräften
In Aufsätzen für den Tag, die öde Versammlung.

Heute der Trostersatz; die geteilte Zigarette;
Die Karten im kerzenerleuchteten Schuppen, der heisere
    Sänger, die männlichen Witze; der Abschied,
Linkisch und nicht erfreulich, vor der Verwundung.

Die Sterne sind tot; die Tiere schauen nicht her:
Wir sind allein mit dem Tag, und die Zeit ist kurz,
    Und die Geschichte sagt vielleicht Ach
Zu den Besiegten, doch kann nicht verzeihn oder helfen.

(Kurt Heinrich Hansen)

Antonio Machado · 1875—1939 · Spanien

MEDITATION AN DIESEM TAGE

Angesichts der Feuerpalme,
die schwindend die Sonne löscht
im schweigenden Abend
und in diesem Garten des Friedens,
während das blühende Valencia
sich satt trinkt am Guadalaviar
— Valencia der schlanken Türme
im lyrischen Himmel Ausias Marchs,
der seine Flut in Rosen verwandelt
ehe sie das Meer berührt —
denke ich an den Krieg. Der Krieg
kommt wie ein Hurrikan
über die Steppen des oberen Duero,
über die korntragenden Ebenen
der fruchtbaren Estremadura,
in diese Limonengärten,
vom grauen Himmel Asturiens
in die Maremmen aus Licht und Salz.
Ich denke an das ganze, verratene Spanien,
von Fluß zu Fluß, von Gebirg zu Gebirg, von Meer zu Meer.

(Karl Krolow)

Berthold Viertel · 1885—1953 · Österreich

SPANISCHER SPRUCH

Während der Gärtner seinen Saum Erde betreute
Und in der Nachbarschaft die Granate streute,
Lernten die spanischen Kinder lesen.
Bomben sind ihre Rufzeichen gewesen.

Die heranwuchsen, bald konnten sie buchstabieren
Den alten Satz: „Der Antichrist wird uns regieren,
Wie schon immer in Christi Namen —
Aber gewiß nicht in Ewigkeit. Amen."

Attila József · 1905—1937 · Ungarn

MÄRZ 1937

Wenn der laue Regen den jungen
Flaum des Korns beschlägt
Und nach dem ersten Storch sitzt
Krumm der Winter versteckt,
Begleiten grüne Explosionen
Den Weg des Frühlings grell.
Die Budike, zur Sonne weit offen,
Riecht nach Hoffnung und Sägemehl.

Spanien, steht in der Zeitung,
Wird von Söldnern verheert und verbrannt,
In China raubt ein Idiot von
General den Armen ihr Land.
Woran man die Stiefel sich abwischt,
Das wäscht in Blut man rein.
Überall hüllen große Worte
Das Elend der Armen ein.

Wie ein Kind bin ich glücklich.
Flora liebt mich. Nackte, schöne Liebe du . . .
Auf uns alle, auf uns beide
Treibt der Krieg seinen Abschaum zu.
Mit dem Panzerwagen wetteifert
Schrecklich das Seitengewehr.
In uns beiden find ich die Kraft, die
Ich brauch, denn ich fürchte mich sehr.

Mann oder Frau, alle sind käuflich,
Verschlossen, wenn sie eins haben, ihr Herz.
Herzen, von Haß befleckte,
Um euch fühl ich diesen Schmerz.
Ich wach über mein Leben auf Erden,
Denn in ihm gewinnt jedes Leben Gestalt.
Solang unsre Liebe uns Licht gibt,
Flora, wird es in der Welt nicht kalt.

Es sei klug und schön unser Mädchen,
Lebhaft und kühn unser Sohn,
Mögen beide etwas bewahren
Von unsrer Konstellation.
Sollte die Sonne verbleichen,
Wird das Geschlecht unsrer Welt
Das Unermeßne erobern,
Neuen Sphären gesellt.

(Stephan Hermlin)

Miguel Hernández · 1910—1942 · Spanien

LETZTER GESANG

Bemalt, nicht leer
bemalt ist mein Haus:
Farbe der großen
Leidenschaften und Mißgeschicke.

Wiederkehren wird es aus dem Jammer,
in den es verschlagen,
mit verwüstetem Tisch,
zerfallenem Bett.

Die Küsse werden aufblühn
auf den Kissen.
Und um die Leiber
das Laken wird
seine nächtlichen Ranken schlagen,
duftend und dicht.

Vor dem Fenster
vergeht der Haß.

Sanft wird die Kralle.

Laßt mir die Hoffnung.

(Erich Arendt)

José Ramon Heredia · geb. 1900 · Venezuela

MEIN GEDICHT FÜR DIE IM SPANISCHEN KRIEG ERMORDETEN KINDER

Als ob alle Sterne verfault abfallen würden,
als ob abscheuliche Insekten alle Blumen entblätterten,
als ob zottige Hände die Kehlen aller Vögel erwürgten,
als ob alle Ameisen zermalmt wären
und die Augen allen Puppen herausgerissen.

Als ob alle Bienen ohne Flügel blieben,
als ob alle Fische vertilgt wären,
als ob alle Schnecken in Stücke zertreten,
als ob wilde Holzfäller alle Bäume niederschlügen
und alle Lieder verlöschten
und die Welt bliebe stumm.

Als ob in absurden Almanachen die Weihnachtsfeste ausradiert wären,
als ob man alle Weihnachtsbäumchen verbrennen sollte
und Sankt Nikolaus verlorenginge
und alle Kinderschuhchen allein blieben,
jammervoll allein unter leeren Wiegen.

Oh, zwischen Erdklumpen und Aschen und stinkendem Rauch,
da liegen sie!
ohne Milchflaschen, ohne Honig, ohne Zuckerwerk.
Kein Bilderbuch, kein Würfelspiel, weder Bälle noch blaue Ballons,
keine unzusammenhängenden Wörtchen — wie sie dennoch
zusammenhingen!
ohne Geigen zum Weinen und Lachen:
aber zwischen Pferdchen mit zerrissenen Bäuchen,
verstümmelten Puppen und verzweifelten Müttern,
die ihren Schmerzensschrei dem erschrockenen Winde ausschütten.
Ein Stück Nacht soll in unseren Augen gerinnen,
schwere Vorhänge unseren Blick verhüllen,
bleierne Riesentüren hinter uns zuschlagen,
Watte des Todes unser Gehör verstopfen,
um nicht zu sehen, nicht zu hören dieses Zerbrechen
unerhörter Flügel,

diesen Fall von Engeln
unter bestürzten Himmeln und schmerzgekrümmten
entsetzten Monden.

Nein, mein Gott! Laß uns nicht die Gesichter schaun,
von Skorpionen und Fledermäusen gezeichnet,
Gesichter der Knochenzermalmer,
die mit krummen, wilden Nägeln
die dürre Erde aufreißen, die in ihre blutunterlaufenen
Augen springt,
die mit verzweifelten Kinnbacken knirschen
und mit vollen Backen Eiseskälte über die Erde blasen.

O nein, mein Gott! Laß uns weit, weit von ihnen bleiben
mit diesem eisigen Wind auf der Brust
und diesem Stein in unserer Kehle,
um zu weinen über die verlorene Milde der Sprachen,
zu weinen über die ausgerissenen Veilchen,
zu weinen über so viele zerrissene Saiten,
um zu weinen über alles Zerbrochene, unwiderbringlich Zerbrochene!
Laß uns in der Tiefe bleiben der Pinienwälder,
um ihnen unsere Hymnen zu sagen
unter bescheidenen Sternen.
(Erich Arendt)

Vicente Aleixandre · geb. 1900 · Spanien

LEBEN

Ein papierener Vogel in der Brust
sagt, daß die Zeit der Küsse nicht gekommen;
leben, leben, unsichtbar knistert die Sonne,
Küsse oder Vögel, spät oder bald oder nie.
Zu sterben genügt ein winziger Laut,
der eines anderen Herzens beim Verstummen,
oder jener fremde Schoß, der auf der Erde
für die blonden Haare ein goldenes Schiff ist.
Schmerzliches Haupt, Schläfen von Gold, Sonne, die sinken wird;

hier, im Dunkel träume ich mit einem Fluß,
Binsen aus grünem Blut, das nun sprießt,
ich träume ruhend in dir, Wärme oder Leben.
(Erich Arendt)

Wieland Herzfelde · geb. 1896 · Deutschland / DDR
WAGT ZU DENKEN!
Drei Mütter an ihre Söhne in Francos Diensten

Ich habe dich unter den Palmen Marokkos getragen ...
Ich habe dich in Hamburg zur Schule geschickt ...
Ich habe dich, mein Kind, in Rom ans Herz gedrückt ...
    Und jetzt?
    Ihr sprecht fremde Zungen
    Könnt einander nicht fragen,
    Wozu man euch gedungen,
    Auf wen man euch hetzt.
    So laßt uns Mütter es euch sagen:
Wir grämen uns um euch, ihr Jungen.
Nein, wir haben euch nicht zu Mördern erzogen.
Ihr laßt euch mißbrauchen. Ihr seid betrogen!
Die Feinde, gegen die man euch schickt,
Sind Feinde der Not, die auch uns bedrückt,
Sind Feinde des Kriegs, der die Welt bedroht.
Man heißt euch, die Freiheit in Spanien erschlagen,
Auf daß wir weiter die Knechtschaft ertragen.
Ihr wagt euer Leben. Wagt mehr! Wagt zu denken!
Weigert euch, eure Brüder zu henken!
Fluch euerm Gehorsam, euerm falschen Mut!
Wißt ihr denn nicht, was ihr tut?!
An *euern* Waffen klebt *unser* Blut ...

Oh, wieviel neues Leid
zu all dem alten Leide!

Johannes R. Becher · 1891—1958 · Deutschland / DDR

TRÄNEN DES VATERLANDES ANNO 1937

I

O Deutschland! Sagt, was habt aus Deutschland ihr gemacht?!
Ein Deutschland stark und frei?! Ein Deutschland hoch in Ehren?!
Ein Deutschland, drin das Volk sein Hab und Gut kann mehren,
Auf aller Wohlergehn ist jedermann bedacht?!

Erinnerst du dich noch des Rufs: „Deutschland erwacht!"?
Als würden sie dich bald mit Gaben reich bescheren,
So nahmen sie dich ein, die heute dich verheeren.
Geschlagen bist du mehr denn je in einer Schlacht.

Dein Herz ist eingeschrumpft. Dein Denken ist mißraten.
Dein Wort war Lug und Trug. Was ist noch wahr und echt?!
Was Lüge noch verdeckt, entblößt sich in den Taten:
Die Peitsche hebt zum Schlag ein irrer Folterknecht,

Der Henker wischt das Blut von seines Beiles Schneide —
Oh, wieviel neues Leid zu all dem alten Leide!

II

Du mächtig deutscher Klang: Bachs Fugen und Kantaten!
Du zartes Himmelsblau, von Grünewald gemalt!
Du Hymne Hölderlins, die feierlich uns strahlt!
O Farbe, Klang und Wort: geschändet und verraten!

Gelang es euch noch nicht, auch die Natur zu morden?!
Ziehn Neckar und der Rhein noch immer ihren Lauf?
Du Spielplatz meiner Kindheit: wer spielt wohl heut darauf?
Schwarzwald und Bodensee, was ist aus euch geworden?

Das vierte Jahr bricht an. Um Deutschland zu beweinen,
Stehn uns der Tränen nicht genügend zu Gebot,
Da sich der Tränen Lauf in soviel Blut verliert.

Drum, Tränen, haltet still! Laßt uns den Haß vereinen,
Bis stark wir sind zu künden: „Zu Ende mit der Not!"
Dann: Farbe, Klang und Wort! Glänzt, dröhnt und jubiliert!

Else Lasker-Schüler · 1869—1945 · Deutschland

ÜBER GLITZERNDEN KIES

Könnt ich nach Haus —
Die Lichte gehen aus —
Erlischt ihr letzter Gruß.

Wo soll ich hin?
O Mutter mein, weißt du's?
Auch unser Garten ist gestorben! ...

Es liegt ein grauer Nelkenstrauß
Im Winkel wo im Elternhaus.
Er hatte große Sorgfalt sich erworben.

Umkränzte das Willkommen an den Toren
Und gab sich ganz in seiner Farbe aus.
O liebe Mutter! ...

Versprühte Abendrot
Am Morgen weiche Sehnsucht aus,
Bevor die Welt in Schmach und Not.

Ich habe keine Schwestern mehr und keine Brüder.
Der Winter spielte mit dem Tode in den Nestern
Und Reif erstarrte alle Liebeslieder.

Rudolf Leonhard · 1889—1953 · Deutschland / DDR

VATERLAND

In Blut, in Tränen, Deutschland, mein Vaterland,
in Blut getaucht, in Tränen gebadet, hast
Du Blut, Du Tränen über die Welt geworfen.
Blutstarrend, tränentriefend hat sie sich Dir
gestellt, und näher schnürt der wogende Wall
des Stahlgeschicks die schauernde Heimat schon.

Oh, daß doch wieder aus Deinem Herzen in
Europas Mitte, aus der kochenden Unlust Deines
vom Tod durchschwankten unruhvollen Lebens
der giftige Geyser des Krieges brechen mußte,
nun widerflutend!

Da liegen
saubere Dörfer ganz den Rufen der Männerstimmen
an Pflug und Traktor entwendet; in den Städten die Straßen
zerklotzt, verheddert, zu braunem Schutt zerworfen;
zerborsten klaffen die großen im bleiernen
weitsichtigen Tag nun taubstumm erblindeten
Maschinenhallen;
dort wenden viele Frauen kaum noch die Köpfe.

Da fallen
verzweifelnd Deine jungen unwissenden Söhne,
in Waffen, die sie vom Leibe reißen wollen,
beschmutzten Waffen, ehrlos gemachten Waffen; denn
ehrlos sind Waffen, die nicht Freie tragen,
und ehrlos Waffen, die nicht für Freiheit getragen
im rechten Kampfe werden, Waffen, die unterdrücken,
die rauben und knechten sollen, Waffen der Grausamkeit,
die Geiseln schlagen, Lastwaffen, Folterwaffen.

Da stehn,
Deutschland, mein Vaterland, Deine besten Kinder
in vielen kleinen Stuben weit in den Kontinenten,
die Deiner besten Kinder, die Dein Verführer
aus Deutschland ausgetrieben hat, weil sie Dich frei
und gut und glücklich wollten, die aus den Qualenlagern
des Unterdrückers flohn, und in allen Ländern
um Deutschland kämpften; deren Taten Dir
und deren Zahl Dir Dein Verführer verheimlicht,
Dein Unterdrücker; wie in der Heimat auch
die vielen noch, die geheim um die Wahrheit Deutschlands wissen
und die es lieben, wie man es lieben muß:
unwillig, ungeduldig, um seiner Zukunft willen.

Die heben die Augen, wenn sie an Deutschland denken,
und wenn in den Ländern von Deutschland gesprochen wird,
leiden sie, leiden doppelt, leiden, wie nie noch
Liebende litten.

Denn wenn sie aus den nächtlichen Ätherwellen
die Klagen gegen Dich, Racheflüche, Recht über Dich,
die wahren Schmähungen fallen hören,
lieben sie Dich mit entsetzter, entsetzlicher
Liebe.

Sie, nicht getroffen, den von den Schuldigen
befleckten deutschen Namen heben sie auf
und legen sichtlich ihn um ihren
versteckten Namen, all die geduldigen
Werke tun sie in diesem Namen.

Sie immer, wenn sie frühlings an einem Flusse stehn
und einen zarten rötlichen Himmel sehn,
wissen: in dieser hohen Minute
töten im Gesträuch der Ebenen weit verirrte,
im Gestrüpp der Fälschungen wild verwirrte,
Deutsche meine, ihre russischen Freunde;
sie wissen immer: jetzt, während dort der winzige
lebensbebende grüne Vogel schwirrend die Flügel hebt,

sterben im Schlamm, auf heißen gratigen Felsen, und
stolpernd am abschüssigen Flußübergange
Tausende Männer, Tausende, meines Volkes,
schreiend einen sinnlos überflüssigen
unheilsamen verworfenen Tod.

Die wissen immer in den Weiten der Welt
um Dich, um jeden Deiner Sterbenden — aber
um jene auch, die schon, am sinnlosen Sterben schuld,
von ihnen auch verurteilt sind —, die leiden
Deine Leiden, Vaterland; von den verschuldeten
alle unverschuldeten trennen sie ab, sie leiden
auch alle die ungewußten,
und wissend sehnen, Deutschland, mein Vaterland,
sie Deine urweltschwere Erneuerung.

O Deutschland, daß Deine besten Kinder, weil sie Dich
vom Untergange wahren wollen, die Niederlage
mit allem wiederkehrenden Grauen,
mit allem Grauen die Niederlage,
die baldige, die gewisse wünschen müssen:
litten denn jemals, Deutschland, mein Vaterland,
Liebende, liebend Tätige, schlimmer?

O daß doch, Deutschland, Deine Niederlage
sich in den größeren, in den gewaltig
brausenden inneren Sieg verkehre!

O daß doch, Deutschland, verwundetes Vaterland,
o daß doch endlich Deine besten Liebenden Dich,
in schwerem Werke Dich rechtfertigend, endlich
aus dieser Kriege Wucherung
fänden: gereinigt,
mein Vaterland, von Deinem eignen Fluche befreit,
entgiftet, wieder deutsch geworden, und
mit Deinem besten Herzen, mit der wirkenden Welt
geeinigt.

Bertolt Brecht · 1898—1956 · Deutschland / DDR

LOB DES DOLCHSTOSSES

1
Der Krieg beginnt, die Herrschenden
Haben ihn gemacht. Ihr
Kämpft. Im Schützengraben
Kämpft ihr. Tag und Nacht in den
Munitionsfabriken, an Pflug, Schaltbrett und Zeichentisch
An dem Küchenherde und an der Nähmaschine
Kämpft ihr. Ihr glaubt
Der Krieg ist euer Krieg
Eure Existenz wird verteidigt
Und ihr bereitet euch eure bessere Zukunft.
Vor euch erblickt ihr den Feind
Ihr glaubt, der Krieg ist euer Krieg.

2
Jetzt ist der Krieg am blutigsten.
In unlöslicher Umklammerung
Steht ihr, Arbeiter gegen Arbeiter.
Die Kämpfe des Krieges
Machen vergessen die Kämpfe des Friedens.
Eure Organisationen, mühsam aufgebaut
Mit den Pfennigen der Entbehrung, sind
Zerschlagen. Seite an Seite
Kämpft ihr mit dem Klassenfeind. Eure Erfahrungen
Scheinen vergessen, und vergessen scheint
Der Kampf um die Suppe.

3
Wenn der Krieg am blutigsten ist
Geht die Suppe aus.

4
Noch kämpft ihr den heroischen Kampf. Noch hört ihr
Hinter euch die Befehle der Herrschenden, aber
Die Suppe geht schon aus.
Der Sieg winkt. Den Überlebenden
Ist das glückliche Ende nahe, aber
Die Suppe geht aus.

5
Wenn die Suppe ausgeht
Hört eure Hoffnung auf. Der Zweifel beginnt. Bald
Wißt ihr: der Krieg
Ist nicht euer Krieg. Hinter euch erblickt ihr
Den eigentlichen Feind.
Die Gewehre werden umgedreht
Es beginnt: der Kampf um die Suppe.

Bertolt Brecht
DEUTSCHE MARGINALIEN
1938

DIE OBERSTEN SAGEN: FRIEDE UND KRIEG
Sind aus verschiedenem Stoff.
Aber ihr Friede und ihr Krieg
Sind wie Wind und Sturm.

Der Krieg wächst aus ihrem Frieden
Wie der Sohn aus der Mutter.
Er trägt
Ihre schrecklichen Züge.

Ihr Krieg tötet
Was ihr Friede
Übriggelassen hat.

WENN ES ZUM MARSCHIEREN KOMMT,
Wissen viele nicht,
Daß ihr Feind an ihrer Spitze marschiert.
Die Stimme, die sie kommandiert,
Ist die Stimme ihres Feindes.
Der da vom Feind spricht,
Ist selber der Feind.

Yvan Goll · 1891—1950 · Deutschland / lebte in Frankreich
DAS GROSSE ELEND FRANKREICHS
Frühjahr 1940

Wir gehen nicht mehr zum Wald Liebste
Die Lorbeerbäume sind gefällt
Die Brücken auch: die Regenbogen
Und selbst die Pont d'Avignon

Jeanne d'Arcs sterbliche Statue
Ein wenig blutbefleckte Bronze
In diesem stummgewordnen Frankreich
Hat dein Herz verlernt zu singen

Jeanne im Rock aus grober Wolle
Sitzt unter einem Himbeerstrauch
Bereitet eine Konfitüre
Aus dem Blut von Kürassieren

Das schwarze Huhn der Wolken legt
Durch den Tod verfaulte Eier
Der Dörfer federlose Hähne
Melden nur den Wind aus Nord

Der Morgen hatte Blei im Flügel
Und die Sonne als Geschoß
Sprengt die Festung auseinander
Und den Flieder an den Hängen

Von Adlern, Raben und Lemuren
Ist der Himmel Frankreichs schwarz
Soldaten die im Roggen liegen
Wissen nichts von Heldentum

Die Engel in den Türmen Chartres
Bruges Rouens sind viel zu schwach
Um gegen diese Geierstaffeln
Und diese Sintflut anzukämpfen

Der Stier vertrieben von den Weiden
Und vom väterlichen Frieden
Verliert vorm Purpur der Verheerung
In heißer Sonne all sein Blut

Verliert sein Blut durch seine Quellen
Durch seine Adern seine Bäche
Verliert sein Blut durch Oisne und Aisne
Durch seine Brunnen seine Nüstern

Die zwölf Schwestern seiner Flüsse
Mit Schleifen und geschwungnen Armen
Lösen Schlingen schmale Riemen
Und stürzen sich zum Ozean

Trinkt trinkt trunkne Krieger
Den vergornen Wein der Angst
Verdorbenes Blut aus der Bourgogne
Den bittren Alkohol des Unheils

Das armselige Bier der Mosel
Den platinierten Wein vom Rhein
Die heiligen Quellen der Chartreuser
Und die Absinthe eures Leids

Die Tränen die aus allen Türen
Durch das Land geflossen sind
Wasser des Lebens und des Todes
Berauschend wie der fahle Wein

Wir gehen nicht mehr zum Wald Liebste
Die Lorbeerbäume sind gefällt
Die Brücken auch: die Regenbogen
Und selbst die Pont d'Avignon

Louis Aragon · geb. 1897 · Frankreich

TAPISSERIE DER GROSSEN FURCHT

Die Landschaft Kind des modernen Terrors
Hat fliegende Fische Sirenen Sägefische
Was schreibt er weiß auf blau an den Himmel dieser
Hydravogel der an die Hydra von Lerna erinnert
Pirat der Erde Steinvogel der die Luft
An die Häuser preßt schriller Vogel Kometenvogel
Und die Riesenwespe — Akrobatin Streichholz —
Die an flammende Mauern Kuckucksblumen steckt
Oder sind es Flamingoschwärme die alles röten
O flämisches Karussell des antiken Sabbats
Auf einem Besenstiel stürzt sich die ME zur Erde
Das ist bei hellem Tag die Nacht der neuen Walpurgis
Apokalyptische Zeit Raum wo die Angst vorbeigeht
Mit ihrer großen Fracht von Blässe und Tränen
Erkennst du die Felder die Stadt die gefräßigen Vögel
Den Turm der nie mehr die Stunden läutet
Die Wagen bunt von Kissen und Decken
Ein Bär Ein Schal Ein Toter wie ein verlorener Schuh
Die Hände im Bauch verkrampft Eine Standuhr
Das entlaufene Vieh die Kadaver die Schreie
Bronzefiguren am Boden Wo schlaft ihr heut nacht
Und Kinder hocken auf Schultern von Unbekannten
Menschen die gehen man weiß nicht wohin das Gold der Scheunen
Im Haar Die Gräben in denen der Schrecken nistet
Der Sterbende den man fortträgt und der einen Tee
Erfleht und der sich beklagt weil er schwitzt
Ihr Ballkleid über den Arm eine bucklige Frau
Der Zeisigkäfig der die Flammen durchquerte
Eine Nähmaschine Ein Greis Es ist zu schwer
Noch ein Schritt Ich muß sterben geh fort Marie
Die Schönheit der Abende fällt und ihr Flügel vermählt
Mit diesem Breughel der Hölle einen Breughel von Samt

(Herbert Schönherr)

Tristan Tzara · 1896—1963 · Frankreich
EIN WEG DIE EINZIGE SONNE

Die Messer stehen
Der Atem fehlt uns
Die Raben sind aufgeteilt
Die Abreise — annulliert
Das Jahr des Krieges ist über uns gekommen

Ich habe so viel Rauch vorbeiziehn sehn
Wieviele Frühlinge sind unterbrochen
Die Nebelkette überm Hüttendach
zerbrach
Und wieviel Freiheit — die verlorenging

Ich gehe auf dem Moos mit taubem Ohr
Zu mir kam eine Nacht
Sie war kastanienrund
im Schweigen da

Sie sprach von einem Menschen
Mimte seinen Traum
Warf Sonne
über arme Leute, die wir sind
und macht uns reicher als den Berg

Ich bin dem Stern gefolgt
Die Freude habe ich geahnt
Die Worte mit dem Herz von Minze
Was ist das für ein Raum
der in mir strahlt

(Lionel Richard / Heinz Kahlau)

Robert Desnos · 1900–1945 · Frankreich

DIESES HERZ, DAS DEN KRIEG GEHASST

Dieses Herz, das den Krieg gehaßt, seht, es schlägt für
    den Kampf und die Schlacht!
Dieses Herz, das beim Rhythmus von Ebbe und Flut nur, beim
Rhythmus der Jahreszeiten, der Tages- und Nachtstunden schlug,
Seht, es dehnt sich und schickt in die Adern ein Blut,
    heiß von Haß und Salpeter,
Es verursacht ein Dröhnen im Hirn, daß die Ohren mir klingen,
Einen Lärm, den nichts hindern kann, sich in der Stadt, auf
    dem Land auszubreiten,
Wie der Klang einer Glocke, die aufruft zu Aufruhr und Kampf.
Hört, er kommt mir als Echo zurück, ich vernehm' es.
Aber nein, andrer Herzen Lärm ist es, millionenfach schlagen
    wie meines sie Frankreich entgegen.
Sie schlagen im gleichen Takt, schlagen aus gleicher Pflicht
    all diese Herzen,
Ihr Lärm ist des Meeres Lärm, wenn an die Küsten es stürmt,
Und all dieses Blut trägt den einen Befehl in Millionen von Hirne:
Bringt Hitler zu Fall und Tod seinen schändlichen Schergen!
Ach, es haßte dies Herz einst den Krieg, schlug im Rhythmus
    der wechselnden Zeiten,
Doch ein Wort nur, ein einziges: Freiheit, genügte, den
    schlafenden Zorn neu zu wecken,
Und Millionen Franzosen bereiten im Dunkeln sich vor auf
    den Auftrag, vom nahenden Morgen verkündet.
Denn es schlugen diese Herzen, die den Krieg so gehaßt,
    für die Freiheit im Rhythmus von Ebbe und Flut, im Rhythmus
    der Jahreszeiten, des Tags und der Nacht.

(Klaus Möckel)

Gertrud von Le Fort · geb. 1876 · Deutschland/BR

WIE OFT, MEIN VATERLAND...

Wie oft, mein Vaterland, wenn ich im Frühling von Süden
Der Schwalbe gleich, nordwärts zog, fand ich dein Antlitz verwandelt,
Wie oft erkannt ich nur an der Stimme des eigenen Herzens
Deine geliebte Flur, darüber die Wolken
Der wechselnden Schicksale jagten.

Ich sah noch des Friedens lieblichen Stern zu Häupten
Deiner Dome und Wälder,
Ich sah seinen Sturz in der Nacht —
Ich sah die großen Gewitter jahrelang über dir schweifen,
Und viele Sommer lang baut ich mein Nest am wankenden Giebel —
Viele Sommer lang wurde mein Tag in dem deinen
Bleich wie erfrornes Gefild.

Doch immer bliebst du die Heimat:
Immer bliebst du
Das eine geliebte Land, vor dem es kein Grauen und Zittern
Gibt, und kein Vergessen in allen Weiten der Erde!
Freudig zog meine Schwinge über dein wogendes Meer,
Und ruhiger denn auf Felsen
Atmete meine Brust auf deiner bebenden Erde,
Und wenn um deine Gebirge die Blitze zuckten,
Dann schmiegt ich mich tiefer nur
Ins Ungewisse deines Schicksals hinab
Und ruhte getröstet darinnen.

Nur manchmal in lautloser Nacht, wenn von den Ufern der Träume
Die Augen der Toten schimmern,
Dann such ich am Wasser einer unendlichen Flut
Den goldenen Schatten
Deines versunkenen Sterns — o holder Stern des Friedens
In unseren Tränen versenkt: wann steigst du wieder
Zum Haupt des Vaterlandes empor —
Wann leuchtest du wieder dem Kind einer seligen Heimat?

Günther Weisenborn · geb. 1902 · Deutschland / BR

LIED VOM FRIEDEN

Wer trug die schwarze Rose an der Schläfe?
Vom Sinai die Tafeln sind zerschellt.
Wo ist der Mutter Hand, die ich gehalten,
Wo ist ein wenig Frieden in der Welt?

Und wo ist all der Schnee vom nächsten Jahre?
Wo ist der Samen, der im Sommer fällt,
Wo wachsen meines Kindes Wimperhaare,
Wo ist ein wenig Frieden in der Welt?

Wo sind die Spaten, die am Grab uns blinken,
Die Schlangen, wo, die in den Spaten beißen?
Wo ist die Milch, die einst die Kinder trinken,
Die Traube, die sie von der Rebe reißen?

Im Dornbusch stehn wir still wie viele Blinde,
Auf die der graue Tau der Schwermut fällt,
Und flüstern eine Frage in vier Winde:
Wo ist ein wenig Frieden in der Welt?

Berthold Viertel · 1885—1953 · Österreich

FRIEDENSHOFFNUNG

Bis die unendliche Langeweile
Und der Schmutz des endlosen Krieges
Alle Seelen durchdringen —:
Bis dahin ist wenig Hoffnung.

Bis die Zeitungen weislich zögern,
Kriegsneuigkeiten zu drucken,
Weil keiner sie mehr lesen will —:
Bis dahin ist wenig Hoffnung.

Bis der Folterknecht mit erhobener Stahlrute
Zum Zeitlupenbild erstarrt,
Weil niemand mehr prügeln will —:
Bis dahin ist wenig Hoffnung.

Bis die Einnahme von Kontinenten
Mit ihren Friedhöfen, Kloaken und Trümmerhaufen
Lächerlich wird, und keiner mehr erobern will —:
Bis dahin ist wenig Hoffnung.

So lange muß also wohl dieser Krieg geführt werden!

Michael Guttenbrunner · geb. 1919 · Österreich

AUS DEM BRIEF
EINES SIEGREICHEN FELDMARSCHALLS

Den Sonnentempel
haben die Adlerträger der Dritten Legion
siegreich besetzt und geplündert.
Verjagt sind die Heuchelmönche
und ihre scheinheiligen Bücher
zu Asche verbrannt.
Erwürgt sind Kinder und Greise,
Die Offiziere ergötzte
das junge Weiberfleisch;
den Soldaten verblieben die Vetteln.
Die Überlebenden werden Vernunft und Gehorsam lernen.

Friedrich Hagen · geb. 1903 · Deutschland / lebt in Frankreich

MIT AUGEN OFFEN WIE ARME

Blut vergessenes Blut auf vergeßlichen Händen
und sie berühren den Stein und der Stein wird rot
und sie röten den Mantel und der Mantel die Schulter
und der Schuh die Erde die Spur der Verwirrung
und das Brot das sie brechen und sie teilen's nicht
und das Wasser der Tiefe und es wäscht sie nicht rein

Blut vergessenes Blut auf vergeßlichen Händen
auf den fetten Händen ohne Reue und Zuflucht
feucht noch vom gelben Fleisch der Lüge
auf den knöchernen Fingern der Ausflucht
am morschen Geländer des Abgrunds
auf den verlöschten Händen des weißen Schlafs

Blut vergessenes Blut auf vergeßlichen Händen
auf den Gesten aus Glas auf den Gesten aus Samt
und die Luft ist gerötet und welk von ihren Gesten
und selbst der starke Atem des Mittags
der Glanz auf den stillen Stirnen der Frühe
dumpf vom Geruch des Bluts des vergeßnen vergoßnen und rot

rot vom vergessenen Blut auf vergeßlichen Händen
Blut auf der blinden Hand auf der toten Hand des Gehorsams
Blut auf der halben Hand der kalten Geschenke
Blut auf der Hand aus Schnee auf der brennenden Hand
Blut auf stählernen Händen auf Händen der Furcht
Blut auf der Hand die das Antlitz des Bruders verschwieg

Blut vergessenes Blut auf vergeßlichen Händen
Blut des entwürdigten Schoßes Blut der ewigen Mutter
Blut der Wahrheit in den Adern der Güte
Blut auf den Lippen der Freiheit blühendes Blut
Blut zukünftiges Blut Blut eine Sintflut von Blut

Gibt es noch Tränen die abwaschen können
das vergessene Blut von vergeßlichen Händen

Fritz Cremer · „Nie wieder!"

Hans Bender · geb. 1919 · Deutschland / BR

DER JUNGE SOLDAT

Als er vom Begräbnis seiner sieben Kameraden
zur Front zurückging

In die Blumen ihrer Haare
rieselte die list'ge Erde.
Auf die Särge ihrer Brust
klopften unsre stummen Würfe.
Sieben gelbe, warme Gräber
trocken in der Julisonne.

Wiesenweg durch heißen Mohn.
Wälderweg durch kalte Tannen.
Weg, der blind im Sumpf ertrinkt.
Ungewisser Minenweg —
Dann vorbei an hellen Hütten.
Vorhangfalten, Fensterglas.

Beerentrauben in den Gärten.
Rosen, Gladiolengarbe.
Brunnen, dran der Eimer schwappt.
Vor den Zäunen steife Mädchen.
In die Löcher der Pupillen
Haß, vom Schreck hineingebohrt.

Trauer durch den Sommer tragen,
Schultergurt und rauhes Tuch.
Handgranate, Spaten, Helm,
das Gewehr und die Geschosse.
Messer, eingekerbt die Rille
für das Blut der stumpfe Rücken.

Sieben fette Krähen wehen
aus den Ästen roter Föhren.
Sieben schwarze Federn fallen
in die Raupenspur des Tanks.

Johannes Bobrowski · 1917—1965 · Deutschland / DDR

NÄNIE

Stimmen, der Wind
über die Bucht
kommt, Rohrwerke, Helsingör
hat so getönt: über dem Sund
die Küste, gestreckt
gegen den Himmel, dort
auf dem Absturz steht,
der mich gerufen hat,
Helios, breiten Mundes,
unter dem Augenbogen
dunkel — die Feuer um ihn
um Schulter und Haar, die rasselnden
Züge, erbrausend: Planeten,
der mörderische concentus der Welt.

Über der Bucht,
weit,
über dem Regen
farbenstrahlend aus Nebeln
der Bogen — Frieden
ist uns versprochen.

Kuba · geb. 1914 · Deutschland / DDR

SOLDATENMUTTER

Soldatenmutter,
du gequälte Frau!
Zu deinem Hohne
hat dich der General
mit Drahtverhau gekrönt.
Welch eine Krone! —
In deinem Sohne,
der ihm gehorsam ist
und auf sein Wort zerreißt
und beißt und bellt —
höhnt er die Menschlichkeit,
die Mutterschaft der Welt.

Uwe Berger · geb. 1928 · Deutschland / DDR

KLECZEW 1943

Abends schwirrte die Fledermaus
über den Schulhof, schattenhaft,
lautlos. Um das steinerne Haus.

Und der Himmel nahm unsre Kraft,
kalter roter Himmel in Polen.
Riesig hatt' er sich aufgerafft,

alle die Kinder heimzuholen,
denen man die Schule geraubt.
Haben uns leise ins Haus gestohlen

und die Schuhe abgestaubt.

Albrecht Goes · geb. 1908 · Deutschland / BR

GELÖBNIS
Nachtwache, Fleckfieberlazarett, Frühling 1943

Welchem Ziel wir sterben?
Nicht dem Vaterland.
Nicht, daß die Enkel und Erben
Von neuem Länder erwerben,
Mit des Hasses grüngiftigen Schwaden
Von neuem die Seele beladen,
Von neuem die Seele beladen
Mit patriotischem Tand.

Welchem Glauben wir leben?
Uns ward dies Land zu klein.
Die in Panzern verbrannt und in Gräben
Verschüttet, die uns umschweben,
Die Toten, hüben und drüben,
Was woll'n sie, als daß wir begrüben
Den bewaffneten Wahn und endlich,
Endlich Brüder sei'n.

Gottfried Unterdörfer · geb. 1921 · Deutschland / DDR

FRAGE

Warum bin ich? Ich bin geblieben.
Es war ein anderer, der fiel.
Und den sie an die Mauer trieben,
als spielten sie ein Kinderspiel.

Es wurden zwanzig aus dem Keller
getragen. Ich lag nebenan.
Für mich blieb stets ein Rest im Teller
von irgendeinem Nebenmann.

Ein Träumer war ich an Kanonen.
Dem Trauermantel sah ich nach,
dem Schmetterling, der Todeszonen
mit einem Flügelschlag durchbrach.

Ich dachte ich und weiter keinen.
Und irgendwo sah einer still
auf seiner Henkersreise einen
Zitronenfalter im April.

Gefallen. Umgebracht. Erfroren.
Geschlagen wie ein Räudetier.
Wann bin ich eigentlich geboren?
Ich lebe noch. Ich bin noch hier.

Bernhard Seeger · geb. 1927 · Deutschland / DDR
DANN ABER GRUBEN WIR TOTE AUS...

Ich habe als Kind einen Handschuh gefunden,
aus feinem Leder gestichelt.
Ich zog ihn an und hab für die Kücken
Brennesseln abgesichelt.

Die Nesseln waren frisch und feucht
vom Funkeltau der Nacht.
Er hat meinen Handschuh aufgeweicht
und ihn klatschnaß gemacht.

Ich habe den Handschuh trocknen wolln,
daheim auf dem warmen Herd.
Das hätt ich lieber nicht tun solln.
Der Handschuh war nichts mehr wert.

Er war am Morgen klein und starr
und wie ein Baumblatt verdorrt.
Mutter sagte zu mir: Du Narr! —
und warf meinen Handschuh fort...

Es brannte die alte Stadt am Strom,
nur die Kaserne nicht.
Es schwelte der Magdeburger Dom
im trüben Januarlicht.

Wir Lebenden gruben Tote aus,
tage- und nächtelang.
Dann schachteten wir zum Waisenhaus
einen schmalen Gang.

Ich war weit vorn, der erste am Ort,
und kroch durch die bröckelnde Wand.
Da lagen die Kinder, klein und verdorrt.
Sie hielten sich bei der Hand.

Die starren Händchen stießen mich an.
Wie mein Handschuh sahen sie aus.
Daß der Mensch wie ein Handschuh verdorren kann! ...
Ich floh vor dem Krieg nach Haus.

Zu Hause nahm man sich meiner nicht an,
aus Angst vor dem braunen Blick ...
Daß der Mensch wie ein Handschuh verdorren kann! ...
Ich hatte genug vom Krieg.

Rose Nyland · geb. 1929 · Deutschland / DDR

NEUNZEHNHUNDERTVIERUNDVIERZIG

Nichts in der Welt
ist so still wie Schnee.
Sie haben den Freund mir erschlagen.

Und der Schnee fällt leis
und das Schweigen tut weh.
Und keiner hat ihn begraben.

Es werden die Toten nicht auferstehn,
doch die Narbe wird mir kein Schneewind verwehn,
weil wir zu rächen haben.

Nichts in der Welt
ist so still wie Schnee.
Und keiner hat ihn begraben.

Und die Lippen tun
mir vom Schweigen weh.
Bis wir zu sprechen haben.

Und doch ist nichts
so still in der Welt,
wie wirbelnder, weißer Schnee,
der fällt.

Stephan Hermlin · geb. 1915 · Deutschland / DDR

BALLADE VON EINEM STÄDTEBEWOHNER IN TIEFER NOT

Entflammen muß der Sommer bald.
So heißt es. Doch was soll uns dies?
Da uns die wechselnde Gestalt
Des Jahrs nur tiefer stets verstieß.
Denn wer verdiente all dies Leid?
Unser ist Schuld, wir leugnens nicht,
Doch über uns wächst hoch die Zeit,
Verdunkelt schon der Augen Licht,
Schon nachtets auf dem Wege, bricht
Aus Berg, Fontäne, Zweiggewirr.
Durch ungeheure Ewigkeit
Aus tiefer Not schrei ich zu Dir.

Es schauert auf uns Abendrauch,
Sirenen weinen in der Stadt,
Süß schmilzt in uns der Toten Hauch.
Wir hungern noch, doch sie sind satt
Von Aschenbrot und Geistertrank.
In Feuersturm und blauem Eis
Gesunden sie. Doch wir sind krank
Und würgen an des Alpdrucks Speis.
Die Blüte fällt, verdorrt das Reis.
Die Orgel Schmerz dröhnt stets aus mir.
Die Totenuhr in jedem Schrank.
Aus tiefer Not schrei ich zu Dir.

Die Toten all versammelt sind
Zu mir und brechen mit mein Brot.
Ihre Musik geht wie ein Wind
Durch mich. Ich fühle tiefe Not.
Ihr Mohnkuß tröstet meinen Traum,
Im hellen Mittag lockt ihr Mund
Aus Berg, Fontäne, Wolke, Baum:

Folg! Du bist krank. Wir sind gesund —
Nachts bellt zum Monde irr ein Hund.
Wie viele Zeichen! Und nun hier,
Verwirrt, befleckt vom Zeitenschaum,
Aus tiefer Not schrei ich zu Dir.

Vor Domen senkt sich meine Stirn
In graues Traumgetrümmer hin,
Und bleiche Tiefennebel wirrn,
Wo ich im Schutt der Schlösser bin,
Die kleinen Kinder lächeln dort
Und grinsen mit den Zähnlein weiß,
Die Hand verbrannt — wie einen Hort —
Hält noch das Buch, drin knistert leis
Verrauchend Fabel und Geheiß,
Blut zischt darauf wie schwarzes Bier.
Nun ist das Nichts! Erst war das Wort!
Aus tiefer Not schrei ich zu Dir.

Dämmrung im Hain Gethsemane!
Wir sehn die Schläfer um uns her,
Doch ahn ich großes Unglück, seh
Blutiges Schlachten, falsch Gewehr
Gerichtet auf den Bruder hin,
Maschine frißt, was von ihm blieb,
Aus seinen Resten wächst Gewinn
Dem Mörder, dem er sich verschrieb,
Die Mutter, die man erst vertrieb,
Hat man gekreuzigt, holde Zier,
Ihr Kind vernichtet Stich und Hieb.
Aus tiefer Not schrei ich zu Dir.

Mein Volk, nach dem mein Herz verlangt,
Verfällt schlafwandelnd fürchterlich,
Dort wo verkohlter Efeu rankt
Um tote Mauern. Wie verstrich
Die Zeit uns! Ewig währt der Krieg!
In Flammen schreiten wir gehüllt.
O Bruder Tod, erhör uns, wieg

Uns ein, eh sich das Graun erfüllt!
Die jungen Jäger wurden Wild
Des angegriffenen Feindes. Für
Die Henker-Führer zählt der Sieg.
Aus tiefer Not schrei ich zu Dir.

Ich fühle Schmach, schmecke Verrat,
Und Ehre, Treue sind verschrien.
Höchstes Verdienst ist Schergentat.
Liebe, besudelt, bringt Gewinn.
Dichter verscharrt im Morgenwind,
Blut bildet auf zerschoßner Brust
Träume nach, die vergangen sind,
Von kühner Zukunft, Sehnsucht, Lust,
Von dem geahnt, von dem gewußt.
Wenn wir nicht feige, müd sind wir.
Ungläubig unser Blut gerinnt.
Aus tiefer Not schrei ich zu Dir.

Wie mich in meinen Sinnen friert!
Die Brüder, die ich fern gekannt,
Die Toten, die mein Herz regiert
Zu jeder Zeit, sind längst verbannt,
Und Percy, Friedrich, Wolfgang sind
Verschlagen in das große Wehn
Von Bannern, die im weißen Wind
Der Ewigkeiten weit vergehn.
Mein Aug erblindet mir im Spähn.
O daß ich Hoffnung nicht verlier
Auf ihr Reich, in dem ich nicht blind!
Aus tiefer Not schrei ich zu Dir.

Wenn falsche Worte sprach mein Mund,
Mein Herz blieb wahr und wahr mein Mühn.
Der Todeswein bricht reich vom Spund
Und läßt die Blumen all verblühn.
Verlangtem wurden wir entfernt,
Doch Ungesuchtes drängt sich her,
Dein Antlitz hab ich nie verlernt,

Die Aufgabe war mir nicht schwer.
Doch wo ist wer. Ich treib im Meer
Der Not bewältigt wie ein Tier.
In dieser Nacht furchtbar entsternt
Aus tiefer Not schrei ich zu Dir.

Du warst der Blick, der mich nicht ließ,
Sage von Tyrus und Korinth,
Du warst das Wort, das nicht verwies,
Vers bist du, größer als der Wind,
Du bist die Fahne der Partei,
Du bist ein Schweigen in der Schlacht,
Du bist Sonate, bist Wir Zwei,
Magischer Regen Mitternacht.
Bis ich aus bösem Schlaf erwacht,
Auf daß ich finde mich zu mir,
Daß unsre Zeit gekommen sei,
Schrei ich aus tiefer Not zu Dir.

Du bist das weite Land, das trägt
Das Kommende waffengehüllt,
Dem unser Herz stets weiterschlägt,
Wenn sich auch falscher Tod erfüllt.
Du bist der Massen Marsch und Platz,
Du bist die Geste, die beweist,
Du bist geschrien, geraunt der Satz,
Der uns erfaßt, der in uns kreist,
Du bist die Sache, die uns schweißt,
Du warst bei mir, sei nun bei mir,
Gewitter, Licht, gerühmter Schatz —
Aus tiefer Not schrei ich zu Dir!

Albrecht Haushofer · 1903—1945 · Deutschland

SILVESTERSEGEN

Des Jahres würdig war der letzte Schluß:
In unsren Zellen rattenhaft verwahrt,
erfahren wir in ganz besondrer Art
den Prall der Bomben wie den Flakbeschuß.

Kein großer Angriff. Ein Silvestersegen,
den Trümmerstätten von Berlin geweiht,
an eines Jahres Gabe nur gereiht
wie späte Glut an einem Flammenregen.

Was in Jahrhunderten gewachsen war,
vernichtet nun in Stunden jäh die Kraft
gewissenlos mißbrauchter Wissenschaft.

Das alte China kannte die Gefahr.
Es bannte schon das Pulver, weil darin
Versuchung lag zu groß für Menschensinn.

Peter Huchel · geb. 1903 · Deutschland / DDR

BERICHT DES PFARRERS
VOM UNTERGANG SEINER GEMEINDE

Da Christus brennend sank vom Kreuz — o Todesgrauen!
Es schrien die erzenen Trompeten
Der Engel, fliegend im Feuersturm.
Ziegel wie rote Blätter wehten.
Und heulend riß im wankenden Turm
Und Quadern schleudernd das Gemäuer,
Als berste des Erdballs Eisenkern.
O Stadt in Feuer!
O heller Mittag, in Schreie eingeschlossen —
Wie glimmendes Heu stob Haar der Frauen.
Und wo sie im Tiefflug auf Fliehende schossen,
Nackt und blutig lag die Erde wie der Leib des Herrn.

Nicht war es der Hölle Sturz:
Knochen und Schädel wie gesteinigt
In großer Wut, da Staub noch schmolz
Und mit dem erschrockenen Licht vereinigt
Brach Christi Haupt vom Holz.
Es schwenkten donnernd die Geschwader.
Durch roten Himmel flogen sie ab,
Als schnitten sie des Mittags Ader.
Ich sah es schwelen, fressen, brennen —
Und aufgewühlt war noch das Grab.
Hier war kein Gesetz! Mein Tag war zu kurz,
Um Gott zu erkennen.

Hier war kein Gesetz. Denn immer wieder warf die Nacht
Aus kalten Himmeln feurige Schlacke.
Und Wind und Qualm. Und Dörfer wie Meiler angefacht.
Und Volk und Vieh auf enger Schneise.
Und morgens die Toten der Typhusbaracke,
Die ich begrub, von Grauen erfaßt —
Hier war kein Gesetz. Es schrieb das Leid
Mit aschiger Schrift: Wer kann bestehn?
Denn nahe war die Zeit.
O öde Stadt, wie war es spät,
Es gingen die Kinder, die Greise
Auf staubigen Füßen durch mein Gebet.
Die löchrigen Straßen sah ich sie gehn.
Und wenn sie schwankten unter der Last
Und stürzten mit gefrorener Träne,
Nie kam im Nebel der langen Winterchausseen
Ein Simon von Kyrene.

Bertolt Brecht · 1896—1956 · Deutschland / DDR

AN DIE DEUTSCHEN SOLDATEN IM OSTEN
1941

1
Brüder, wenn ich bei euch wäre,
Auf den östlichen Schneefeldern einer von euch wäre,
Einer von euch Tausenden zwischen den Eisenkärren,
Würde ich sagen, wie ihr sagt: Sicher
Muß da ein Weg nach Haus sein.

Aber, Brüder, liebe Brüder,
Unter dem Stahlhelm, unter der Hirnschale
Würde ich wissen, was ihr wißt: Da
Ist kein Weg nach Hause mehr.

Auf der Landkarte im Schulatlas
Ist der Weg nach Smolensk nicht größer
Als der kleine Finger des Führers, aber
Auf den Schneefeldern ist er weiter,
Sehr weit, zu weit.

Der Schnee hält nicht ewig, nur bis zum Frühjahr.
Aber auch der Mensch hält nicht ewig. Bis zum Frühjahr
Hält er nicht.

Also muß ich sterben, das weiß ich.
Im Rock des Räubers muß ich sterben,
Sterben im Hemd des Mordbrenners.

Als einer der vielen, als einer der Tausende,
Gejagt als Räuber, erschlagen als Mordbrenner.

2
Brüder, wenn ich bei euch wäre,
Mit euch trottete über die Eiswüsten,
Würde ich fragen, wie ihr fragt: Warum
Bin ich hierhergekommen, von wo
Kein Weg mehr nach Haus führt?

Warum habe ich den Rock des Räubers angezogen?
Warum habe ich das Hemd des Mordbrenners angezogen?
Das war doch nicht aus Hunger,
Das war doch aus Mordlust nicht.

Nur weil ich ein Knecht war
Und es mir geheißen wurd,
Bin ich ausgezogen zu morden und zu brennen.
Und muß jetzt gejagt werden,
Und muß jetzt erschlagen werden.

3
Weil ich eingebrochen bin
In das friedliche Land der Bauern und Arbeiter,
Der großen Ordnung, des unaufhörlichen Aufbaus,
Niedertrampelnd und niederfahrend Saat und Gehöfte,
Auszurauben die Werkstätten, die Mühlen und Dammbauten,
Abzubrechen den Unterricht der tausend Schulen,
Aufzustören die Sitzungen der unermüdlichen Räte:

Darum muß ich jetzt sterben wie eine Ratte,
Die der Bauer ertappt hat.

4
Daß von mir gereinigt werde
Das Gesicht der Erde,
Von mir Aussatz! Daß ein Exempel statuiert werde
An mir für alle Zeiten, wie verfahren werden soll
Mit Räubern und Mordbrennern
Und den Knechten von Räubern und Mordbrennern.

5
Daß da Mütter sagen, sie haben keine Kinder.
Daß da Kinder sagen, sie haben keine Väter.
Daß da Erdhügel sind, die keine Auskünfte geben.

6
Und ich werde nicht mehr sehen
Das Land, aus dem ich gekommen bin,
Nicht die bayrischen Wälder, noch das Gebirge im Süden,
Nicht das Meer, nicht die märkische Heide, die Föhre nicht,
Noch die Weinhügel am Fluß im Frankenland.
Nicht in der grauen Frühe, nicht am Mittag,
Und nicht, wenn der Abend herabsteigt.

Noch die Städte und die Stadt, wo ich geboren bin.
Nicht die Werkbänke, und auch die Stube nicht mehr,
Und den Stuhl nicht.

All das werde ich nie mehr sehen.
Und keiner, der mit mir ging,
Wird das alles noch einmal sehen,
Und ich nicht und du nicht
Werden die Stimme der Frauen und Mütter hören,
Oder den Wind über dem Schornstein der Heimat,
Oder den fröhlichen Lärm der Stadt, oder den bitteren.

7
Sondern ich werde sterben in der Mitte der Jahre,
Ungeliebt, unvermißt,
Eines Kriegsgeräts törichter Fahrer.

Unbelehrt, außer durch die letzte Stunde,
Unerprobt, außer beim Morden.
Nicht vermißt, außer von den Schlächtern.

Und ich werde unter der Erde liegen,
Die ich zerstört habe,
Ein Schädling, um den es nicht schad ist.
Ein Aufatmen wird an meiner Grube sein.

Denn was wird da eingescharrt?
Ein Zentner Fleisch in einem Tank, das bald faul wurde.
Was kommt da weg?
Ein dürrer Strauch, der erfroren ist,
Ein Dreck, der weggeschaufelt wurde,
Ein Gestank, den der Wind wegwehte.

8
Brüder, wenn ich jetzt bei euch wäre
Auf dem Weg zurück nach Smolensk,
Von Smolensk zurück nach nirgendwohin,

Würde ich fühlen, was ihr fühlt: immer schon
Habe ich es gewußt unter dem Stahlhelm, unter der Hirnschale,
Daß schlecht nicht gut ist,
Daß zwei mal zwei vier ist,
Und daß sterben wird, wer mit ihm ging,
Dem blutigen Brüllenden,
Dem blutigen Dummkopf.

Der nicht wußte, daß der Weg nach Moskau lang ist,
Sehr lang, zu lang.
Daß der Wind in den östlichen Ländern kalt ist,
Sehr kalt, zu kalt.
Daß die Bauern und Arbeiter des neuen Staates
Ihre Erde und ihre Städte verteidigen würden,
So daß wir alle vertilgt werden.

9
Vor den Wäldern, hinter den Kanonen,
In den Straßen und in den Häusern,
Unter den Tanks, am Straßenrand,
Durch die Männer durch die Weiber durch die Kinder,
In der Kälte in der Nacht im Hunger.

Daß wir alle vertilgt werden
Heute oder morgen oder am nächsten Tag,
Ich und du und der General, alles,
Was hier gekommen ist, zu verwüsten,
Was von Menschenhand errichtet wurde.

10
Weil es eine solche Mühe ist, die Erde zu bebauen.
Weil es soviel Schweiß kostet, ein Haus aufzustellen,
Die Balken zu fällen, den Plan zu zeichnen,
Die Mauer aufzuschichten, das Dach zu decken.
Weil es so müde machte, weil die Hoffnung so groß war.

11
Tausend Jahre war da nur ein Gelächter,
Wenn die Werke von Menschenhand angetastet wurden.
Aber jetzt wird es sich herumsprechen auf allen Kontinenten:
Der Fuß, der die Felder der neuen Traktorenfahrer zertrat,
Ist verdorrt.
Die Hand, die sich gegen die Werke der neuen Städtebauer erhob,
Ist abgehauen.

Franz **Fühmann** · geb. 1922 · Deutschland / DDR

DER NIBELUNGE NOT

Zu Blöcken, schwarzen und roten,
geschichtet, und Schnee darauf:
Verfallend, verfaulend, die Toten,
hier liegen sie zuhauf,
ein ungeheures Verwesen,
von Krähen überschrien;
die ihr Fleisch wähnten auserlesen,
mit dem Schnee nun schmelzen sie hin.

Wo liegen ihre Lande?
Ihre Lande sind fern.
Was war es, das sie sandte?
Sie folgten ihrem Herrn,
dem Fürsten, der führte, verschworen
ward ihnen Lehn und Lohn:
Zu Worms am Rheine geboren
und verwest am Don.

Hinter ihnen: Die Brücken zerschlagen,
getilgt das Grün aus der Flur,
Galgen und Kreuze, die ragen,
zeichnen ihre Spur,
verweht im Wind sind die Worte
von Ehre, Treue, Ruhm.
Was blieb? Um den Hort ihre Morde,
ihr Heldentum.

Ach Worte, Worte, geheuchelt,
alle Lager der Lüge erschöpft;
doch die Taten: Den Freund gemeuchelt,
des Gastgebers Kindlein geköpft,
denen, die mit ihnen wachten,
in den Rücken gehauen den Stahl —:
So begannen sie ihr Schlachten
im Namen von Kreuz und Walhall.

Wie ein Brand in das Land eingedrungen,
nun, in Nässen, zergehen sie,
die Täter, die Nibelungen,
die Töterdynastie
der Helden lobebaeren:
Getilgt und ausgebucht!
Aus den Mythen, aus den Mären,
die Mörder seien verflucht.

Die versehrte Flur grünt wieder,
was zerklafft war, schließt sich sanft,
die Ufer hoch duftet Flieder,
das Blut ist weggedampft.
Die Völker atmen und bleiben,
die Mörder löscht der Tod.
Nur als Fluch durch die Zeiten zu treiben:
Das ist der Nibelunge Not.

Heinz Piontek · geb. 1925 · Deutschland / BR

AM NAREW 1944

Die Fluten, träges Ziehen überm Grunde,
von Lehm gefärbt, verdickt vom Uferschlamm,
die Katen rauchig —, ungewisse Stunde
in Schützenlöchern vor dem Knüppeldamm.

Der Stute Schweiß am Rock, in Bart und Haaren,
und morgens die Geschütze kühl betaut,
was du an östlicher Geduld erfahren,
ist dir aus ungelebter Zeit vertraut.

O Heer aus Polen, Pilger ohne Gnade,
in dessen Staub der Kirchen Glanz erlischt!
Es stürzen Vögel schwarz von der Fassade,
wenn in dein Blut Ikonenrot sich mischt.

Ricarda Huch · 1864—1947 · Deutschland

DER FLIEGENDE TOD

Hörst du die Luft dumpf zittern
Wie von fernen Gewittern?
Die Diele bebt, und es wankt der Schlot.
Das sind keine Wogen,
Die da rollen und jagen,
Das ist der fliegende Tod.

Er reitet auf eisernen Rossen,
Er wirft dich mit glühenden Geschossen,
Haucht dich an mit zersprengendem Hauch.
Er verbrennt dich mit Feuer,
Begräbt dich im Gemäuer,
Erstickt dich mit giftigem Rauch.

Hörst du's pfeifen und zischen?
Ein Schrei gellt dazwischen,
Dann ein Krach, als zerberste die Welt.
Du kannst ihm nicht entrinnen,
Er ist draußen, er ist drinnen,
Unter Bäumen, auf der Wiese, im Feld.

Er sieht dich ohne Augen,
Kein Gewölbe mag taugen
Zum Schutz vor des Mörders Begier.
Er greift dich um die Hüfte,
Er wirft dich in die Lüfte
Wie im Traume der wütende Stier.

Er zerreißt dich in Fetzen,
Schon spürst du mit Entsetzen
Am Hals seine würgende Hand.
Da löst sich die Klammer,
Und mit pochendem Hammer
Jagt er weiter ins schaudernde Land.

Werner Bergengruen · 1892—1964 · Deutschland / BR

DIE LETZTE EPIPHANIE

Ich hatte dies Land in mein Herz genommen.
Ich habe ihm Boten um Boten gesandt.
In vielen Gestalten bin ich gekommen.
Ihr aber habt mich in keiner erkannt.

Ich klopfte bei Nacht, ein bleicher Hebräer,
ein Flüchtling, gejagt, mit zerrissenen Schuhn.
Ihr riefet dem Schergen, ihr winktet dem Späher
und meintet noch Gott einen Dienst zu tun.

Ich kam als zitternde geistgeschwächte
Greisin mit stummem Angstgeschrei.
Ihr aber spracht vom Zukunftsgeschlechte,
und nur meine Asche gabt ihr frei.

Verwaister Knabe auf östlichen Flächen,
ich fiel euch zu Füßen und flehte um Brot.
Ihr aber scheutet ein künftiges Rächen,
ihr zucktet die Achseln und gabt mir den Tod.

Ich kam als Gefangner, als Tagelöhner,
verschleppt und verkauft, von der Peitsche zerfetzt.
Ihr wandtet den Blick von dem struppigen Fröner.
Nun komm ich als Richter. Erkennt ihr mich jetzt?

Stephen Spender · geb. 1909 · England

ZWEI HEERE

Tief in die Winterlandschaft graben
Zwei Heere Kriegsgerät, sich zu vernichten.
Sie leiden Frost und Hunger. Urlaubssperre
An beiden Fronten. Tote nur und Kranke,
Die haben Urlaub; frische Truppen harren
Indes, den Frieden durch Gewalt zu bringen.

Sie alle sind nervös und kalt geworden,
Daß jeder die Sache und ferne Worte haßt,
Die ihn herführten, haßt sie mehr als Kugeln.
Einst summte ein Junge ein altes Marschlied,
Einst hob sich die Hand eines Neulings zum Gruß;
Die Stimme erstickte, die erhobene Hand fiel,
Durchs Gelenk geschossen von den eigenen Kameraden.

Sie würden ihre starre Ernte fliehen,
Wenn eisern eingedrillte Zucht sie nicht
Fest vor die Mündung des Revolvers hielte.
Doch wenn sie schlafen, reiten Heimatbilder
Der Sehnsucht flüchtige Rosse, die
In stummem Massengedicht die Ebne erfüllen.

Zuletzt hassen sie nicht mehr: wenn auch der Haß
Vom Himmel birst und die Erde mit Hagel peitscht,
Oder sie zu grotesken Fontänen emportreibt,
Wenn auch Hunderte fallen, wer sieht noch eine Beziehung
Vom unerschöpflichen Zorn der Geschütze
Zu der stummen Geduld jener gequälten Tiere?

Nachts fällt reine Stille, wenn nur ein Steinwurf
Die schlafenden Heere trennt, ein jedes
In Leintuch gemummt, das ferne Hände gewebt.
Sind die Maschinen gestillt, weißt die gemeinsame
Qual mit Atem die Luft, beide verschmelzend,
Als lägen die Feinde sich, schlafend, einander im Arm.

Nur der helle Freund der Bombenschützen,
Der glänzende Pilot Mond, starrt nieder
Auf dieses Land und malt einen leuchtenden Knochen,
Gekreuzt vom Schatten vieler tausend Knochen.
Wo Bernsteinwolken im Niemandsland sich breiten,
Betrachtet er, wie Tod und Zeit mit wildem
Gerede und mit Eisen Vernichtung schleudern.

(Herbert Schönherr)

Dylan Thomas · 1914—1953 · England

DIE HAND, DIE UNTERSCHRIEB

Die Hand, die unterschrieb, hat eine Stadt gefällt:
fünf königliche Finger brachten den Atem in Not,
halbierten ein Land, machten doppelt die Toten der Welt;
diese fünf Könige gaben einem König den Tod.

Von fallenden Schultern kommen so mächtige Hände
und ihre Fingergelenke sind knotig von Gicht.
Ein Gänsekiel machte dem Morden ein Ende,
das hatte dem Gespräch ein Ende gemacht.

Die Hand, die unterschrieb, brachte ein Fieber,
und Hunger wuchs, Heuschrecken kamen.
Groß ist die Hand, die Herrschaft ausübt über
Menschen durch einen hingekleksten Namen.

Die fünf Könige zählen die Toten, doch ohne die Stirnen
zu streicheln, ohne die krustigen Wunden zu schließen.
Eine Hand gebietet dem Mitleid wie eine Hand den Sternen.
Hände haben keine Tränen zu vergießen.

(Erich Fried)

Archibald MacLeish · geb. 1892 · USA

DIE JUNGEN TOTEN SOLDATEN

Die jungen toten Soldaten sprechen nicht.
Aber man hört sie in stillen Häusern:
    wer hat sie nicht gehört?
Sie haben ein Schweigen, das spricht für sie,
    nachts, wenn die Uhr schlägt.
Sie sagen: Wir waren jung. Wir sind gestorben.
    Denkt an uns.
Sie sagen: Wir haben getan, was wir konnten,
    aber bevor es vorbei ist, ist es nicht getan.
Sie sagen: Wir haben unser Leben gegeben, aber bevor es vorbei ist,
    kann keiner wissen, was unsere Leben gaben.
Sie sagen: Unser Tod ist nicht unser. Er ist teuer;
    er wird bedeuten, was ihr daraus macht.
Sie sagen: Ob unser Leben und Tod für Frieden war,
    und für neue Hoffnung, oder für nichts,
    können wir nicht sagen, denn ihr müßt es sagen.
Sie sagen: Wir lassen euch unsere Tode.
    Gebt ihnen Sinn.
Wir waren jung, sagen sie. Wir sind gestorben.
    Denkt an uns.

(Erich Fried)

Roy McFadden · geb. 1921 · Irland

GEDICHT FÜR HEUTE
1943

Was können wir sagen, die erschöpften der Worte Sinn,
die leer geweint wir die Herzen von eines Jahrhunderts Tränen?
Was können wir Neues sagen in das Antlitz des Leides,
mit ungenügenden Tränen zu begegnen den Zeiten?
Was können wir sagen, wenn sie kommen um Antwort?

Schließt die Bücher fort mit all ihrer plumpen Belehrung,
werft die Rosen des Gestern beiseit, daß das Leid sich verliert;
dreht den Schlüssel aller Erinnerung, riegelt ab
den Geist vor dem Sturm des Grams, der streicht wie Wahnsinn.

Was können wir sagen, die wir alles schon sagten?
Die wir sahen die Jahre sinken
wie Blätter, wie Tränen über Millionen Särgen,
stumpf heimwärts fallend in den gesegneten Schoß;
was können wir sagen, hier, bei verlöschendem Feuer;
da die Uhr Geschichte tickt, und die Blumen tropfen Blut?

(Hans Feist)

Wystan Hugh Auden · geb. 1907 · England

IM KRIEG

Sie sind und leiden; das ist, was sie tun;
Verbände bergen Stellen, wo sie leben,
ihr Wissen von der Welt beschränkt sich nun
auf das, was ihnen Instrumente geben.

Fremd wie Epochen, die sich nie versöhnen,
halten sie aus, und wahr ist nur ihr Leid;
Gespräche gibt es nicht, sie sind und stöhnen,
entrückt wie Pflanzen; wir sind sternenweit.

Denn wer wird je ein Fuß, wenn er gesund?
Geheilt vergessen wir den kleinsten Riß,
sind wieder ungestüm und sind gewiß

der Alltagswelt der Unverletzten, und
die Einsamkeit scheint uns ein fernes Reich.
Glück, Zorn und Liebe nur sind allen gleich.

(Astrid Claes und Edgar Lohner)

Henry Moore · Tube Shelter Perspective

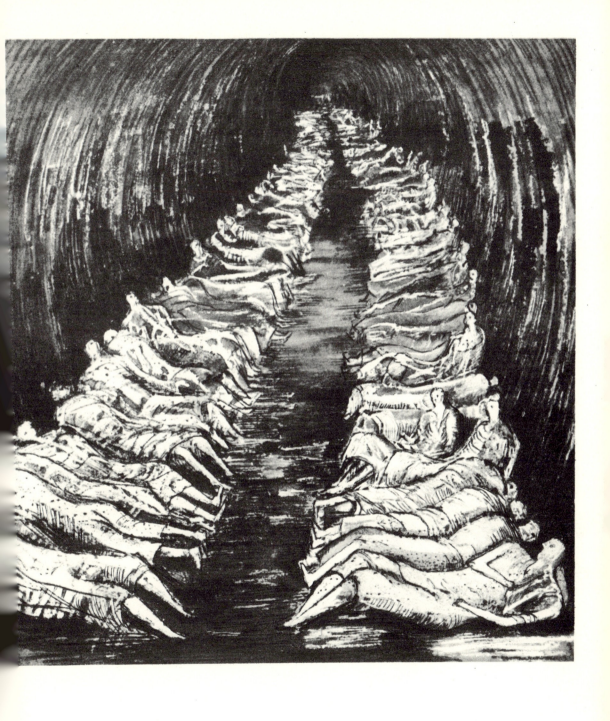

Karl Shapiro · geb. 1913 · USA

ELEGIE FÜR EINEN TOTEN SOLDATEN

I
Ein weißes Tuch am Heck des LKW
Wird zum Altar; zwei kleine Leuchter stehen
Und sprühen beiderseits dem Kruzifix,
Umlegt von Blumen heller als das Blut,
Apokalyptisch rot ist dieses Rot.
Hibiscus, wie man auf dem Marsch ihn pflückt,
Um ihn an Knarre oder Helm zu stecken,
Und große blaue Winden gleichwie Lippen,
Die nie mehr schmecken, küssen, fluchen werden.
Der Wind beginnt sanft das Magnificat,
Der Pfarrer schwatzt, die Palmen schütteln sich,
Im Schlamm vereint sich der Kolonnen Marsch.

II
Auch wir sind Asche, indem unser Ohr
Den Psalm aufnimmt, den Schmerz, das schlichte Lob
Von einem, der sich schönere Tage hoffte,
Genau wie wir, und der nun ganz kaputt ist.
Die Taten seiner Jugend sind gelöscht,
Sein Traum, im Schuß zerstoben, schwindet nun.
Nur Staunen fühlen wir vor dem Verlust,
Der auf nichts weist als auf den Zweifel hin
Und Zuversicht im Graben landen läßt.
Der du bei diesem Graben Paulus liest:
Sollen wir den Augen glauben oder schöner Mär
Von Glanz und Auferstehung nach dem Nichts?

III
Denn der Kamrad ist tot, er fiel im Krieg,
Einer von vielen, die noch leben sollten,
Einer, von allem abgeschnitten, was der Krieg
Auch schenkt: von Selbstbefreiung, friedlich freiem Wandern.

Wer trauert hier in dieser kühlen Menge,
Wer hat den Schlag nicht schon gefühlt, bevor
Die Kugel traf? Dies wackre Fleisch,
Dies Kind in einem Sarge ausgelegt —
Wer hat sich nicht schon in dies Tuch gehüllt,
Der Erde Fall gehört, noch frisch die Wunden,
Die Augen zugefühlt, und dann den Knall
Der letzten Menschheitssalve fern gehört?

IV
Zufällig sah ich, wie er starb, am Boden,
Den Arm gehoben, um Konservenblut
Von einem andern einzuführen. Ich stand
Bei seinem letzten Phantasieren, das
Für einen Augenblick noch Einsicht hält,
Und dann Erwürgen, dann der letzte Ton.
Der Schluß kam plötzlich, wie ein dummes Stück,
Absurd die Katastrophe, halb begründet,
Und das Entscheidende unausgesagt.
So gingen wir, grimmig und ungewandelt,
Und übel war uns von dem stummen Tadel.

V
Statistiken von Toten nützen nichts,
Denn nichts Politisches vermindert
Hier diesen Toten oder all die andern,
Vermißte und Genesene, Verschlagne,
Gezählt sind Hunderttausend, fast Millionen.
Mehr als ein Zufall, weniger als gewollt
Ist jeder Fall, und dieser wie der Rest.
Wie auch die andern sich den Preis errechnen,
Die Abschlußsumme ist für uns nur eine,
Mit einem Namen, himmelwärts versetzt;
Wenn auch ein andrer seine Waffe aufnimmt,
Wir können einfach beide nicht addieren.

VI

Ich spräche nicht für den, der schweigen muß,
Wär meine Angst nicht wahr: man tat ihm Recht,
Er kannte die Entscheidung, die ihm eigen,
Doch ließ sie selber wählen, an Instinkt
Gereift, nicht Opfer war er und nicht freien Willens,
So folgte er, und seine Führer konnten
Nichts jenseits der Geführten suchen. Vieles
Davon hat er gewußt. Die Reise war
Ein Umweg, der zum Lincoln Highway führte
Von einem Land, das hemmungslos gepflegt,
Erregt und neu war — eben was er wünschte.
Er wollte ja verdienen, weiterkommen.
Er und die Welt hatten sich zugenickt . . .

VII

Geschichte trog ihn nicht, denn wenig wußt er
Von Zeiten und von Heeren, die nicht sein;
Er ahnte nicht, daß Frieden nur geliehn ist,
Und stellte niemals den Gewinn in Frage.
Jenseits der Überschriften sah er manchmal,
Wie sich die Macht bei wenigen versammelt,
Doch ohne sie zu kennen. Seine Stimme
Gab er mißtrauisch ab, er traute nur dem Recht.
Den Sozialismus fand er komisch; *on mourrait
pour les industriels?* Er gab sein Hemd,
Nicht brüderlich, doch für die Löhnung hin.

VIII

Das Salbungsvolle ekelt' ihn am meisten,
Schlagworte und Reklame. Nicht dem Parlament
Zuliebe zahlt' er seine Rechnung
Bei Bunker Hill. Nur wenig Ideale
Kannt' er, und keine bloß zum schwatzen.
Obwohl ein Glied der Kirche, sprach er nie
Von Gott. Die Taufe hielt er ein, den Christbaum,
Das Osterei, und ließ den Pfarrer auf der Kanzel gelten,
Und kannte kein „gesetzt daß" oder „sintemal".
Weichheit hatt' er und Stunden und auch Nächte
Zum Denken, Anziehn, Tanzen nach dem Jazz.
Echt war sein Lachen, home made sein Verhalten.

IX
Am wenigsten von allen Menschen war er arm;
Der Armen, Abgerißnen schämt' er sich,
Mißachtet' Bettler wie den bösen Zweifel,
Und sah die Arbeitslosen an als vage Masse
Zu Hunger oder Aufstand gleich unfähig.
Die andern Rassen — südlich, östlich — haßt' er,
Verdrängte sie zum Rande seines Denkens.
Ans Faustrecht konnte er sich wohl erinnern,
An Bandenkrieg sich wie an Spiel erfreun.
Fern irgendwo verblieben seine Ahnen,
Vererbten nichts ihm als den Eigennamen.
Bei offnen Türen kannt' er keine Klassen.

X
Welch Erbe hätten seine Kinder einst gehabt,
Recht oder unrecht, allen Glanz der Welt,
Des Wissens und der Künste volles Maß
Im Füllhorn, und aus diesem ausgeschüttet,
Ein Volk in Honig badend, hier Paris,
Und Wien mit höchstem Lohne herversetzt,
Die ganze Welt in Phoenix, Jacksonville
Zu haben. Kapitol der Welt, ein neu
Byzanz. Des Menschen Reich — wer weiß? Ob hohl,
Ob fest, kein Mensch kann prophezein eh' nicht
Aus unserm Tod ein unentdeckter Keim
Von Duldsamkeit und Frieden rein entspringt.

XI
Die kurze Trauerzeit ziemt dem Soldaten recht,
Wir tun die Fahne fort und falten sie,
Entblößt der Sarg mit dem geschriebnen Schild,
Marschieren ab. Dahinter warten vier,
Den Sarg zu heben, schwerste aller Lasten.
Der dumpfe Nachmittag betäubt, bedrängt
Die Sinne uns und unterdrückt Gespräch.
Wir wissen, daß auf andren Tageswegen
Noch andre fallen werden, ich, der Nebenmann,
Bedroht sind alle, die die Welt begehn:
Und könnten wir das Grab des Toten schmücken,
So schrieben wir zu Nam' und Datum dies:

Epitaph

Hier unter diesem Holzkreuz liegt ein Christ,
Er fiel im Kampf. Du, der du dieses liest,
Bedenke wohl, der Fremdling starb voll Pein;
Und gehst du fort, und ist der Glaube dein,
Der Menschen Glaube an den Frieden,
So wisse: diesem Tod war Sinn beschieden.

(Herta Elisabeth und Walther Killy)

James Langston Hughes · geb. 1902 · USA

BEDRÄNGNIS

Nicht mehr Träume
Den Träumenden,
Nicht mehr Lieder
Den Singenden,
Nichts mehr verfügbar!

Es gibt heut Länder,
in denen herrscht einzig
dunkle Nacht,
kalter Stahl —
Aber glaub nur, der Traum
kommt zurück,
Aber glaub nur, das Lied
bricht die Fesseln!

(xxx)

Salvatore Quasimodo · geb. 1901 · Italien

NACHTS WEINEN DIE SOLDATEN

Weder das Kreuz noch die Kindheit,
nicht der Hammer von Golgatha, nicht die engelsreine
Erinnerung genügen, den Krieg zu zerschlagen.
Nachts weinen die Soldaten,
bevor sie sterben, sie sind stark,
sie fallen zu Füßen von Worten,
erlernt unter den Waffen des Lebens.
Liebende Nummern, Soldaten,
namenlose Tränen.

(Gianni Selvani)

Salvatore Quasimodo

IM GEZWEIG DER WEIDEN

Aber wie konnten wir singen
mit des Fremdlings Fuß auf dem Herzen,
zwischen den Toten, verlassen auf allen Plätzen,
auf dem harten Rasen von Kies, beim kläglichen Wimmern
der Kinder, dem schwarzen Wehschrei
der Mutter, die ihrem Sohn,
gekreuzigt am Laternenpfahl,
ins blasse Antlitz schaute?
Als Opfergabe im Gezweig der Weiden
hingen auch unsere Harfen
und wehten leise im trauernden Wind.

(Karl-Heinz Bolay)

Alfonso Gatto · geb. 1909 · Italien

DEN MÄRTYRERN VON DER PIAZZA LORETO

Es dämmerte; alles blieb starr,
Stadt, Himmel, Atem des Tages.
Die Henker nur blieben lebend,
allein vor den Toten.
Der Schrei des Morgens, er war das Schweigen.
Der blutende Himmel, Schweigen.
Mailand war ein unendliches Schweigen von Häusern.
Und die Mörder, eine Beute der Furcht, waren da,
befleckt von der Sonne, beschmutzt vom Licht,
voll Abscheu voreinander.
Es dämmerte, hier auf dem freudezitternden Platz,
über den morgens und abends
die Arbeiter fluten mitten im Licht,
hier wo das Kreischen der Tram auf den Schienen freudig grüßt den Tag
und die frohen Gesichter der Lebenden, hier wollten sie,
daß sich das Blutbad vollende.
Auf daß Mailand an seinen Toren
hätte vermischt im gleichen Blut
seine lieben Kinder und sein altes Herz,
das starke, hart wie eine Faust.
Ich hielt mein Herz in der Hand und eures auch,
das meiner Mutter und das meiner Kinder,
das Herz aller Lebendigen, die ein Augenblick fällte,
für diese den ganzen Tag ausgestellten Toten
im Lichte des Sommers, in einem Sturm
sengender Wolken. Ich wartete auf das Böse
wie auf ein plötzliches Feuer oder eine
grollende siegreiche Woge, der Donner war es
eines Volkes, das aufsteht aus seinem Grab.
Ich sah im neuen Tag in Loreto die rote Barrikade,
die die Toten als erste stürmen, noch im Arbeitskleid,
mit nackter Brust, immer noch
voller Glut und Inbrunst. Und jeder Tag,
jede Stunde brennt ewig von diesem Feuer.
Und jeder Morgenröte blutet das Herz von dem Blei,
das an die Mauer spießte diese Schuldlosen all.

(Walter Talmon-Gros)

József Ráth · geb. 1933 · Ungarn

DIE WASSERTRÄGERIN AM CALVINPLATZ-BRUNNEN

Der Winter hat sie mir fortgenommen ...
O Stunde, Stunde des Unheils!
Eisen, Feuer und Blut sind vom Himmel herniedergekommen,
und der Schnee lag von Stiefeln zerstampft,
rauchend und rot,
und wie ein geschändetes Mädchen, besudelt mit Kot.
O Stunde, Stunde des Unheils!
Das Wasser im Keller ging aus, die Tränen sind uns versiegt,
wie auch der Duft der Kokosmilch langsam verfliegt.
Dazwischen pfiff und sauste der Wind.
O Stunde, Stunde des Unheils!
Noch seh ich die Wasserträgerin, ihre Ärmel
zurückgeschoben am Kleid,
ich sehe den Platz und den Brunnen — der Weg zu ihm
war nur zwanzig Schritte weit.
O Stunde, Stunde des Unheils!

An ihren Armen schimmerte hauchzarter Flaum.
Kurz war ihr Rock, und die Knie schauten zierlich hervor,
knapp unter dem Saum.
Kaum graute der Morgen.
O Stunde, Stunde des Unheils!
Die andern lagen noch tief im Schlaf an den Kellerwänden,
sie aber lief zum Brunnen,
die Eimer schwankten an ihren Händen.
Und es geschah —
Zwei Eimer voll Wasser, und sie lag dazwischen,
meine liebliche Blume Mandragora —
Eisen, Feuer und Blut sind vom Himmel herniedergekommen.
Der Winter hat sie mir fortgenommen.
O Stunde, Stunde des Unheils!

(Rainer Brambach)

Adam Ważyk · geb. 1905 · Polen

SKIZZE EINES TAGEBUCHS IM KRIEGE

Ich liebte die Stadt meiner Kindheit, wie ihr — wie jeder sie liebt.
Wir schwatzten unter Kastanien, im Pfeifen von Lokomotiven.
Der Landkartenliebhaber träumte laut von mancherlei Abfahrt.
Zwei waren wir oder zwanzig — doch keinem kam's in den Sinn:
„Wir reifen in einer Pause, zwischen einem Krieg und dem andern."

Ich pries den Aufflug des Geistes und schwelgte in freien Metren.
Es schlugen die Kirchenglocken. Familie saß um den Eßtisch.
Die Lampe hing von der Decke als ein gebändigter Brand.
So war es einst. — Dann entwuchs ich und schwamm in Flüssen und Meeren.
Auch reiste ich wohl in den Jahren grobschlächtiger Abenteuer.
Mit blutigen Lichtern bespritzte mich der Pariser Boulevard,
bezwang mich durch eilende Massen oder bedrückte mit Trauer.
Irgendwer starb für mich, ein andrer genoß statt mir.

Jahre des Kummers
— Erinnerungslücken —
zwischen einem Krieg und dem andern.
Mein Bruder, der Arbeitslose, sprang aus dem Fenster im Wahnsinn.
Mich zog's nicht zur Leichenhalle;
doch lange kniete ich weinend vor seinem Schubfach
mit all dem Kleinkram darin, nutzlos wie er:
ein altes Feuerzeug, kleine technische Wunder,
magischer Zauberstand, den er so liebte —
sein Ersatz für Rhythmen und Reime.

Doch dies allein war's nicht, was mich bedrückte:
der Möbel Prunk, der Pomp der Draperien
und Wüstlinge, die Cherubim besangen,
die Lebensart, die neuen Krieg verhieß,
des Mythos holde Künderinnen
platingelockt im Jugendstilgewand;
Romane, nie verfaßt
— Leichen noch vor der Geburt —,
nüchterne Langeweile, des kommenden Kriegs Prophetin.

Tischgespräche daheim oder bei Wodka in Kneipen:
Worte wie Regenbogen, in denen das Chaos dröhnt.
In Menschen keines wahrhaft üblen Willens
tarnte sich Reaktion als Wirrwarr in den Gehirnen.
Begriffe vermengten sich wie die Götter der Synkretisten.
Ein Maler, den ich kannte,
verbrachte Stunden und Stunden, um sinnloses Zeug zu schwätzen.
Man baute an Kreuzworträtseln,
man harrte des Kataklysma
wie einer gespenstischen Gruppenaufnahme bei Blitzlicht.
Man las Nostradamus.

Der Lügner in unsrem Kreis war verkleidet als Journalist,
der Spitzel als Schöngeist, als Dichter, als Bohemien.
Louis und Naziagent, beide waren sie Snobs.
Keiner wußte vom andern, wie er sein Leben bestritt
— und zehn Gerechte gingen in Spanien zugrunde.

In diesen Jahren sprach ich zu mir mit der Stimme des älteren Bruders:
„Wie oft muß man dich wecken, bis du aufwachst in deiner Epoche?"
Ich sprach mit der Stimme des Bruders, der Selbstmord beging,
und statt zu schreiben, malte die Feder Striche und Zeichen,
schlug aus wie ein Seismograph — und zersprang.

Mat hat uns geweckt, ihr Menschen keines wahrhaft üblen Willens,
oder man schuf uns ein Grab unter stürzenden Häusern.

Und viele wachten nur auf,
um dann an der Mauer zu stehn in papierenen Hemden,
die Augen mit Todespflastern verklebt.

Auf Warschaus Vorfeld, verschanzt in den Auen der Weichsel,
betrachte ich durch das Fernglas das Ufer mir gegenüber.
Dorthin werden wir morgen unsere Geschosse senden.
Und ich entsinne mich
meiner und eurer Jahre,
ihr Menschen keines wahrhaft üblen Willens,
die ihr begraben liegt im Massengrab meines Herzens.

(Helene Lahr)

Stanislaw Jerzy Lec · geb. 1909 · Polen

PARTISANEN

Stille von Moos zwischen Bäume gesponnen
— nur der Specht schärft zuweilen den Schnabel daran.
Der Bauer bekreuzt sich jäh, der versonnen
hier einbog mit seinem Gespann.

Jene sind's, die es gab. Die nun flach im Gelände,
dem heimisch-waldigen, liegen.
Aus Holunderdolden tröpfelt Legende
und wiegt sich um dörfliche Wiegen.

Eine Spur führt durch uns, hierher, wo sie waren.
Unser Lied wird sie finden, in Nadeln verscharrt.
Im kugelgepeitschten Gestrüpp soll verharren
der Gedanke an sie — wie ihr Zorn verharrt.

Nach dem Kampf, in atemlos nächtiger Hast
umfing man die Jungen mit Erde in Schweigen.
Über die Kreuze spielt schräg ein Ast
wie ein Bogen auf Bauerngeigen.

Fürs Vaterland sterben! Auch denen zu schwer,
die freudig ihr Blut dafür ausgelebt hätten.
Schlichter Tod — nicht im Orgelgesang der Lafetten —
vor dem klappernden Storch, dem Maschinengewehr.

Jene sind's, die es gab. — Doch uns, die im Schritt
und im Mantel des Fußvolks auf Kriegsstraßen schweifen,
laß Erinnerung saugen, Kamerad, aus den Pfeifen,
die dein Bajonett aus Grabreisern schnitt.

(Helene Lahr)

Jaroslaw Iwaszkiewicz · geb. 1894 · Polen
WÜHLT EIN ORKAN...

Wühlt ein Orkan einen Ozean um, daß die Wogen,
wie Häuser ragend, mit Firsten zusammenschlagen,
so ist's wie ein brausender Beifall der Menschentausende.

Und schleudert er Schiff und Boot auf die Riffe,
und schüttet er Menschen ins Meer, und sind
ihre Köpfe den Schiffstrümmern gleich,
dann lichtet auf einmal der Wind die Wolken;
wie ein grauer Bühnenvorhang teilen sie sich,
ein Lichtstrahl blitzt auf, bricht steil zu der Öffnung herein
wie ein riesiger Pfeil, wie eine Himmel und Meer überbrückende Saite.

Und still wird das Meer, in den Häfen treffen die Schiffe ein.
Die gerefften Segel sind wie gesunkene Arme
der Mütter an Gräbern der Söhne.

Und der Strahl auf der trüben, jedoch schon durchleuchteten Welle
zeichnet das Wort:

Pax, pax, pax...

So warten auch wir, daß der Himmel sich öffne,
das Zeichen uns gebe, die Hände einander zu reichen,
volltönend wie jener Lichtstrahl zu rufen: PAX!
(Alfred E. Thoß)

Oton Župančič · 1878—1949 · Jugoslawien
EIN KINDERGEBET

Vater unser...
Wärst Du wirklich unser Vater,
müßtest Du, wenn auch noch tiefre Wunden
Dir die harten Eisennägel rissen,
jetzt vom Kreuz zu uns herniedersteigen,
um verwaisten Kindern, die gleich Hunden
heimatlos durch Nacht und Fremde irren,
Deine Liebe jetzt zu zeigen.
Vater unser...

Vater unser ...
Wo ist er geblieben, unser Vater?
An der Weichsel oder an der Drina ...
Ach, wir können es nicht wissen;
eines aber ahnen wir: durchschossen
ist sein Herz, und bleizerrissen
bluten seine Hände, im Verlangen
uns, die Kinder, schützend zu umfangen.
Ja, wir spüren über alle Weiten
seine Liebe und sein Armebreiten ...
Vater unser ...
(Herbert Gottschalk)

Nikola Jonkoff Wapzaroff · 1909—1942 · Bulgarien

FRÜHLING

Frühling, du mein weißer Frühling,
der noch nicht erlebte, nicht gefeierte,
der sich mir im Traum allein entschleierte,
der im Tiefflug streift den Pappelwald —
du hast Kraft und Schwung, du machst nicht halt.

Frühling, du mein weißer Frühling,
Sturm und Regen wirst du einmal bringen,
Wirbelflammen über uns zu schwingen,
tausend Hoffnungen uns zu erfüllen,
unsrer blutigen Wunden Schmerz zu stillen.

Über jungen Saaten werden Lieder
froh erklingen, frohe Vögel schwimmen,
fröhlich wird das Werk die Menschen stimmen,
die sich lieben werden, eins wie Brüder.

Frühling, du mein weißer Frühling,
der das Leben läßt in Wüsten blühen —
zeige deinen ersten Schwung uns allen!
Seh ich deine Sonne vor mir glühen,
will ich gern auf deinen Barrikaden fallen.
(A. E. Thoß und Stefan Stantscheff)

Nikolai Tichonow · geb. 1896 · UdSSR

HIER SPRICHT DER KRIEG

Intermezzo aus der Tragödie „Numancia" von Cervantes

Ein Abendrot, als wäre nichts geschehen.
Im Äther geistert heitere Musik.
Erheb dich, laufe! Halt! Zu spät! Bleib stehen!
Ich bin schon vor dem Stadttor, ich, der Krieg!

Ich bin als Legationsrat und Spion,
als Chiffre-Wort im Zeitungsfeuilleton
herangeschlurft auf samtgedämpften Tatzen,
um unter euch geräuschvoll zu zerplatzen.

Ihr kennt mich nicht, wißt nicht, was ich euch vorsang.
Ich tarnte mich als Moorbrand im Gesträuch,
schürt' selbst mein Feuer, hielt den schweren Vorhang
des mörderischen Rauches über euch,
damit ihr Furcht verspürt und mich begreift,
sobald mein Feuer eure Stirnen streift.

Seht: wie geschmeidig ist mein roter Strahl!
Wie wunderbar des Todes Arsenal!

Wie stolz der Bombenflieger erdwärts blickt,
bevor er auf den Knopf des Grauens drückt!

Die Hand im weißen Handschuh zittert nicht,
wenn er das Werk, das ihr erbaut, zerbricht.

Es bäumt sich tief im Schlaf der Metropole
die Hölle auf. Sie brüllt, speit Glut und Kohle.
Ihr taucht empor aus diesem Meer von Flammen
und stoßt mit Panzern vor, den Feind zu rammen,
nachdem ihr sie mit schweren Giften füllt
und euch von Kopf bis Fuß in Nebel hüllt.

Es splittern unter Panzern die Gerippe
gastrunkner Lacher von der Friedhofssippe.
Wie herrlich ihre Todeslegion!
Man röchelt in den letzten Zügen schon
und lacht und lacht. Die beste der Ideen
ist, in des Lachens Feuer zu vergehen.

Wie wundert sich das sachliche Gemüt
des Kochs, der einen Flammenwerfer sieht!
Sein Fach ist, fetter Gänse Fleisch zu braten,
hier brät man aber Bürger und Soldaten!

Sirenenläufe schlagen Doppelhaken —
man nennt das treffend „psychische Attacken".
Dem eingeschüchterten Phantasten scheint,
er sei umringt vom durchgebrochnen Feind.
Mit glasigen Blicken rennt das Volk umher,
indes die Angst der Opfer Zahl vermehrt.

Und wenn das Grün- und Gelbkreuz spukt, erlahmen
die grellsten Wirkungen der Bühnendramen.
Dann sieht man Menschen, die sich plötzlich röten,
mit Pocken sich bedecken, dick wie Kröten,
Gespenster, die der Starkstrom heiß durchdringt,
verkohlter Leichen Wald, der niedersinkt,
Blindäugige, die bitter weinend irrn.
Der Schmerz verläßt das Herz und steigt zum Hirn.

Sobald die flüssige Luft der ersten Minen
zu dröhnen anhebt, stürzen in Lawinen
von Kalk und Farbe, Staub und Ziegelstein
wie Kartenhäuser eure Heime ein.
Und wenn der Staub sich legt, dann hat man Muße,
geköpfte Leichen, lahme Omnibusse,
die die Geschosse jäh zur Strecke brachten,
im schwelenden Gerümpel zu betrachten.
Die Bombenlast durchrast die halbe Welt,
dem Kind zu zeigen, wie der Vater fällt.

Im heißen Zweikampf mit dem Phosphorbrand
ist machtlos selbst des stärksten Menschen Hand.
Die Straßen lodern wie Ameisenhaufen,
der Rauch wird rot wie Steinwurz kurz vorm Schnee,
und Menschen, die verstört im Kreise laufen,
beschießen Himmelsreiter mit MG.

Vergeßt nicht, ihr, auf deren Ruf ich eile:
Ich bin nicht einfach Glut und Feuersäule,
die eurem Wunsch, wenn ihr nach Schätzen schürft,
sich einseitig und willig unterwirft.
O nein, des Krieges finsteres Gebot
gibt jedermann das Recht auf Schmerz und Tod:
Wer Gas gebraucht, bekommt es selbst zu schlucken,
wer Bomben wirft, hört einmal auch zu Haus
die fremden Flieger sich zu Häupten spuken.
Des Todes Schritt, die Angst vor dem Garaus
wird auch sein Haar in einer Nacht entfärben,
und er erblickt der fremden Panzer Spur
auf heimatlichen Fluren, auf den Scherben
und Trümmern seiner eigenen Kultur,
und kommt vor seines Volkes Schiedsgericht,
wenn er im Amoklauf zusammenbricht.

(Alfred E. Thoß)

Konstantin Simonow · geb. 1915 · UdSSR

WART AUF MICH

Wart auf mich, ich komm zurück,
aber warte sehr.
Warte, wenn der Regen fällt,
grau und trüb und schwer.
Warte, wenn der Schneesturm tobt,
wenn der Sommer glüht.
Warte, wenn die andern längst,
längst des Wartens müd.
Warte, wenn vom fernen Ort
dich kein Brief erreicht.
Warte — bis auf Erden nichts
deinem Warten gleicht.

Wart auf mich, ich komm zurück.
Stolz und kalt hör zu,
wenn der Besserwisser lehrt:
„Zwecklos wartest du!"
Wenn die Freunde, Wartens müd,
mich betrauern schon,
trauernd sich ans Fenster setzt
Mutter, Bruder, Sohn.
Wenn sie, mein gedenkend, dann
trinken herben Wein.
Du nur trink nicht — warte noch
mutig — stark — allein.

Wart auf mich, ich komm' zurück,
ja, zum Trotz dem Tod,
der mich hundert-, tausendfach
Tag und Nacht bedroht.
Für die Freiheit meines Lands,
rings umdröhnt, umblitzt,
kämpfend, fühl ich, wie im Kampf
mich dein Warten schützt.

Was am Leben mich erhält,
weißt nur du und ich:
Daß du, so wie niemand sonst,
warten kannst auf mich.

(Clara Blum)

Alexej Surkow · geb. 1899 · UdSSR
AHNUNG DES FRÜHLINGS
1942

Ach, Freunde, ich sehe, es ist unser Los,
hier taumelnd von Krieg zu Krieg zu leben.
Drüben im Wald springt ein Bächlein durchs Moos,
Schwalbennester am Stallgebälk kleben.

Im Mittag die Kiefern stehn strahlend, gekrönt
von der klingenden Sonne — wie weit ist das Land,
und aus den Wäldern rings dröhnt und dröhnt
das Schrei'n der Geschütze unverwandt.

Wer hieße sie schweigen? Was kümmert sie
des keimenden Saatkorns freudiger Schmerz?
Wie könnten die Hälmchen sie hören, die
sehnsüchtig sich strecken maienwärts?

Mag die Stille auch sterben! Wir leiden es nicht,
in den Sielen hinsiechende Sklaven zu sein.
Wir wollen Frühling und Freude und Licht,
drum zwingen wir heute das Eisen zu schrein.

Unsre Tage sind hart. Halte aus. Verlier
aus dem Blick nicht die Zeit, die weiterzieht.
Für unsere Kinder schmelzen wir
aus dem Eisengeschrei schon der Liebe Lied.

(Franz Fühmann)

Jules Perahim · Heimkehr des Partisanen

Semjon Gudsenko · 1922—1953 · UdSSR

NEUNZEHNHUNDERTFÜNFUNDVIERZIG

Gefährten des Zufalls!
                Wieder
trafen wir uns auf der Straße des Kriegs.
Wieder müssen wir, ans Elternhaus denkend,
die störrischen Fahrer ausfragen und
auf zufäll'gen Wagen die Welt durchziehn,
die ungarische Pußta verfluchend —
dort ist nur Wind, Eisgarben,
vergeßne Kürbisse wie Geschosse,
und Denkmäler stolzer Könige
mit kurzen Eisenschwertern
auf Pferden satt und faul.

Rast jetzt.
        Wir schlafen auf Heuböden
und in Schlössern auf Samt.
Auf jetzt! Vorwärts, Schofför!
Wie lang schon befahren wir den Kolumbusweg,
entdeckt sind neue Staaten,
doch weiter geht's in neues Land.
Wieder Attacken,
Bomben, Flak, Sani
und nachts die Patrouillen der Aufklärer.
Eine große Stadt nehmen wir Haus für Haus,
ja Wohnung für Wohnung.
                    Auf dem Geländer
hängt ein fremder toter Soldat,
seine MPi raucht auf dem Boden.
Es wiederholt sich alles.
                Auf der Straße bei Wien
erstarrten im Blut die Pferde
wie rote Hügel groß.
Im Parlament — Mäntel und Fahnen
einer deutschen Abteilung.
Und die Gefangnen, noch im Fieber des Kampfes,
schimpfen, schwitzen, zittern.

Nicht als Touristen gehn wir durch Wien,
uns steht nach Museen der Sinn nicht,
                                nach Exkursionen.
Wir sind kein Musikkorps,
sind Infanteristen.
                    Beethoven aber
ehrten wir mit einem Kranz.

Gefährten des Zufalls! Wieder
trafen wir uns auf der Straße des Kriegs.
Wieder müssen wir, ans Elternhaus denkend,
die störrischen Fahrer ausfragen und
auf zufällgen Wagen die Welt durchziehn,
heimkehrend aus großen Schlachten.

Gefährten des Zufalls!
                   Soldaten
der vordersten Linien, der ersten Züge.
Der zweite Weltkrieg ist zu Ende.
Zu Hause erwartet man uns.
                       Los, vorwärts, Schofför!
(Franz Fühmann)

Michail Lukonin · geb. 1918 · UdSSR

DIE AUS DEM KRIEG HEIMKEHREN
1945

Keinen Lorbeerkranz wir
und kein Loblied begehren.
Streut nicht Blumen uns,
die wir vom Kriege heimkehren.
Nein,
    nicht das!
Doch wolln aufrechten Ganges wir schreiten
über blühende Wiesen,
durch fruchtbare Weiten.
Und nicht schonen
               sollt ihr
                      noch durch Ruhe uns lohnen.

Sind nicht müd,
alle Kräfte noch frisch in uns wohnen.
Und nicht Rührung zeigt uns noch Barmherzigkeit.
Fällt
     kein
          bewunderndes Urteil,
wir waren im Feld!
Und kein Ausruhn sollt ihr
noch Erholung uns gönnen,
sollt nicht schmeichelnd uns
„Helden der Schlachtfelder" nennen.
Durch die Arbeit erneuern wir
Ehren und Orden,
schwere Arbeit
ist unsere Sehnsucht geworden.
Wir durchfurchten die Erde mit Laufgräben,
                        jetzt
auf Traktoren gesetzt
und die Pflugschar gewetzt!
Den Geschützlärm
         verdränge
               der Axthiebe Klang
und das Pfeifen der Kugeln —
         der Sägen Gesang!
Du, verzeih mir, Geliebte,
hilf neu mir zu leben,
durch die eigene Arbeit
will alles ich geben.
Ich will führen dich dorthin,
wo Kampf ist und Frieden,
Hand in Hand mit dir
will ich das Leben behüten.
Ich kam zu dir,
doch deiner Umarmung Verlies
ist kein Schloß,
     ist kein weltfernes
          Traumparadies.

(Werner Günzerodt)

Erich Weinert · 1890–1953 · Deutschland / DDR

AN EINEN SOLDATEN DER ROTEN ARMEE

Als ich dich wiedersah im Schlachtgelände,
War mir's, als ob dein heißer Blick mich blende,
Als wären deine Augen feurig wund,
Als glühte noch auf ihrem dunklen Grund
Der Widerschein der mörderischen Brände.

Mit diesen Augen schautest du die Hölle,
Das Haus des Vaters, das in Flammen stand,
Der Mutter Leib, zertreten und verbrannt,
Verkohlte Trümmer blutiger Bordelle
Und Kinderhändchen, starrend aus dem Sand.

Ich sah nur deine Lippen sich bewegen
Und deine Zähne, knirschend wie im Krampf.
Aus deinen Nüstern, schwarz vom Pulverdampf,
Wie Feuer schlug dein Atem mir entgegen.
In deinen Adern kochte noch der Kampf.

In deiner Hand, die deiner Heimat Frieden,
Der Freiheit Bildung und Gestalt verliehn,
Gehärtet in der Glut der Waffenschmieden,
Fühlt ich den Haß so heiß und hämmernd glühn,
Wie dein Geschütz ihn übers Land geschrien.

Dann in der Nacht erschienst du mir im Traum.
Vor deinem Atem wirbelten die Sterne.
Du schrittest durch die weite Nebelferne.
Und schimmernd hob sich aus dem dunklen Raum
Im ersten Frührot der Gebirge Saum.

Du neigtest dich und scheuchtest mit der Hand
Den Rauch und Nebel aus den Niederungen.
Dann hobst du deine Fahne übers Land.
Und mit dem Morgenwind emporgeschwungen,
Stand sie am Himmel wie ein Wolkenbrand.

Und als du winktest, ging es wie ein Raunen
Durch Wald und Tal, als wenn ein Heer erwacht.
Mit Spieß und Büchsen zog es in die Schlacht
Und schlug den alten Rost von den Kartaunen;
Und alte Fahnen wogten durch die Nacht.

Auf deinen Wink erwachten die Epochen.
Zum Leben wecktest du die heiligen Knochen,
Von Henkern und Verleumdern einst verscharrt.
Entehrte Gräber waren aufgebrochen;
Und das Vergangne wurde Gegenwart.

Aus deutschen Wäldern unterirdisch dumpf
Herüberscholl der Hornruf zur Revolte;
Und Fackeln glommen auf im Nebelsumpf.
Und über dem vergänglichen Triumph
Der braunen Nacht der erste Donner grollte.

Mit deinen mächtigen Geschützen zieht
Ein ungeheures Heer von Partisanen.
Im ersten Frühwind rühren sich die Fahnen.
Und wieder schallt das ewige Freiheitslied
Im Marschtritt unsrer auferstandnen Ahnen.

Und jeder Zug hat seinen Kriegsgesang:
Der Bundschuh singt, es singen die Hussiten,
Die Hugenotten, Geusen, Taboriten.
Entbunden von jahrhundertaltem Zwang,
Gehn sie mit dir zum letzten Waffengang.

Und wie der Sang anschwillt zu mächtgem Chore,
Der Fahnen, der entrollten, Zug beginnt.
Die deutsche Bauernfahne küßt gelind
Die junge, unbefleckte Trikolore.
Weinsberg und Valmy wehn in einem Wind.

Und neben der Lyoner blutgen Seide,
Das Leichentuch von Langenbielau weht,
Vereint in brüderlichem Haß und Leide.
Und aufgetan in junger Majestät,
Der Föderierten rote Flamme geht.

Und Kiel und Leuna, Budapest und Wien
Sah ich mit ihren blut'gen Fahnen ziehn.
Und aus dem Gräberfeld erhob sich wieder
Madrid und Belgrad. Aller toten Brüder
Heimliche Fahnen sah ich wieder glühn.

Und plötzlich rafftest du mit riesiger Hand
Den Fahnenwald wie einen Strauß von Flammen,
Als rafftest du der Völker Haß zusammen
Zu einem Haß, zu einem einz'gen Brand,
Zur Fackel, leuchtend über Land und Land.

Und wie du Feuer gabst, bei jedem Schuß
Hört ich von Land zu Land die Rufe schallen:
Das ist für Liebknecht! Das für Spartakus!
Für Thomas Müntzer! Für Marat! Für Hus!
Für alle, die im Kampf ums Recht gefallen.

Und jeder Schuß war ein gesühnter Mord
Und riß ein Stück uralten Unrechts fort.
Und soviel Schüsse fielen, soviel Namen.
Und jeder Name war ein Richterwort,
Und jeder Donnerschlag ein mächt'ges Amen.

So sah ich dich, der freien Erde Sohn,
Das Erbe wahren nie verjährter Rache,
Daß sie in deiner Hand zur Tat erwache!
Und über alle Schranken der Nation
Weht deine Fahne für der Menschheit Sache!

Das große Carthago führte drei Kriege
Es war noch mächtig nach dem ersten
noch bewohnbar nach dem zweiten
Es war nicht mehr auffindbar nach dem dritten

Hermann Hesse · 1877–1962 · Deutschland/lebte in der Schweiz

DEM FRIEDEN ENTGEGEN

Für die Waffenstillstandsfeier des Radio Basel
Ostern 1945

Aus Haßtraum und Blutrausch
Erwachend, blind noch und taub
Vom Blitz und tödlichem Lärm des Krieges,
Alles Grauenhaften gewohnt,
Lassen von ihren Waffen,
Von ihrem furchtbaren Tagwerk
Die ermüdeten Krieger.
„Friede!" tönt es
Wie aus Märchen, aus Kinderträumen her.
„Friede". Und kaum zu freuen
Wagt sich das Herz, ihm sind näher die Tränen.

Arme Menschen wir,
So des Guten wie Bösen fähig,
Tiere und Götter! Wie drückt das Weh,
Drückt die Scham uns zu Boden!

Aber wir hoffen. Und in der Brust
Lebt uns glühende Ahnung
Von den Wundern der Liebe.
Brüder! Uns steht zum Geiste,
Steht zur Liebe die Heimkehr
Und zu allen verlornen
Paradiesen die Pforte offen.

Wollet! Hoffet! Liebet!
Und die Erde gehört euch wieder.

Karl Krolow · geb. 1915 · Deutschland / BR

AN DEN FRIEDEN

Ich möchte dich in meiner hohlen Hand
Wie einen armen Vogel angstvoll bergen,
Indes Lemuren schweifen überm Land,
Im Kreise hocken auf den Häusersärgen

Und auf die leer gebliebne Erde spein
Geköpfte Disteln und die zähe Quecke.
Wie halt ich dich, wenn rauh die Krähen schrein
Im Leichenwind auf schräger Unkrautstrecke?

Du tiefer Schwindel, Glück, das meiner Brust
So süß ist, daß ich hilflos steh und weine,
Von dem ich nur in Träumen noch gewußt:
Wie nenn ich dich dem Grame, beim Gegreine

Der blinden Flederwische, höllenzu,
Dem Leichengräberzug, der rastlos karrt?
Die Tage sind voll Jammer: Schlucker, du,
Und Kaspar Hauser, den das Grausen narrt!

Wie er Gespött und unerkannt im Qualm
Der Straßenschluchten, die verloren sind,
Den Stätten wilder Hunde, wo der Halm
Der alten Gräser treibt als grüner Grind.

Du im Gelächter, wenn das Blut mir stockt,
Des Lebens Rest in gift'ger Luft zerfällt,
Die Ratte mich zum Markt der Toten lockt,
Zu feuchten Schädeln, die mich bleich umstellt.

Du über Schatten, die im Abgrund fliegen,
Darinnen wir die Glieder drehn und schrein,
Du Trost, du Engel, dem sich Knie biegen
Im Knochenanger: setz den *Menschen* ein!

Günther Deicke · geb. 1922 · Deutschland / DDR

HERBST 1945

Im Herbstnebel auf der Weide
die Pferde wie Schemen stehn.
„Es dunkelt schon in der Heide,
nach Hause laßt uns gehn."

Nach Hause, bald kommt der Winter.
Wir haben des Brots nicht gedacht.
Da singen die fremden Kinder
das Lied in die frühe Nacht.

Was hilft nun das Trauern und Bitten,
was ist nun dein Träumen wert?
„Wir haben das Korn geschnitten
mit unserm scharfen Schwert."

Noch des Lieds unsterbliche Zeugen
aus den Jahrhunderten her.
Nun stehen wir da und schweigen.
Nun wird das Herz uns schwer.

Nun blicken wir zur Seite
und wollen die Not nicht sehn.
„Es dunkelt schon in der Heide,
nach Hause laßt uns gehn."

Trost ist das Land und sein Friede,
Trost auch ein Mensch dann und wann.
Und eine Strophe im Liede,
die uns nicht trösten kann.

Und haben wir gelitten,
wir waren des Leids nicht wert.
„Wir haben das Korn geschnitten
mit unserm scharfen Schwert."

Johannes R. Becher · 1891—1958 · Deutschland / DDR

MEINEM VOLK

Laß mich dein Sommer sein und deine Ernte,
Und laß mich sein der milde Abendschein,
Bevor der Himmel aufglänzt, der besternte,
Und laß mich auch dein Sternenhimmel sein!

Laß mich dein Grab sein, laß mich sein dein Weinen,
Und wenn es irgendwo im Dunkel weint,
Laß mich den Deinen als das Licht erscheinen,
Das als ein Licht des Trostes niederscheint.

Laß mich, wonach wir allesamt verlangen,
Dein Friede sein, und laß mich sein der Schrei:
Daß Friede sei! Ich bin dein Herz voll Bangen
Und flehe nur, daß Friede, Friede sei!

O laß, mein Volk, als einer deiner Zeugen
Für dich mich zeugen vor dem Weltgericht,
Daß sich die Völker zu dir niederbeugen
Und blicken dir ins ewige Angesicht!

Wolfgang Weyrauch · geb. 1904 · Deutschland / BR

FRIEDE AUF ERDEN

Und der alte Mann vom Huronensee,
dem war der Enkel gefallen,
und es tat ihm drum das Herz so weh,
daß er zog mit den andern allen.

Und die andern alle, die zogen zum Meer,
und schifften sich ein, und sie fuhren,
und sie kamen alle nach Deutschland her,
denn in Deutschland waren die Spuren.

Die Spuren vom Blut, die Spuren vom Schrei,
hier waren vom Kriege die Gründe,
und sie fragten, ob hier der Friede sei,
denn die Unschuld liebe die Sünde.

Und es kamen vom Osten der Samojed,
der hatte den Vater verloren,
vom Süden die Mutter aus Nazareth,
es kamen Franzosen und Mohren.

Und aus Posen, da kam der Vater an,
dem war die Tochter geschändet,
und aus Lüttich, da kam ein junger Mann,
dem war die Liebste verendet.

Und sie gingen alle nach Deutschland hinein,
und die Füße waren geschunden,
und als sie waren in Frankfurt am Main,
da waren die Herzen voll Wunden.

Und sie wollten wieder nach Hause ziehn,
denn der Friede, der lag in den Särgen,
da trafen sie einen Mann aus Berlin,
es war in dem Harz, in den Bergen.

Und sie fragten den Mann, und er war sehr jung,
ob er wisse, wo Friede wäre,
und er sagte, der Friede, der ist im Dung,
der Friede, der ist in der Ähre,

der Friede ist, wo die Unschuld ist.
Da fragten sie ihn nach dem Namen.
Ich heiße Joseph, und ich war vermißt,
er rief's, und sie riefen: Amen!

Ach was, fuhr er fort, ich war Soldat,
die bösen Jahre, die langen,
jetzt gehe ich heim, in meine Stadt,
und will mein Mädchen umfangen.

Die hat ein Kind, dem schaut ins Gesicht,
dann habt ihr den Frieden auf Erden.
Und sie sahen das Kind, und da war ein Licht,
und sie meinten, es könnte was werden,

daß die Wandrung vom fernen Huronensee,
vom Süden und Osten und Norden,
zerschmelze den Krieg und zerstäube das Weh,
und daß sie glücklich geworden.

Und sie drehten sich um, und sie gingen heim,
und sie lachten, der Spanier, der Neger,
sie wußten, der Friede im Honigseim,
sie wußten's, Malaien, Norweger,

der Friede der Lerche, der Friede des Taus,
der Friede ist bei den Gerechten,
der Friede ist bei den Guten zu Haus,
der Friede meidet die Schlechten.

Und sie waren zu Haus, und sie sahen all das,
was sie in der Ferne gefunden,
sie sahen's wachsen im eigenen Gras,
und sahen's in Rindern und Hunden,

im eigenen Kind, in der eigenen Frau,
und sie faßten die Äxte, zu schlagen,
und tranken selig vom eigenen Tau,
und träumten von künftigen Tagen.

Da war die Erde das Paradies,
und Gott, der war ihresgleichen —
ach, Mensch, ich bitte dich, lese dies,
und wittre die ersten Zeichen.

Theodor Kramer · 1897—1958 · Österreich

DER DORNENWALD

Es zieht ein Dornenwald sich eben
vor Olyka zerklüftet hin;
noch rosten Saum an Saum die Gräben,
die sich beschossen über ihn.
Wie die Granaten hoch sie streckten,
stehn noch die Wurzelstrünke da;
grün ranken sich die Brombeerhecken
im Dornenwald vor Olyka.

Die Äste stehn zu Lehm gebacken;
die Ruten treiben frisch und kraus;
sie kommen aus dem Dorf und hacken
die Knochen samt den Knöpfen aus.
Die Kinder sammeln sie in Säcken,
des Messings Glanz geht ihnen nah;
grün ranken sich die Brombeerhecken
im Dornenwald vor Olyka.

Im Sand verbiegen sich die Spaten,
noch gehn die blinden Zünder los;
wir träumen, Kamerad, und waten
bis zu den Knöcheln tief in Moos.
Der Rasen nicht, die Lüfte decken
für uns mit Taubheit, was geschah;
grün ranken sich die Brombeerhecken
im Dornenwald vor Olyka.

Christine Busta · geb. 1915 · Österreich

NEUNZEHNHUNDERTFÜNFUNDVIERZIG

Die Hälfte des Lebens lachten die Pfauen zu Scherben
in den Mittagsgärten Schönbrunns,
wo wir den eklen Kadaver
unserer Schuld aus den Trümmern scharrten
und mit dem Auswurf des Kriegs
die klaffende Erde zu neuen Wegen beglichen.

Noch stockten vor unserer Schande die heitern Fontänen
und duckten sich tiefer hinab
aus unserm verfluchten Sommer.
Aber die unbegreiflichen Linden
waren voll Honig und Gnade
und zwangen mit Duft uns ins Knie.

Golgatha war im Zoo,
wo an unseren Sünden
hungernd die Tiere vergingen
und vom Brote der kranken Antilope
der fremde Soldat uns barmherzig ein Stück brach
wie vom Leibe des Herrn.

So wurden wir aufgenommen
als Schächer in die Verheißung
und von Scham und Milde gezeichnet,
jäher verwandelt als vom Richtschwert.

Paul Celan · geb. 1920 · Deutschland / BR

SCHIBBOLETH

Mitsamt meinen Steinen,
den großgeweinten
hinter den Gittern,

schleiften sie mich
in die Mitte des Marktes,
dorthin,
wo die Fahne sich aufrollt, der ich
keinerlei Eid schwor.

Flöte,
Doppelflöte der Nacht:
denke der dunklen
Zwillingsröte
in Wien und Madrid.

Setz deine Fahne auf Halbmast,
Erinnrung.
Auf Halbmast
für heute und immer.

Herz:
gib dich auch hier zu erkennen,
hier, in der Mitte des Marktes.
Ruf's, das Schibboleth, hinaus
in die Fremde der Heimat:
Februar. No pasaran.

Einhorn:
du weißt um die Steine,
du weißt um die Wasser,
komm,
ich führ dich hinweg
zu den Stimmen
von Estremadura.

Elisabeth Langgässer · 1899—1950 · Deutschland / BR

FRÜHLING 1946

Holde Anemone,
Bist du wieder da
Und erscheinst mit heller Krone
Mir Geschundenem zum Lohne
Wie Nausikaa?

Windbewegtes Bücken,
Woge, Schaum und Licht!
Ach, welch sphärisches Entzücken
Nahm dem staubgebeugten Rücken
Endlich sein Gewicht?

Aus dem Reich der Kröte
Steige ich empor,
Unterm Lid noch Plutons Röte
Und des Totenführers Flöte
Gräßlich noch im Ohr.

Sah in Gorgos Auge
Eisenharten Glanz,
Ausgesprühte Lügenlauge
Hört ich flüstern, daß sie tauge,
Mich zu töten ganz.

Anemone, küssen
Laß mich dein Gesicht:
Ungespiegelt von den Flüssen
Styx und Lethe, ohne Wissen
Um das Nein und Nicht.

Ohne zu verführen,
Lebst und bist du da,
Still mein Herz zu rühren,
Ohne es zu schüren —
Kind Nausikaa!

Nelly Sachs · geb. 1891 · Deutschland / lebt in Schweden

CHOR DER WAISEN

Wir Waisen
Wir klagen der Welt:
Herabgehauen hat man unseren Ast
Und ins Feuer geworfen —
Brennholz hat man aus unseren Beschützern gemacht —
Wir Waisen liegen auf den Feldern der Einsamkeit.
Wir Waisen
Wir klagen der Welt:
In der Nacht spielen unsere Eltern Verstecken mit uns —
Hinter den schwarzen Falten der Nacht
Schauen uns ihre Gesichter an,
Sprechen ihre Münder:
Dürrholz waren wir in eines Holzhauers Hand —
Aber unsere Augen sind Engelaugen geworden
Und sehen euch an,
Durch die schwarzen Falten der Nacht
Blicken sie hindurch —
Wir Waisen
Wir klagen der Welt:
Steine sind unser Spielzeug geworden,
Steine haben Gesichter, Vater- und Muttergesichter
Sie verwelken nicht wie Blumen, sie beißen nicht wie Tiere —
Und sie brennen nicht wie Dürrholz, wenn man sie in den Ofen wirft —
Welt warum hast du uns die weichen Mütter genommen
Und die Väter, die sagen: Mein Kind du gleichst mir!
Wir Waisen gleichen niemand mehr auf der Welt!
O Welt
Wir klagen dich an!

David Luschnat · geb. 1895 · Deutschland / lebt in Frankreich

DARUM SIND WIR DIE WEINENDEN

Immer noch weinen wir: in der unendlichen Frage
Verbunden mit der das Ganze bestimmenden Antwort
Und wissen nicht ein und nicht aus
Und sind da und sind einsam.

Warum wurden Kinder ermordet, lachende, fröhlich vertrauende,
Warum unsere Brüder — das Gute im Herzen
Und die Hoffnung auf eine menschlich gerichtete Zukunft —
Unsere Brüder, die sich um Wahrheit bemühten
Und Gerechtigkeit, Freiheit erkennend umgrenzten,
Und Frauen — Mütter kommender Menschen —
Warum sind sie alle ermordet?
Gefoltert, vergast, verbrannt, gehenkt und erschossen
Von einer frechen versteinerten Bande,
Die heute noch da ist und Geld hat
Und brüllend sich rühmt, daß sie da ist? —
Warum sind sie alle ermordet?
Sag an, du Mensch, der du da bist: Weißt du die Antwort?
Auch wir sind noch da: Klagende, Fragende,
Hin- und Hergetriebene — treibendes Treibholz —
Da und dort noch Vorhandene, unwissend Wissende,
Flüchtlinge: immer noch fliehend
Vor einem lauernden, schwelenden Mord-Wahn,
Auch wir sind noch da!
Wenn wir uns einsam bestimmen zu diesem uns prägenden Tode,
Der in uns umgeht und wandert
Wie ein vergessener Traum, den wir eben noch wußten,
Der an der Grenze zerfließend die Welt überschwemmt und vergiftet,
So sind wir die immer noch Weinenden, treu unserer Sendung:
Einmal die Antwort zu heben aus fressender Finsternis,
Einmal die Antwort zu wissen, die wir eben noch wußten,
Die Antwort, deutlich bestimmende, richtige, richtende Antwort
Auf die unendlich blutende Wunde, —

Darum sind wir die Weinenden,
Darum sind wir noch da und sind einsam.

Wolfgang Borchert · 1921—1947 · Deutschland

DANN GIBT ES NUR EINS!

Du. Mann an der Maschine und Mann in der Werkstatt.
Wenn sie dir morgen befehlen, du sollst keine Wasserrohre
und keine Kochtöpfe mehr machen — sondern Stahlhelme und
Maschinengewehre, dann gibt es nur eins:
Sag NEIN!

Du. Mädchen hinterm Ladentisch und Mädchen im Büro.
Wenn sie dir morgen befehlen, du sollst Granaten füllen und
Zielfernrohre für Scharfschützengewehre montieren, dann
gibt es nur eins:
Sag NEIN!

Du. Besitzer der Fabrik. Wenn sie dir morgen befehlen, du
sollst statt Puder und Kakao Schießpulver verkaufen, dann
gibt es nur eins:
Sag NEIN!

Du. Forscher im Laboratorium. Wenn sie dir morgen befehlen,
du sollst einen neuen Tod erfinden gegen das alte Leben,
dann gibt es nur eins:
Sag NEIN!

Du. Dichter in deiner Stube. Wenn sie dir morgen befehlen,
du sollst keine Liebeslieder, du sollst Haßlieder singen, dann
gibt es nur eins:
Sag NEIN!

Du. Arzt am Krankenbett. Wenn sie dir morgen befehlen, du
sollst die Männer kriegstauglich schreiben, dann gibt es
nur eins:
Sag NEIN!

Du. Pfarrer auf der Kanzel. Wenn sie dir morgen befehlen, du
sollst den Mord segnen und den Krieg heilig sprechen, dann
gibt es nur eins:
Sag NEIN!

Du. Kapitän auf dem Dampfer. Wenn sie dir morgen befehlen,
du sollst keinen Weizen mehr fahren — sondern Kanonen
und Panzer, dann gibt es nur eins:
Sag NEIN!

Du. Pilot auf dem Flugfeld. Wenn sie dir morgen befehlen, du sollst Bomben und Phosphor über die Städte tragen, dann gibt es nur eins:
Sag NEIN!

Du. Schneider auf deinem Brett. Wenn sie dir morgen befehlen, du sollst Uniformen zuschneiden, dann gibt es nur eins:
Sag NEIN!

Du. Richter im Talar. Wenn sie dir morgen befehlen, du sollst zum Kriegsgericht gehen, dann gibt es nur eins:
Sag NEIN!

Du. Mann auf dem Bahnhof. Wenn sie dir morgen befehlen, du sollst das Signal zur Abfahrt geben für den Munitionszug und für den Truppentransport, dann gibt es nur eins:
Sag NEIN!

Du. Mann auf dem Dorf und Mann in der Stadt. Wenn sie morgen kommen und dir den Gestellungsbefehl bringen, dann gibt es nur eins:
Sag NEIN!

Du. Mutter in der Normandie und Mutter in der Ukraine, du Mutter in Frisko und London, du, am Hoangho und am Mississippi, du, Mutter in Neapel und Hamburg und Kairo und Oslo — Mütter in allen Erdteilen, Mütter in der Welt, wenn sie morgen befehlen, ihr sollt Kinder gebären, Krankenschwestern für Kriegslazarette und neue Soldaten für neue Schlachten, Mütter in der Welt, dann gibt es nur eins:
Sagt NEIN! Mütter, sagt NEIN!
Denn wenn ihr nicht NEIN sagt, wenn IHR nicht nein sagt, Mütter, dann:

In den lärmenden dampfdunstigen Hafenstädten werden die großen Schiffe stöhnend verstummen und wie titanische Mammutskadaver wasserleichig träge gegen die toten vereinsamten Kaimauern schwanken, algen-, tang- und muschelüberwest den früher so schimmernden dröhnenden Leib,
friedhöflich fischfaulig duftend, mürbe, siech, gestorben —
die Straßenbahnen werden wie sinnlose glanzlose glasäugige Käfige blöde verbeult und abgeblättert neben den verwitterten Stahlskeletten der Drähte und Gleise liegen, hinter morschen dachdurchlöcherten Schuppen, in verlorenen kraterzerrissenen Straßen —

eine schlammgraue dickbreiige bleierne Stille wird sich heranwälzen,
gefräßig, wachsend, wird anwachsen in den Schulen
und Universitäten und Schauspielhäusern, auf Sport- und
Kinderspielplätzen, grausig und gierig, unaufhaltsam —

der sonnige saftige Wein wird an den verfallenen Hängen
verfaulen, der Reis wird in der verdorrten Erde vertrocknen,
die Kartoffel wird auf den brachliegenden Äckern erfrieren
und die Kühe werden ihre totsteifen Beine wie umgekippte
Melkschemel in den Himmel strecken —

in den Instituten werden die genialen Erfindungen der großen
Ärzte sauer werden, verrotten, pilzig verschimmeln —

in den Küchen, Kammern und Kellern, in den Kühlhäusern
und Speichern werden die letzten Säcke Mehl, die letzten
Gläser Erdbeeren, Kürbis und Kirschsaft verkommen — das
Brot unter den umgestürzten Tischen und auf zersplitterten
Tellern grün werden und die ausgelaufene Butter wird
stinken wie Schmierseife, das Korn auf den Feldern wird
neben verrosteten Pflügen hingesunken sein wie ein
erschlagenes Heer, und die qualmenden Ziegelschornsteine, die
Essen und die Schlote der stampfenden Fabriken werden,
vom ewigen Gras zugedeckt, zerbröckeln — zerbröckeln —
zerbröckeln —

dann wird der letzte Mensch, mit zerfetzten Gedärmen und
verpesteter Lunge, antwortlos und einsam unter der giftig
glühenden Sonne und unter wankenden Gestirnen umherirren,
einsam zwischen den unübersehbaren Massengräbern
und den kalten Götzen der gigantischen betonklotzigen
veröppten Städte, der letzte Mensch, dürr, wahnsinnig, lästernd,
klagend — und seine furchtbare Klage: WARUM? wird ungehört
in der Steppe verrinnen, durch die geborstenen Ruinen
wehen, versickern im Schutt der Kirchen, gegen Hochbunker
klatschen, in Blutlachen fallen, ungehört, antwortlos, letzter
Tierschrei des letzten Tieres Mensch —

all dieses wird eintreffen, morgen, morgen vielleicht,
vielleicht heute nacht schon, vielleicht heute nacht, wenn — —
wenn — —
                wenn ihr nicht NEIN sagt.

Karl-Heinz Jakobs · geb. 1929 · Deutschland / DDR

MEIN GEDICHT

Ich kenne einen Strom, dunkel und breit, in den alle
    Quellen wilder Knabenträume zusammenflossen.
Ich kenne einen Deich, dort wurde ein Krämer wegen eines
    geschächteten Kalbes erschossen.
Ich kenne einen Weihnachtsabend, an dem ein SA-Mann
    Möbel in einer Wohnung zerschlug.
Ich kenne eine Frau, die ihr Kind mit Haß im Herzen ins
    Wasser trug.
Ich kenne eine Fahne, die dreihundert Knaben weit, weit
    in staubiges Land entführte.
Ich kenne einen Führer, der leise rief, als einer im Stroh
    lag und sich nicht rührte.
Ich kenne Worte, glitzernd wie bunte Scherben, die früh
    unruhiges Blut verdarben.
Ich kenne Knaben, die nachts sich befleckten, bevor sie tags
    im Trommelfeuer starben.
Ich kenne ein Mädchen mit schwarzen Zöpfen, bei deren
    Anblick man vor Sehnsucht erbebte.
Ich kenne ein Geschütz in einem Garten, und ich kenne ein
    Haus, wo niemand mehr lebte.
Ich kenne einen Freund, der nicht winkte, als er davonging
    und im Nebel verschwand.
Ich kenne Bauern, die Soldaten bedienten, und morgens
    wurde das Dorf niedergebrannt.
Ich kenne eine Mutter, die sank weinend einem fremden
    Kinde zu Füßen.
Ich kenne Regennächte, in denen Blitze zwischen Schützenlöchern
    niederstießen.
Ich kenne Reden, die heiß und hassend Ruhm versprachen
    und Ehre.
Ich kenne sechs Männer und Frauen und das Kommando:
    Legt an die Gewehre.
Ich kenne Durst und Hunger, und ich kenne die Daumenbreite
    aus Kognakflaschen.
Ich kenne Granaten, die gegen die Schenkel schlagen in
    schlauchigen Taschen.

Ich kenne ein Kornfeld und einen Transportzug, und der
    wurde nachts von Bomben zerstört.
Ich kenne eine Frau, die totes Fleisch wirft, und ihre Schreie,
    die sonst niemand hört.
Ich kenne ein Regiment und das Eiserne Kreuz drei Schritt
    vor der Front für Kinder mit blonden Haaren.
Ich kenne Herbst und Winter, wie man sie sonst kaum
    kennt mit fünfzehn Jahren.
Ich kenne einen Frühling und einen Knaben, der weinend
    im Schlamm lag mit Blut im Gesicht.
Damit das nicht vergessen werde, damit das nicht wiederkehre,
    schreibe ich mein Gedicht.

Walter Niedermayer · geb. 1924 · Österreich

WARUM ICH DEN FRIEDEN WILL

Mein Bruder war mit dem Hitlerheer
in Polen.

Am ersten Tag klopfte er noch an,
bevor er in ein Haus trat.
(Da lachten sie ihn aus.)
Am zweiten Tag trat er die Türen ein
und stahl den Bauern das Vieh.
(Da wurde er gefeiert.)
Am dritten Tag
zündete er das Dorf an.
(Da nannten sie ihn einen Helden.)

Wie war mein Bruder vor dem Krieg?

Leute, die ihn gut kannten, meinten,
daß er kein Bösewicht,
eher ein Schwächling war.

In friedlichen Zeiten
— sagten sie —
wäre er kein Mörder
geworden.

Nikolai Sidorenko · geb. 1921 · UdSSR

WIEDER DAHEIM

Krieg ... fremdes Stroh ... Frost, Sonne, Regen ...
Vier Jahre — eine lange Frist!
Verzeih, daß auf den staubigen Wegen
mein Heim mir fremd geworden ist!

Daß ich die dicke Zigarette
im Mund behalte, wenn mit dir
ich spreche, knapp und grob, als hätte
ich jene Orte noch vor mir;

Daß ich so stumpf noch bin; daß immer
im Schlaf ich kommandier, verwirrt;
daß mir's im stillen lieben Zimmer
oft eng und ungemütlich wird;

Daß ich herumgeh wie benommen.
Daß meine Schläfenhaare grau;
daß ich die Sachen, kaum genommen,
im Rucksack wieder gleich verstau!

Lang war der Weg. Ich bin zu Hause,
und bin doch immer noch dabei;
Alarm! ... wie still ... ist's eine Pause?
Verzeihe mir, mein Lieb, verzeih!

Glaub mir, ich werd schon noch der alte
und komme endlich ganz nach Haus!
Wenn zärtlich ich im Arm dich halte,
zieht auch bei dir der Kummer aus.

Sieh: draußen wäscht die staub'gen Äste
ein starker, frischer Regen rein
und hüllt die Erde wie zum Feste
in duftige Nebelschleier ein.

(Alfred Kurella)

Anna Achmatowa · 1889–1966 · UdSSR

KINDER SPRECHEN

In Gärten loht zum erstenmal der Mohn,
die Stadt ist sommerfroh und atmet frei
den frischen, salzig-würzgen Küstenwind.
Flußabwärts gleiten bunte Boote hin;
die sachten Schatten junger Lindenbäumchen,
der trauten Fremdlinge auf trocknem Asphalt,
sind wie ein glühend Lächeln ...

Da dringen herbe Klänge in die Stadt,
Chorstimmen sind's — aus einem Waisenchor —,
und keine höhern, reinern Töne gibt's,
nicht laut, doch hörbar auf der ganzen Welt.
Im Schalltrichter hallt heute diese Stimme,
wie eine Flöte schrill,
              wogt unter den
Kastanien der schwülen Stadt Paris,
aus öd gewordnen Städten längs des Rheins
und aus dem alten Rom.
              Und prägt sich ein
wie einer Lerche Morgenlied und ist
jedwedem nah und ganz und gar verständlich ...
Oh, der dies heutzutage spricht, ist der,
der über seiner Wiege Augen sah,
wahnsinnsverzerrte und entstellte Augen,
die früher ihn allzeit so angeschaut,
als wären sie zwei Sterne —
              es ist der,
der fragte:
        „Wann hat man Papa ermordet?"
Niemand wagt, ihm zu widersprechen, ihn
zu unterbrechen und ihn totzuschwatzen ...
Er, hellhäutig und blauäugig, er ist
der Sohn, der Enkel aller.
              Schwören wir,
ihn für das Glück des Friedens zu behüten!

(Franz Leschnitzer)

Robert Roshdestwenski · geb. 1932 · UdSSR

REQUIEM

Dem Gedenken an unsere Väter und älteren Brüder,
dem Gedenken an die ewig jungen Soldaten
und Offiziere der Sowjetarmee,
die an den Fronten des Großen Vaterländischen Krieges
gefallen sind.

Seid gedenk!
Mögen unzählige Jahre
                  vergehn —
seid gedenk!
Ihrer,
die nie mehr, nie mehr
                wir sehn,
seid gedenk!

Weinet nicht!
Das Stöhnen
           hinunterwürgen,
das bittere Stöhnen!
Seid
    des Gedenkens
             der Gefallenen
                         würdig!

Immerdar
würdig!
Mit Brot und Gesang,
mit Träumen und Oden,
mit Leben,
       groß wie die Erd'.
Mit jeder
       Sekunde,
                mit jedem
                        Hauch Odem,
seid
ihrer wert!

Menschen!
Solang' eure Herzen
               pochen,
seid gedenk,
um welch
hohen Preis
das Glück erfochten —
oh, seid doch
          gedenk!

Wenn euer Lied
               seinen Höhenflug nimmt,
seid gedenk!
Dessen,
der nie mehr
          ein Lied anstimmt,
seid gedenk!
Euern Kindern
             erzählet von ihnen,
auf daß sie
gedenk sind!
Den
    Kindeskindern
erzählet von ihnen,
daß auch diese
gedenk sind!

Für alle Zeit
          der unsterblichen Erd'
seid gedenk!
Sooft zu Gestirnen
                ein Weltraumschiff fährt,
seid der Toten
gedenk!

Den Frühling, den scheuen,
                   freudig empfangt,
Mensch der Erd'!
Den Krieg
       erschlaget,

den Krieg
           verdammt,
Menschen der Erd'!

Dem Traum,
           und mögen Jahre vergehen,
sei Leben
geschenkt!...

Doch ihrer,
die nie mehr, nie mehr
                        wir sehn,
bleibt — ich beschwör' euch —
gedenk!

(Franz Leschnitzer)

Alexander Twardowski · geb. 1910 · UdSSR

DER KRIEG

Der Krieg — wie grausam dieses Wort klingt.
Der Krieg — wie traurig dieses Wort klingt.
Der Krieg — wie heilig dieses Wort klingt
in dieser Jahre Ruhm und Leid.
Zu einem Wort, das leicht sich losringt,
ist unser Mund noch nicht bereit.

(Ellen Zunk)

Jewgeni Jewtuschenko · geb. 1933 · UdSSR

MEINST DU, DIE RUSSEN WOLLEN KRIEG?

Meinst du, die Russen wollen Krieg?
Frag, wo es schweigt, frag, wo es schwieg
im weiten Feld, im Pappelhain,
und frag die Birken rings am Rain.

Den russischen Soldaten frag,
bis dir sein Sohn die Antwort sagt
dort, wo im Grab der Vater liegt —:
Meinst du, die Russen woll'n,
meinst du, die Russen woll'n,
meinst du, die Russen wollen Krieg?

Nicht nur fürs eigne Vaterland
fiel der Soldat im Weltenbrand;
nein, daß auf Erden jedermann
in Ruhe schlafen gehen kann.

Und jenen Kämpfer — frag ihn flink,
der an der Elbe uns umfing,
was tief in unsern Herzen blieb:
Meinst du, die Russen woll'n,
meinst du, die Russen woll'n,
meinst du, die Russen wollen Krieg?

Fern raschelt, rauscht, raunt das und dies:
Du schläfst, New York, du schläfst, Paris,
in tiefen Traum gewiegt, geschmiegt, —
meinst du, die Russen woll'n,
meinst du, die Russen woll'n,
meinst du, die Russen wollen Krieg?

Der Kampf hat uns nicht schwach gesehn,
doch nie mehr möge es geschehn,
daß Menschenblut, so rot und heiß,
der bittren Erde werd zum Preis.

Frag Mütter, die seit damals grau,
und frag doch bitte meine Frau!
Die Antwort in der Frage liegt:
Meinst du, die Russen woll'n,
meinst du, die Russen woll'n,
meinst du, die Russen wollen Krieg?

Der Fischer weiß, der Schauermann,
der Arbeiter, der Bauersmann,
daß nur ein Narr sich so verstieg'
zu meinen, Russen woll'n,
zu meinen, Russen woll'n,
zu meinen, Russen wollen Krieg!

(Sigrid Siemund und Franz Leschnitzer)

Jewgeni Jewtuschenko

GESCHICHTE

Geschichte — das sind nicht nur Kriege,
Erfindungen, ein großes Was,
Geschichte ist auch
              Duft,
                    Geschmiege
von Klängen, von Gezweig und Gras.
Geschichte ist nicht nur in Dingen,
in eingebundner Weisheitsfracht,
nein, auch in einem Sichumschlingen,
drin, wie man trinkt und singt und lacht.

Im Flug der Jahre, Wehn der Lüfte,
in allem, was da schwimmt und schwirrt:
als Meeresrauschen,
                    Frauenhüfte,
als Kinderweinen,
                    Hufgeklirr.
All der Ideen erhabne Zonen
durchtönt, durchstöhnt es nah und fern,
durchirrn
        verschwimmende Visionen,
durchschimmern flimmernd Aug und Stern ...

(Franz Leschnitzer)

Kurbannasar Esisow · geb. 1941 · UdSSR

TRÄUME

Wieviel Träume träumt in einer Nacht die Menschheit?
Wer hat je darüber nachgedacht?
Der Traum ist ja die ganz ungewöhnliche Möglichkeit,
das eigene Tiefverborgene offenbar werden zu lassen.
Man sagt, die Hühner müßten von Hirse träumen.
Und wenn das Firmament einschläft,
erscheint ihm doch wieder im Traum die Erde.
Der Verschmähte träumt, das Mädchen sei in ihn verliebt.
Und die lärmende Betonstadt sieht taufeuchte Gräser.
Nur der Planet in seinem endlosen Lauf
träumt vom Allernötigsten und Schwierigsten — von Ruhe.

Jeder hat seine lange gehegten und leidvoll erkämpften Träume.
Aber zu jeder Zeit, mag sie still oder laut sein,
kehren noch immer vom letzten großen Krieg
gefallene Soldaten heim.

(Klara Peters)

Stanisław Wygodzki · geb. 1907 · Polen

STATISTIK

Auch dich vermerken Statistiken karg
in der Zahl der Vermißten.
— Vor mir Diagramme, Ziffern und Listen.
Ich seh einen Sarg.

In Millionen von Kindern, des Lebens beraubt,
auch du einbezogen.
— Und nachts mein Schatten, schwarz und verbogen,
mit hängendem Haupt.

Gezählt auch du in der Summe der Qualen
durch Krieg und Brand.
— Ein fahriger Schatten steh ich gebannt,
vereist über Zahlen.

Nur Rauch der Verbrannten blieb schlängelnd zurück
und schwärzt die Kolonnen.
Darin ein Strähn deines Blondhaars versponnen —
dein blauer Blick.

(Victor Mika)

Leopold Staff · geb. 1878 · Polen

FRIEDE

O klarer Morgen der Welt!
Wolken wandern und wechseln,
doch ihr Schatten trifft niemals
dein Herz, hell von Sonne.
Was deine Hoffnung noch trüben mag,
wie wenig wiegt es — du kannst
es dem Vogel verschenken, der fortfliegt.
Vor dem Licht ist die Nacht ohne Waffen,
und die Freude kommt uns ins Haus,
noch eh wir ihr öffnen.

(Paul Wiens)

Tadeuz Kulisiewicz · Panzerreiter

Jerzy Walenczyk · geb. 1927 · Polen

AN EINEN UNBEKANNTEN DEUTSCHEN IM WESTEN

Glaub ihnen nicht, wenn sie dir von mir sagen:
Er ist dein Feind, in den Boden mit ihm,
Damit das neue Europa keime.

Glaub ihnen nicht, wenn sie dir sagen:
Zünde sein Haus an, glätte die Asche darüber,
Denn Feuer und Blut erfüllen die Zukunft.

Halte mich nicht für einen, der dich überfallen möchte,
Wenn du im Garten besinnlicher Träume wandelst
Zwischen violetter Nacht und blühendem Morgenrot.

Der du mein ferner Bruder bist, Freund
Mit fremdem Namen, unbekannten Zügen,
Es ist die Stunde der Reue für Jugend in Uniform.

Es ist die Stunde der Reue für Gesten ohne Gefühl,
Für Kraft ohne Mitleid, für Jahre ohne Grün.
Stunde der Reue, die lauert unter Verlornen in endloser Aussicht.

Wolltest du wirklich die Räume verfeinden?
Würde das wirklich deine Mutter freuen?
Würde das wirklich die Liebe deiner Frauen wecken?

Ich und du bedeuten nicht mehr als sechzig Jahre,
Wir werden geboren, wir zeugen, sterben,
Weinend, lachend, betend.

Dort, wo zornige Eichen tags und nachts
Gegen den fliehenden Himmel stürmen
Und keine Ruhe dem Zweig und den Blättern gönnen,

Gibt es nur eine Erde, den alten, irrenden Nachtschwärmer,
Sichtbar im schwarzen Spiegel enthüllender Welten.
Möge das Leben der Weisen in Frieden ranken.

(Karl Dedecius)

Alfred Margul-Sperber · 1898–1967 · Rumänien

DASS MAN AUF ERDEN RUHIG SCHLAFEN KANN

Ich muß jetzt an die vielen Menschen denken,
Die ich in meinem Leben schlafen sah:
Ich muß mich in ihr Dasein tief versenken,
Sie sind mir immer nah, sind immer da.

So sehr verschieden sind hier im Bereiche
Des Schlafs die Dinge: keins dem andern gleich.
Nicht einmal jeder Atem ist der gleiche,
Und jedes Antlitz ist ein andres Reich.

Hier eines weich, gelöst, wie eine Welle
Verrinnend schon an des Erwachens Rand;
Das andre trotzig, rauh, in harter Helle
Dem Hammerschlag des Tages zugewandt.

Manche sind hingegeben ganz in Küssen
Und immer neue Nahrung sucht ihr Mund;
Und andre trauern, daß sie scheiden müssen
Und ihre Schritte tasten fremden Grund.

Und eines lauscht und will sich noch besinnen
Auf ein Verlornes, das ihm alles war;
Das andre rauscht mit allen seinen Sinnen
Talabwärts in die Morgenröte klar.

So sehr in ihrem Ton und Tun verschieden —
Sie haben alle eines doch gemein:
Sie alle atmen tief das Ruhn, den Frieden,
Sie wollen ganz vom Schlafe trunken sein!

Ich muß an alle diese Menschen denken
Und spür's im Herzen wie ein Feuer lohn:
Wie kann sich ihnen jetzt der Schlaf noch schenken,
Wenn Mord und Untergang die Welt bedrohn?

Wie kann ich meinen Teil dazu entrichten
Daß wir für immer brechen diesen Bann,
Daß wir nicht mehr der Fron des Blutes pflichten,
Daß man auf Erden ruhig schlafen kann?!

Salvador Dali · Illustration zu Ivan Golls „Jean sans Terre"

Vítězslav Nezval · 1900—1958 · Tschechoslowakei

DER SANG DES FRIEDENS

Auf daß die Menschen lange leben,
Auf daß die Fische in den Teichen
Fett werden und geruhsam laichen,
Auf daß die Kühe Sahne geben,
Sing ich den Sang des Friedens.

Auf daß die Kinder nicht erschrecken,
Wenn sie die großen Vögel sehn,
Auf daß, wenn wir vorübergehn
Als Fremde, sie sich nicht verstecken,
Sing ich den Sang des Friedens.

Auf daß der sanfte Himmel nicht
Mit einemmal zum Fallschirm werde,
Der wie ein Adler auf die Herde
Herunterstößt aus Blau und Licht,
Sing ich den Sang des Friedens.

Auf daß in Prag, Paris und Rom
Das Leben weiter Blüten treibe,
Auf daß New York verschont auch bleibe
Vom Tod durchs platzende Atom,
Sing ich den Sang des Friedens.

Auf daß der Rembrandt an der Wand
Dort weiter hängen kann in Ruh
Und nicht verpackt in einer Truh
Vor Diebstahl zittern muß und Brand,
Sing ich den Sang des Friedens.

Auf daß die gelben Gänsekücken,
Die Federbällchen auf zwei Beinen,
Sich tummeln können auf den Rainen,
Den Gänsemüttern zum Entzücken,
Sing ich den Sang des Friedens.

Auf daß an Böhmens grünen Flüssen
Die Gärtner, wenn sie Blumen ziehn,
Wenn ihre Pflaumenbäume blühn,
Sich nur vor Würmern fürchten müssen,
Sing ich den Sang des Friedens.

Und für den Gutshof, auf dem heute
Die neue Dorfgenossenschaft
Das Korn in die Speicher schafft
Auf Wagen, buntgeschmückt wie Bräute,
Sing ich den Sang des Friedens.

Und für die Liebe, daß sie siege,
Daß Paare lachen, tanzen, singen,
Daß Mütter ihre Kleinen schwingen
In buntgeschnitzter Lindenwiege,
Sing ich den Sang des Friedens.

Und für den Umzug mit Musik,
Und für die stille Sternennacht,
Die über unserm Schlummer wacht,
Und für der Wiesen stummes Glück,
Sing ich den Sang des Friedens.

Ich sing vom Frieden. Ihre Meute
Ist klein, wir sind wie Sand am Meer.
Dröhnt, Prager Glocken, dröhnt die Mär:
Der Friede, er ist keine Beute!
Ich sing den Sang des Friedens.

(F. C. Weiskopf)

Stanislav Kostka Neumann · 1875–1957 · Tschechoslowakei

DIE LINDENALLEE

Die Lindenallee, die Lindenallee,
ein Weg in des Friedens Weiten,
der zarte Elbwind hat oft gespielt
auf ihren duftenden Saiten.

Sie pflanzte der Mensch, doch die Erde erhob
ihrer Träumerein Kolonnade.
Prüf, Wandrer, dich, ob du würdig bist
ihrer grünen blühenden Gnade.

Und bist du ein Raubtier in Menschengestalt
von Ideen des Dschungels durchdrungen
dem alle Verbrechen vom Diebstahl am Lohn
bis zur Furie des Krieges entsprungen,

dann soll ihrer friedlichen Bannmeile Grund
sich auftun und jäh dich verschlingen,
und näher ein Stückchen dem Augenblick
der Menschheitsverbrüd'rung zu bringen.

Die Lindenallee, die Lindenallee,
wir werden sie weiterführen,
den bösen Geistern zu unserm Gefild
den Zugang abzuschnüren.

(Franz Fühmann)

Kajetan Kovič · geb. 1931 · Jugoslawien

HERBST DER TOTEN SOLDATEN

Die Blätter fallen,
und auch wir sind gefallen in jenem Herbst
unter die schwarzen Blätter der Geschichte.
Für den Ruhm des einen oder anderen Vaterlands
legten wir uns ohne Zögern todwund hin.

Wanderer, bleibe nicht stehen. Hier ruhen
die erfüllten Pflichten ohne Namen,
die gelösten Leben ohne Treueschwüre.
Wanderer, nein, kein Gedenken und auch kein Lösegeld
für unseren Tod, doch rühre niemals
in letzter Verzweiflung an unserem Staub:
Über uns, sieh,

Wachsen die Gräser,
aus uns sprießt kein Samen
für eine Wurzel mehr,
und wenn irgendwo ein Vaterland ist,
wir können nicht mehr dafür sterben.

(Manfred Jähnichen)

Grigor Vitez · geb. 1911 · Jugoslawien
EPITAPH FÜR EINEN SOLDATEN
DER FIEL
ALS DER WAFFENSTILLSTAND UNTERSCHRIEBEN WURDE

Die Nachricht flog schneller als der Vogel,
Schneller als der Wind,
Schneller als der Blitz,
Sie girrte vor Glück im Äther
Und kam doch zu spät.

Für jene, die gefallen sind, ist es immer zu spät.

Und wäre sie nur eine halbe Stunde früher gekommen,
er lebte noch.

Er reichte den Freunden die Hand und lachte.
Wäre sie nur einen Tag früher gekommen,
es lebten noch viele von ihnen.
Wäre sie viel, viel früher gekommen,
es lebten noch viele, viele von ihnen.
Viel, viel früher hätte die Nachricht geschickt werden sollen,
Noch ehe die ersten Toten fielen.

(Manfred Jähnichen)

Paul Eluard · 1895—1952 · Frankreich

DIE SIEBEN LIEBESLIEDER IM KRIEG

„Ich schreib in jenem Land wo man die Menschen pfercht
In Abfall Schmutz und Durst im Schweigen und im Hunger..."
Aragon („Le Musée Grévin")

I

Ein Schiff in deinen Augen
Machte sich zum Herrn des Windes
Deine Augen waren das Land
Das wir immer wiederfinden

Geduldig harrten unsrer deine Augen

Unter den Bäumen der Wälder
Im Regen und in den Stürmen
Auf dem Schnee der Gipfel
Zwischen Augen und Spielen von Kindern

Geduldig harrten unsrer deine Augen

Sie waren ein sanftes Tal
Sanfter als selbst ein Grashalm
Ihre Sonne machte die dürftigen
Menschlichen Ernten schwer

Sie harrten um uns zu sehen
Auf immerdar
Denn wir brachten die Liebe mit
Die Jugend der Liebe
Das Recht der Liebe
Die Weisheit der Liebe
Und die Unsterblichkeit.

II

Unsrer Augen Tag ist reicher an Volk
Als die größten der Schlachten

Unsrer Augen Städte und Dörfer
Überwinden die Zeit

Im erquickenden Tale glüht
die flutende starke Sonne

Auf den Gräsern brüstet sich
Das Rosenfleisch des Frühlings.

*

Der Abend schloß die Schwingen
Um das verzweifelte Paris
Und unsre Lampe nährt die Nacht
Wie ein Gefangener die Freiheit.

III
Quell der sanft und lauter fließt
Nacht allüberall entfaltet
Nacht darin wir uns vereinen
Zum wirren wehrlosen Kampf.

*

Und die Nacht die uns verhöhnt
Nacht darinnen sich das leere
Lager der Einsamen höhlt
Der künftige Todeskampf.

IV
Da ist eine Pflanze die klopft
An das Tor der Erde
Und da ist ein Kind das klopft
An das Tor seiner Mutter
Da sind der Regen die Sonne
Die mit dem Kind entstehen
Die mit der Pflanze wachsen
Die mit dem Kinde blühen

Ich höre nörgeln und lachen.

*

Man hat das Leid berechnet
Das man einem Kind antun kann
Nichts als Schande ohne zu erbrechen
Nichts als Tränen ohne zu vergehen

Geräusch von Schritten unter der Wölbung
Schwarz und gähnend von Schrecken
Man hat die Pflanze entwurzelt
Man hat das Kind geschändet

Durch Elend und Leid.

V
Sie nannten's freundlich lächelnd den Herzenswinkel
Wir aber sprachen von der Stätte der Liebe
Des Hasses der Ehre wir trugen im Herzen den Glanz
Der Wahrheit die unsre Zuflucht war

Uns ward kein Anfang gesetzt
Wir haben uns immer geliebt
Und darum weil wir uns liebten
Wollen wir die andern erlösen
Aus eisiger Einsamkeit

Wir wollen und ich sage ich will
Ich sage du willst und wir wollen
Daß sie fortdauern im Licht
Die von Unschuld leuchtenden Paare
Die mit Kühnheit gerüsteten Paare
Denn ihre Augen begegnen sich

Denn Ihr Ziel ist im Leben der andern.

VI
Wir trompeten's euch nicht in die Ohren
Um euch unser Unglück zu zeigen
So wie es ist so groß so dumm
Und noch dümmer weil's gänzlich ist

Wir glaubten daß nur der Tod
Und einzig die Erde begrenze
Nun aber ist es die Scham
Die uns Lebende ummauert

Scham ob des maßlos Bösen
Scham ob der sinnlosen Henker
Immer und immer die gleichen
Die nur sich selber lieben

Scham ob der Züge der Gemarterten
Scham ob der Worte verbrannte Erde
Doch wir schämen uns nicht unsres Leidens
Doch wir schämen uns nicht unsrer Scham

Hinter den fliehenden Kriegern
Lebt nicht einmal mehr ein Vogel
Die Luft ist leer von Schluchzen
Leer von unsrer Unschuld

Doch dröhnend von Haß und Vergeltung.

VII
Im Namen der weisen vollkommenen Stirn
Im Namen der Augen die ich schaue
Und jenes Mundes den ich küsse
Für heute und auf immerdar

Im Namen der begrabenen Hoffnung
Im Namen der Tränen im Dunkel
Im Namen der Klagen die lachen machen
Im Namen des Lachens das fürchten macht

Im Namen des Lachens auf der Straße
Der Sanftmut die unsre Hände vereint
Im Namen der blütenverhüllenden Früchte
Auf einer schönen und guten Erde

Im Namen gefangener Männer
Im Namen verschleppter Frauen
Im Namen aller Genossen
Die man gefoltert und gemordet
Weil sie sich nicht dem Dunkel fügten

Wir müssen den Zorn erhärten
Und das Eisen aufstehen heißen
Um das hohe Bild zu behüten
Der Schuldlosen überall gehetzt
Und überall Sieger von morgen.

(Friedrich Hagen)

Louis Aragon · geb. 1897 · Frankreich

DER FLIEDER UND DIE ROSEN

O Monat des Erblühens Monat der Metamorphosen
Mai ohne Wolken und Juni den man schlug
Nie kann ich dies vergessen den Flieder und die Rosen
Noch jene die der Frühling in seinen Falten trug

Nie kann ich dies vergessen das tragische Verstoßen
Die Menge und die Sonne die Schreie und den Zug
Die Wagen voller Liebe und Belgiens Almosen
Die Lüfte voller Zittern den Weg im Bienenflug
Den fessellosen Hochmut im Angesicht der Stürme
Das Blut das in Karmin die letzten Küsse prägt
Die starren Moribunden im Leib der Panzertürme
Auf die ein Volk betrunken die Fliederzweige legt

Nie kann ich dies vergessen die Gärten Frankreichs Gärten
Missalen der vergangnen Jahrhunderte verwandt
Des großen Schweigens Rätsel der Abende Verhärten
Den Überfluß der Rosen der an der Straße stand
Den Widerruf der Blumen zum Winde der Verirrung
Zu den Soldaten die der Ängste Flügel schlug
Zu hämischen Kanonen zu Rädern der Verwirrung
Zum lächerlichen Kleid das der falsche Wandrer trug

Und weiß doch nicht warum der Bilder träges Schwanken
Mich wieder führt zum Orte des gleichen Aufenthalts
Nach Sainte-Marthe Ein General Die schwarzen Ranken
Das Haus der Normandie am Uferzug des Walds
Und alles schweigt Der Feind ruht im Schatten dem großen
Man sagt uns diese Nacht daß Paris sich übergab
Nie kann ich dies vergessen den Flieder und die Rosen
Und nicht die doppelte Liebe die ich verloren hab

Bouquets der ersten Tage von Flieder Flanderns Flieder
Mit süßem Schatten deckt der Tod die Wangen zu
Und ihr Bouquet des Rückzugs von Rosen sanfter müder
Die Färbung fernen Feuers die Rosen von Anjou

(Rolf Schneider)

Guillevic · geb. 1907 · Frankreich

DER SINN FÜR DEN FRIEDEN

Ein Baum, den kann man fälln —
Wie wollte er sich dagegenstelln?

Es braucht dazu eine Kleinigkeit;
Arbeit und Werkzeug, mehr oder weniger Zeit,
Je nach dem Werkzeug — und schon sieht man ihn falln ...

Ein Vogel, so was läßt sich herunterholn:
Ein Schuß, ein oder zwei Steine —
Und schon regnet's Federn ...

Ein Stier oder ein Roß —
Das ist schnell umgelegt: der Schußkeil
Ist kinderleicht

Zu handhaben für Bub wie Mädel —
Kann da wer widerstehen dem Mörder?

Der Blick natürlich, aber wenn der Mörder
Nicht hinsieht oder wenn ihm alles eins ist —
Was macht es da noch, wenn man ihn ansieht?

Einen Menschen auch,
Den kann man niederlegen so wie einen Vogel —
Und aus viel geringerer Näh!

Ein Baum, ein Vogel, ein Stier, ein Roß,
Ein Kind, ein Mensch —
Sieh hin: schon geschehn!

Aber, meine Freunde, wenn wir alle da stehn:
Was wagten sie
Gegen uns alle?

Was wagten sie
Gegen die Völker, die widerstehn?

(Helmut Bartuschek)

André Bonnard · 1888—1959 · Frankreich

BERUF DES MENSCHEN

Beruf des Menschen: entgegenhandelnd zu siegen.
Man unterdrückt ihn: er erfindet das Recht.
Man blendet ihn mit Mystik:
er erforscht die Welt und ihre Gesetze.
Man raubt ihm seine Felder, sein Haus, sein Brot:
da macht er die Güter zum Eigentum aller.

Man vergiftet ihn mit kriegerischen Parolen.
Man verbrennt ihn, man zermahlt ihn. Mit Napalm, mit Atombomben.
Er ruft nach Frieden, er ruft nach Frieden, er ruft nach Frieden.
Bis er ihn hat. Und für immer.

Jedesmal, wenn man ihn als Tier behandelt,
antwortet er als Mensch.

(Stephan Hermlin)

Jacques Prévert · geb. 1900 · Frankreich

FAMILIENBILD

Die Mutter macht Strickarbeit
Der Sohn macht Krieg
Sie findet das ganz in Ordnung die Mutter
Und der Vater was macht der Vater?
Er macht Geschäfte
Seine Frau macht Strickarbeit
sein Sohn Krieg
er Geschäfte
Er findet das ganz in Ordnung der Vater
Und der Sohn und der Sohn
Was findet der Sohn?
Er findet nichts absolut nichts der Sohn
Seine Mutter macht Strickarbeit sein Vater Geschäfte er Krieg

Wenn der Krieg zu Ende ist
wird er Geschäfte machen wie sein Vater
Der Krieg geht weiter die Mutter macht weiter sie macht Strickarbeit
Der Vater macht weiter er macht Geschäfte
Der Sohn fällt und macht nicht weiter
Der Vater und die Mutter gehen zum Friedhof
Sie finden das ganz in der Ordnung der Vater und die Mutter
Das Leben geht weiter das Leben samt Strickarbeit und Geschäften
Geschäften Krieg Strickarbeit Krieg
Geschäften Geschäften Geschäftigkeit
das Leben samt Friedhof

(Kurt Kusenberg)

Paul Eluard · 1895—1952 · Frankreich

ABRECHNUNG

Zehn Freunde starben den Tod im Kriege.
Zehn Frauen starben den Tod im Kriege.
Zehn Kinder starben den Tod im Kriege.
Hundert Freunde starben den Tod im Kriege.
Hundert Frauen starben den Tod im Kriege.
Hundert Kinder starben den Tod im Kriege.
Und tausend Freunde und tausend Frauen und tausend Kinder.

O, wir sind Meister im Zählen von Toten.
Zahlen vierstellig und Zahlen siebenstellig.
Wir wissen zu rechnen, aber so rasch geht alles.
Von Krieg zu Krieg verwischt sich alles.
Doch sieh, wie ein einziger Toter sich plötzlich aufreckt.

In der Mitte unsrer Erinnerung
So richten auch wir unser Leben wider den Tod.
So wehren wir uns wider den Krieg.
Und kämpfen fürs Leben.

Jean Cocteau · 1889—1963 · Frankreich

HABT, MÜTTER, IHR DAFÜR IN SCHMERZEN GEBOREN?

Die Stadt besaß noch ihre Septemberbäume,
Allein die Gazetten verloren dramatische Blätter
Und jede Minute umschloß im sich wandelnden Wetter
Ein Ende der Welt und der sanften antiken Träume.

Es trieben, mit Stille gesegnet, des Abends Kähne,
Und tot war die Stadt und das Fenster voll Nacht ...
Nur eine Bettlerin, unsichtbar, hustete sacht
Im stummen Tempelschatten der Madeleine.

Und siehe, es regte erschreckend die Geographie
Die wirren zerstreuten Glieder, im Schlafe verloren,
Und in mir, unzähligen Abschieds gedenkend, schrie
Ein Mund: Habt, Mütter, ihr dafür in Schmerzen geboren?

Schlafen? Ich seh wie dies düstere Gänsespiel
Zum Totenkopf rückwärts uns zwingt, weil der Würfel es wollte,
So wie den Rekruten von einst, wenn das Los auf ihn fiel,
Ein Fetzen Papier mit Raubvogelschwingen umrollte.

Beginnt er schon morgen, der Tag der Apokalypse?
Noch schlafen die jungen Märtyrer tief mit roten
Wangen. Der Engel bewacht mit Flügeln aus Glas und Gips,
Verratene Eltern, eure geliebten Toten.

(Friedrich Hagen)

Peter Weiss · geb. 1916 · Deutschland / lebt in Schweden

GLAUBT IHNEN NICHT

Glaubt ihnen nicht
wenn sie euch freundschaftlich auf die Schultern klopfen
und sagen die Unterschiede wären nicht mehr der Rede wert
und es bestände kein Anlaß mehr
zu Streitigkeiten
denn dann sind sie ganz auf der Höhe
in ihren neuen Burgen aus Marmor und Stahl
von denen aus sie die Welt ausräubern
unter der Devise
sie verbreiteten Kultur
Paßt auf
denn sobald es ihnen gefällt
schicken sie euch
daß ihr ihre Haufen verteidigt
in Kriege
deren Waffen in der rapiden Entwicklung
der gekauften Wissenschaft
immer schlagkräftiger werden
und euch in großen Mengen zerreißen

Artur Lundkvist · geb. 1906 · Schweden

DIE BÄUME

    In langen Reihen schwärmen die Baumpflanzer aus,
verteilen sich, eine Schützenlinie des Friedens,
blau gegen rote, nackte Bergeshöhn.
Sie arbeiten, der Erde Feuersbrunst zu löschen,
sie hacken Löcher, gelbrot wie aufgeschlagne Eier,
und setzen Pflanzen ein mit schlammigem Wurzelbund.

    Flimmernd steht um sie das Sonnenlicht,
an ihren Hüten zerrt der Wind.
Ihre Arbeit ist die Liebe, die Wälder schafft,
sie neigen sich behutsam, als setzten Menschenpflanzen sie.
Schwarze Augenspalten schaun in eine Zukunft,

mit Bäumen angefüllt, grünschattig, blättersäuselnd.
Ja, sie wandern schon in Wäldern,
die Wetter hemmen sollen, Häuser werden in den Dörfern,
Schiffe auf den Flüssen, Tische für das Mahl
und Stöcke, in die Bilder eingeschnitten werden,
schön aus Holz.

(A. O. Schwede)

Elvi Sinervo · geb. 1912 · Finnland

DER RUF DES MENSCHEN

Nicht träum ich von der Stätte
    unter den Unsterblichen meines Volkes.
Meine Zeit spannt sich vom Gestern zum Heute,
    und morgen bin ich nicht mehr.
Als Frau bin ich geboren, mit dem Herzen der Mütter
    wird mein Herz von den Fäusten des aufsteigenden Sturmes
    hin und her geworfen, es klingt wie die Glockenboje.
Auf den strömenden Wassern, auf den Papierfetzen im Winde,
    auf den Schwingen der Vögel
    und in den Herzen der Menschen
schreibe ich mein Wort für die, die heute leben:

Noch ist es Zeit, mein Volk,
    Dämme zu bauen gegen die Flut,
noch ist es Zeit, die Feuer zu entflammen
    gegen die Dunkelheit,
noch ist es Zeit,
    den Freund vom Feinde zu scheiden,
noch ist es Zeit zu sprechen
    auf daß nicht die Waffen sprechen mögen,
noch ist es Zeit, mit der Stimme des Menschen zu rufen: NEIN!
Dies ist der Ruf des Menschen,
    und nichts anderes ist heute wichtig.
Die Ströme führen ihn mit sich,
    die Vögel tragen ihn auf ihren Schwingen,
der Wind glüht die Buchstaben, und die Menschenherzen klingen
    wie die Glockenbojen im Sturm von Ufer zu Ufer der Welt.

(Friedrich Ege)

Arvo Turtiainen · geb. 1904 · Finnland

HÖRT DAS WIEGENLIED AM HIMMEL IM WINDE

Sie sprechen von Grenzen
unter dem grenzenlosen Himmel,
sprechen von Osten und Westen,
während der Wind vom Osten den Westen,
der vom Westen den Osten findet.
Sie sprechen von Krieg, von Haß,
doch hört das Wiegenlied
am Himmel im Winde:

Schlafe, Kind, sang es
mit dem Mund der schwarzen Frau.
Schlafe, wachse, sang es wie
die Frau des Chinesen.
Wachse zum Herrscher des Friedens heran,
mit dem Mund der Frauen des Westens
sang der Wind sein Lied,
daß die Menschheit es höre.

Sie sprechen von Grenzen
unter dem grenzenlosen Himmel,
sprechen von Haß, von Krieg,
doch hört das Wiegenlied
am Himmel im Winde.

(Friedrich Ege)

Pete Seeger · geb. 1919 · USA

SAG MIR, WO DIE BLUMEN SIND

Sag mir, wo die Blumen sind.
Wo sind sie geblieben?
Sag mir, wo die Blumen sind.
Was ist geschehn?
Sag mir, wo die Blumen sind.
Mädchen pflückten sie geschwind.
Wann wird man je verstehn?
Ach, wird man je verstehn?

Sag mir, wo die Mädchen sind.
Wo sind sie geblieben?
Sag mir, wo die Mädchen sind.
Was ist geschehn?
Sag mir, wo die Mädchen sind.
Männer nahmen sie geschwind.
Wann wird man je verstehn?
Ach, wird man je verstehn?

Sag mir, wo die Männer sind.
Wo sind sie geblieben?
Sag mir, wo die Männer sind.
Was ist geschehn?
Sag mir, wo die Männer sind.
Zogen fort, der Krieg beginnt.
Wann wird man je verstehn?
Ach, wird man je verstehn?

Sag, wo die Soldaten sind.
Wo sind sie geblieben?
Sag, wo die Soldaten sind.
Was ist geschehn?
Sag, wo die Soldaten sind.
Über Gräbern weht der Wind.
Wann wird man je verstehn?
Ach, wird man je verstehn?

Sag mir, wo die Gräber sind.
Wo sind sie geblieben?
Sag mir, wo die Gräber sind.
Was ist geschehn?
Sag mir, wo die Gräber sind.
Blumen blühn im Sommerwind.
Wann wird man je verstehn.
Ach, wird man je verstehn?

(Max Colpet)

Phil Ochs · geb. 1942 · USA

ICH MARSCHIER NICHT MEHR

Und ich schlug in der Schlacht von Neu-Orleans
Die englischen Herrscharen in die Bins
Und die Saat fing an in die Blüte zu schießen
Unser Blut fing an in den Adern zu fließen

Und jetzt marschier ich nicht mehr

Und ich machte meinen blutigen Schnitt
Im steinigen Little-Big-Horn-Gebiet
Und ich hört eine Handvoll ums Leben flehen
Und über ihnen kreisten die Krähen

Und jetzt marschier ich nicht mehr

Und die Oberen schicken uns in den Krieg
Aber wenn wir siegen, ist's unser Sieg?
Was wir mit Bombern und Flinten erobern
Erobern wir fallend für unsere Obern

Und drum marschier ich nicht mehr

Und Mexikos Bauern stahl ich das Land
Erschlug meine Brüder unter General Grant
Und meine Brüder erschlagend, schlug ich
Zum schlechten Ende doch immer mich

Und drum marschier ich nicht mehr

Und es schickten uns unsre Obern
Nach Europa, Deutschland zu erobern
Ich erschlug eine Million, maybe, zum letzten
Mal? Aber wenn unsre Obern sich verschätzten?

Und drum marschier ich nicht mehr

Ich hab Hiroshima zu Asch verbrannt
Hiroshima hat keiner mehr erkannt
Als Japans Metropolen in Rauch aufgingen
Fing an ich, meine Zweifel zu besingen

Ob ich wieder marschieren sollt

Schreit anders, Labor-Lords, wenn sich die Tore schließen
Dahinter eure Mandanten Kanonenrohre gießen
Schreit nicht wie die United Fruit schreit
Wenn sie von Castro empfängt den Enteignungsbescheid

Nennt es Verzicht oder Begehr
Ich marschier nicht mehr

(Horst Tomayer)

Bob Dylan · geb. 1941 · USA

AN DIE HERREN DER KRIEGE

Kommt her, ihr Herren der Kriege
Ihr Kanonenfabrikanten
Ihr Flugzeugfabrikanten
Ihr Bombenfabrikanten
Hinter den dicken Mauern
Hinter den großen Schreibtischen
Ich kenn euch, ihr Herren
Ich reiß euch die Maske runter!

Natürlich, ihr seid's nie gewesen
Ihr habt nie etwas getan
Ihr baut nur auf, um zu zerstören
Ihr spielt mit meiner Welt
Als wär's ein Spielzeug, das nur euch gehört
Ihr zwingt mich, das Gewehr zu nehmen
Und haut dann schneller ab
Als jede Kugel fliegen kann.

Wie Judas damals
Lügt und betrügt ihr
Wollt mir weismachen
Der nächste Krieg sei zu gewinnen
In euern Augen aber steht Verrat
Und ich durchschaue, was ihr denkt
Wie ich durchs faule Wasser blicken kann
Eh ich es wegkipp.

Ihr baut Auslöser
Bereitet sie vor
Andere drücken sie ab
Dann macht ihr's euch bequem
Währenddessen steigen Börsenkurs und Todesrate
Ihr sitzt in euren Villen
Während die Jungs verheizt werden
Und ihr Blut sich mischt mit Dreck und Schlamm.

Ihr habt die schlimmste Angst gebracht
Die jemals jemand hat erdacht
Die Angst, in diese Welt
Noch Kinder auszusetzen
Und ihr bedroht bereits mein Kind
Das namenlos und ungeboren
Ihr seid nicht wert, daß Blut
Durch eure Adern fließt.

Weiß ich genug, damit ich
Reden kann vom Ändern?
Ihr sagt, ich bin zu jung
Und hätte keine Ahnung
Eins aber weiß ich ganz genau:
Jesus Christus, allen alles vergebend
Euch vergibt Mister Jesus Christus nicht.

Ich frage euch:
Ist der Dollar euer Gott?
Glaubt ihr, ihr könntet Mister Jesus Christus mit Schmiergeld bestechen?
Ich aber sage euch:
Wenn ihr in die Grube fahren müßt
Nehmt eine andere Währung!

(Ulf Miehe)

Spiritual · 20. Jahrhundert · USA

ICH GEHE NIE MEHR IN DEN KRIEG

Ab werf ich die Bürde
Unten am Fluß,
Unten am Fluß,
Unten am Fluß,
Ab werf ich die Bürde
Unten am Fluß,
Geh nie mehr in den Krieg!
Ich gehe nie mehr in den Krieg,
Ich gehe nie mehr in den Krieg,
Nein, nie mehr in den Krieg!

Ich ziehe an mein weißes Kleid,
Ich setze auf die goldne Kron,
Geh nie mehr in den Krieg!
Ab werf ich die Bürde
Unten am Fluß,
Unten am Fluß,
Unten am Fluß,
Ab werf ich die Bürde
Unten am Fluß,
Geh nie mehr in den Krieg!

Ab werf ich mein Schild und Schwert
Unten am Fluß,
Unten am Fluß,
Unten am Fluß,
Ab werf ich mein Schild und Schwert
Unten am Fluß,
Geh nie mehr in den Krieg!
Ich gehe nie mehr in den Krieg,
Ich gehe nie mehr in den Krieg,
Nein, nie mehr in den Krieg!
Ab werf ich mein Schild und Schwert,
Auf setz ich die goldne Kron,
Geh nie mehr in den Krieg!
Ab werf ich mein Schild und Schwert
Unten am Fluß,
Unten am Fluß,
Unten am Fluß,
Ab werf ich mein Schild und Schwert
Unten am Fluß,
Geh nie mehr in den Krieg!

(B. K. Tragelehn)

Walter Lowenfels · geb. 1897 · USA

DER GROSSE FRIEDE
Aus dem Indianischen

Was ist schöner
    als das Land, das kein Grab hat,
      weil da keine Furcht ist,
wo der Mut nicht mehr blutet,
    weil da kein Feind ist,

wo die Krieger der Hundert-und-Eins Nationen
    entwurzeln die mächtigste Tanne
und in die Grube, die bleibt,
    all ihre Geschosse werfen,

tief in die Tiefe des Erdreichs
    fallen lassen die Waffen
und den Baum wieder pflanzen. Dann,
    wenn der Große Friede errungen ist,

werden wir finden das Land,
    wo die Wahrheit keinen Namen hat,
weil da keine Lüge ist,
    wo die Wohltätigkeit kein Haus hat,
weil da kein Hunger ist,
    wo keiner ein Unbekannter
Soldat mehr sein muß
    und keiner mehr ein Prophet —
weil da das Licht der Weisheit
    scheint überall.

(Paul Wiens)

José Moreno Villa · geb. 1887 · Spanien

WARUM IST DIE WELT NICHT MEIN VATERLAND?

Wenn das Licht des Fjordes meine Lungen mit Balsam durchflutet
und bei der Negermusik meine Füße verjüngen;
wenn ich manchmal ohne Brotsack durch die Sahara wandere
und manchmal auf einer Eisscholle nordwärts segle;
wenn ich den Rheintöchtern meine schönste Begeisterung schuldig bleibe
und mir die Weine der französischen Landschaft gemundet haben,
warum ist die Welt nicht mein Vaterland?
Wenn ich den russischen Allbeseelten begleite
und mit Gandhi um indisches Salz zu gewinnen gehe;
wenn mich die Inselfelder des Pazifik entzücken
und ich auf Skiern über die Alpen dahingleite,
warum darf dann die Welt nicht mein Vaterland sein?
Wenn das würzig gefüllte Weinglas mein Abendgebet darstellt
und das zähflüssige Bier meine liebste Nahrung;
wenn mich Roms fröhliches Volksleben erheitert
und Hollywoods verspielte, scheinsüchtige Filmwelt;
wenn ich Oxfords Regatten bejuble
und die schwankende Rikscha mich plötzlich an einen Rolls-Royce erinnert;
wenn ich die große alte Angst und das erregende neue Lebensgefühl kenne;
wenn ich im argentinischen Tango untertauche
und beim andalusischen Tanz meine Glieder löse;
wenn ich in den Schwimmsälen der Tschechoslowakei
neuartige griechische Sirenen entdeckt habe
und wechselweise türkischen Tabak mit Virginia rauche;
sagt mir, teure Freunde auf der weiten Erde,
Männer der Kokoswälder, Frauen der Orangenhaine,
Altmeister der Mikroskope und Hirten von Rentierherden,
Jungdamen in blauem Kimono und Parteisekretäre Moskaus,
Doktoren aus der Schule der vollendeten Weisheit,
Väter expressionistischer Malereien,
Erfinder von allen möglichen Geräten,
warum kann die Erde nicht einig sein?

(Karl Jering)

Rafael Alberti · geb. 1903 · Spanien

DEUTSCHLAND

Hier ruf ich es: Nie wieder Krieg!
Hört mich, der Trümmerwelt Gespenster,
verblichnes Feuer du, das selbst in Asche legt
der Erde Fundamente.

Höre mich an, Architektur,
grausam zerrieben du, wie Sand und Schaum.
Des Wahnsinns Herrschaft du,
eines Umnachteten versunkner Traum.

Ich ruf es hier: Friede! Und rufe es,
die Wangen voller Tränen ganz, vor Leid.
Aufrecht: O Friede! Friede! Friede, auf den Knien!
Fried bis ans Ende der Unendlichkeit!
Kein ander Wort, kein andrer Laut,
Kein andres Beben in der Hand.
Nur Friede! Brüder, Friede!
Liebe und Frieden nur als Unterpfand!

Gebrochen und versehrt, ehrwürd'ges deutsches Land,
gefangen und zerstückt.
Der Friede wird der neuen Sonne Botschaft sein,
die dich, vereint, aufrichtet und beglückt.

(Erich Arendt)

Giorgos Seferis · geb. 1900 · Griechenland

HIER ENDEN DIE WERKE

Hier enden die Werke des Meeres die Werke der Liebe.
Jene die einmal leben hier wo wir enden
wenn es geschieht daß Blut in ihrer Erinnerung dunkelt und überfließt
mögen sie unser gedenken, der kraftlosen Schatten unter den Asphodelen,
mögen sie dem Totenreich zu den Kopf ihres Opfertiers wenden:

Wir die wir nichts besaßen werden sie lehren den Frieden.

(Christian Enzensberger)

Menelaos Ludemis · geb. 1910 · Griechenland

NICHTS HAB ICH ZU SAGEN

    Nichts als dies hab ich zu sagen.
Der Wind war wütig geworden.
Er stieß seine Krallen in unser lauwarmes Blut.
Er dörrte die Tränen auf unseren Augen.
Fort stürzten die Pferde, die Mähne nach vorn,
wie der Rauch eines Schiffes,
das hindampft mit Rückwind.

    Dies hatt ich zu sagen und dies noch:
Hinter den Pferden, hinter den Fahnen von Rauch,
hinter all dem, was die Erde hat,
hinter dem Rücken des Lebens selbst
war da eine Wolke, die ihren Blitz trug,
ihn hintrug und hinhing zu Häupten unsrer Gelassenheit,
zu Häupten unsres unschuldigen Schlafs
und unsrer Liebe zu Häupten,
ja gerade zu Häupten unserer Liebe.

    Nichts als dies hab ich zu sagen:
Menschen, fürchtend das Weiß des Lichts,
Menschen, erbleichend vor allem Weiß,
sie legten an auf ein Schwalbennest,
grad als die Kleinen sangen.
Und der Himmel zerflatterte blutig gefiedert.

    Nichts hab ich zu sagen und ich verstumme.
Was zu sagen war — alles haben die Gräber gesagt.
Alles haben die Tränen gesagt, die Gewehre gesagt und die Kreuze.
Alles haben die schwarzen Mantillen gesagt, schwarz,
und weiß — die weißen Gebeine.
    Nichts als dies hatt ich zu sagen.
    Nichts anderes hab ich zu sagen.
Und ich verstumme.

(Paul Wiens)

Arif Naqvi · geb. 1934 · Indien

DAS GEHEIMNIS DES LEBENS

Frühlingsmorgen in roter Dämmerung.
Stadtpark im Grün seiner Rasen, im Duft
seiner Beete und Blumengehänge.
Der junge Tag trägt die Farben der Gärten:
Jasmin und Zypresse, Teerose, Feuernelke.
Es wiegt sich die Frühe in den Melodien der Vögel.
Der Himmel vernimmt sie, der Luftkreis
genießt sie in blauer Versunkenheit ...

Aber das Herz des Dichters
ist schattenschwer und wie Abend traurig.
Der Dichter fürchtet den Krieg. Der Krieg
wird alles zerstören: den Gleichklang der Wesen,
die Lieder, den Morgen, den Frühling.
Zu Staub fällt die Freude von Himmel und Erde,
und untergehn wird der Mensch ...
Ich bin nur ein Dichter, doch überall
sind Gewaltherrscher, überall Räuber.
Überall warten Jäger mit ihren Pfeilen,
überall warten Henker mit ihren Schwertern.
Wie kann ich ihnen die Pfeile entreißen?
Wie kann ich ihre Schwerter zerbrechen?

Da kam eine Welle, ein Morgenwind bat:
— Dichter, leg deine Lieder auf meine Schultern!
Eine Nachtigall sang:
— Ich bin dein Bruder, dein Geselle!
Und das junge Laub kicherte, war ihm grün,
und die Zweige begannen zu winken,
und es lachte die Sonne, und Erde und Himmel
tanzten zu den Musiken aller vier Winde ...
Und einem Herzen, das schwer war, enthüllte sich
das Geheimnis des Lebens.

(Paul Wiens)

Volkslied · Anfang des 20. Jahrhunderts · Indien
LIED DER LASTTRÄGER VON KASCHMIR

Dir meinen Gruß ich biet, o Mensch,
Friede mit Dir! — Dieses Gebet
Mir aus dem Herzen täglich quillt für Dich
Seh ich Dich wohl im ew'gen Kampf
Mit Deinem eigenen Verstand,
Mit Deiner eigenen Verzweiflung,
So unvorstellbar tief, so unbegreiflich,
Weit über Deine Kraft, sie zu bewält'gen.
Und dennoch, Mensch,
Geb ich Dir die Beteurung,
Die Sterne, die mir einst
Ins Ohr geflüstert dies Geheimnis,
Sind meine Zeugen:
Dein wird der Sieg am Ende
Und Frieden steigt für immerdar
Zu Dir herab als eine Benedeiung ...
Dir meinen Gruß ich biet, o Mensch!

(Štěpánka Kompertová)

Henri Krea · geb. 1933 · Algerien
BEFRIEDIGUNG
(UNMENSCHEN VERGESSEN SCHNELL)

Sie sind gekommen, das Gift in der Hand
Den Tod unter dem Arm
Den unwirklichen Schlaf
Sie haben uns gegen die Mauern gestoßen
Sie haben uns mit Feuer geblendet
Sie haben uns unter dem Eisen zerbrochen
Sie haben überall Tränen verbreitet
Sie haben das Leichentuch der Ebene mit Blut befleckt
Sie haben unsere Wohnungen geplündert
Sie haben an die Unwissenheit geglaubt
Sie waren überzeugt von ihrem Unsinn

(Werner Plum)

Kuan Chao · Lebensdaten unbekannt · China

ANSPRACHE AN EINEN TOTEN SOLDATEN DES MARSCHALLS TSCHIANG KAI-SCHEK

Der Marsch in die vier Windrichtungen
Ist für dich zu Ende. Jetzt liegst du
Zwischen vier Fichtenbrettern.

Durch die sehr große Großmut deines Korporals
Trägst du noch immer
Deine sehr dünne Uniform.

Der Korporal nahm einen langen Spaten.
Der Feldwebel griff nach der Waffe.
Vier Kameraden hoben dich auf.

Ihre Gesichter sind mürrisch
Obwohl du doch leicht bist:
Haut und Knochen.

Wenn der Zug vor der Stadt ist
Ladet der Feldwebel sein Gewehr
Und der Korporal reicht den Trägern den Spaten.

Und der Koporal, er setzt sich an den Abhang.
Ans Verhökern ihrer Reisrationen denkt er.
Das wird Fleisch und Branntwein für ihn geben.
Und der Feldwebel, überm Abhang
Sein Gewehr hält er im Anschlag.

Doch die Viere graben schwitzend
Ein Erdloch so lang wie du groß bist.
Und sie loben sich den vom siebten Zug
Den man kurzerhand in den Fluß warf
Daß er von alleine wegtrieb, ohne Hilfe.

Und so liegst du, rechts und links die Kameraden
Kameraden unter dir und Kameraden
Bald auch über dir. Und in paar Wochen

Graben Wind und Regen eure Knochen aus, und die ihr
Auf die Freiheit wartetet ein kurzes Leben
Die ihr hier nicht liegen wolltet, liebe Freunde
Kommen werden dann die wilden Hunde, welche
Weg von hier euch tragen werden.

(Bertolt Brecht)

Nasim Hikmet · 1902—1963 · Türkei

UNSERE GEDICHTE

Meine Brüder,
unsre Gedichte müssen sich spannen
    vor den Karren des mageren Ochsen,
sie müssen bis zu den Knien
    versinken im Schlamm der Reisfelder,
stellen müssen sie alle Fragen,
einfahren müssen sie alles Licht,
unsre Gedichte müssen die Straßen säumen
    wie Kilometersteine,
sie müssen das Warnsignal sein,
    wenn der Gegner naht,
sie müssen den Tamtam schlagen im Dschungel.
Und solang auf Erden ein einziges Land oder nur
    ein einziger Mensch noch versklavt ist,
und solang am Himmel noch bleibt
    auch nur ein atomares Gewölk,
müssen sie hergeben, was sie haben, alles,
    unsre Gedichte, mit Leib und Seele — der Freiheit.

(Paul Wiens)

To Huu · geb. 1927 · Vietnam

IN WESSEN NAMEN

He ihr   Dämonen   Bande
In wessen Namen
Schickt Bomber ihr   Napalm   Giftgas
Frieden zu würgen   Freiheit
Schulen zu brennen   Häuser der Kranken
Zu töten was lebt   liebt
Das Kind überm Malbuch   Felder   Früchte
Die reißenden Wasser   Lieder   Verse

In wessen Namen
Schippt Gräber aus ihr für unsere Jugend
Statt daß sie Stahl gießt   Strom macht

In wessen Namen
Schickt ihr uns in Wälder
Eisendrahtfallen   Dschungelbastionen
Bebende Erde   flirrender Himmel

Vietnam   Land Fremder
Ein Knabe   schon Kämpfer
Kämpft Baum   Busch   Gras

Fluch euch   Dämonen
Euch allen Verderben
Amerika   hör mich
Schmerzschrei hör   Haßschrei
Es schreit dein Sohn   Kind des Jahrhunderts

(Achim Roscher)

Dhakin Godor Hmaing · 1876—1964 · Burma

SENDSCHREIBEN DES FRIEDENS

Brüder, erhebt euch,
alle gemeinsam,
fordert den Frieden, das Brot,
fordert das Gute vom Leben —
friedliche lichtvolle Tage.
Dieses sagt mein Gewissen,
ihm gehorchend, sag ich es:
Blutigen Krieg bannt auf ewig,
ewig versperrt ihm den Weg.
Unter dem Banner des einen,
des einzigen, einigen Burma,
laßt uns zusammenstehen,
daß endlich die Nöte im Lande
den Schrecken verlieren.

O, ihr Brüder und Schwestern,
begreift:
Dieses Einzige
muß uns gelingen,
damit auf den friedvollen Feldern
das Korn, das friedlich gesäte,
zu schweren Ähren gedeiht.
Laßt allen Völkern der Erde
in Harmonie uns verbinden,
laßt uns die Freundschaft begründen,
begründen ein reicheres Leben
in einer reicheren Welt.

(Helmut Preißler)

Léopold Sédar Senghor · geb. 1906 · Afrika / Senegal

FRÜHLINGSGESANG

Lausche, mein Freund, wie fern und dumpf der frühreife Sturm
Grollt wie das rollende Feuer im Busch.
Und mein Blut schreit vor Angst in der Ödnis, mein Kopf ist
    zu schwer und ausgeliefert elektrischen Strömen.
Da unten ist plötzlich Gewitter, entflammt sind die weißen
    Küsten, es brennt der weiße Friede meines Afrika.
Und in den Nächten donnern große metallene Risse,
Lausche nur, näher bei uns, zweihundert Meilen entfernt,
    Schakalgeheul ohne Mond und das Katzenmiauen von Kugeln,
Das kurze Gebrüll der Kanonen, die Schreie der Dickhäuter
    dort von hundert Tonnen.
Ist das noch Afrika, die bewegliche Küste, die Front, die
    lange Linie von Stahl und Feuer?
Höre doch den Orkan der fliegenden Festungen, höre die
    Luftgeschwader schießen aus allen Rohren
Und die Städte zerschmettern so schnell wie der Blitz.
Die Lokomotiven springen über die Kathedralen,
Und die stolzen Städte lodern gelber und dürrer als das
    Buschgras in der Trockenzeit.
Sieh wie die hohen Türme, der Stolz der Menschheit, gleich den
    Giganten der Palmwälder niederstürzen im Geprassel von Gipsschutt,
Und die Gebäude aus Stahl und Beton zerschmelzen wie das
    Wachs zu Füßen Gottes.
Das Blut meiner weißen Brüder kocht in den Straßen röter als der Nil,
Und das Blut meiner schwarzen Brüder, der Senegalschützen,
    von welchem jeder vergossene Tropfen ein Tropfen
    Feuer ist auf meinem Schoß.
Blutiger Frühling! Ist, Afrika, dies deine Botschaft?
O mein Freund, wie höre ich deine Stimme? Wie seh ich dein
    schwarzes Gesicht, das meiner Wange so süß ist, meiner braunen
        Wange?
Wann muß ich mir den Mund und die Augen verstopfen?

(Janheinz Jahn)

Louis Akin · geb. 1927 · Afrika / Elfenbeinküste

AUS DER TIEFE MEINER AFRIKANISCHEN WÄLDER

Aus der Tiefe meiner afrikanischen Wälder rief ich,
    erlöst mich!
Von den weißen Zauberern, den Menschenverschlingern,
    erlöst mich!
Von eurer Zivilisation des Feuers, des Eisens und des Blutes
    erlöst mich!
Von eurer Gerechtigkeit, die mich verschlingt,
    erlöst mich!
Von eurem Frieden, der nur das Gewehr kennt,
    erlöst mich!
Von eurer Brüderlichkeit, die Manigolo heißt,
    erlöst mich!
Von eurer Gleichheit, die meinen Schweiß verzehrt,
    erlöst mich!
Von eurem Gott, der nur Unterwürfigkeit kennt,
    erlöst mich!
Von eurer Religion, die den Toten dient,
    erlöst mich!
Von euren Priestern, die Demut predigen,
    erlöst mich!
Von eurer Knechtschaft, die den Menschen entwürdigt,
    erlöst mich!
Daß endlich alle Menschen schlechten Willens
    verschwinden
und Frieden auf Erden für alle wird,
    die guten Willens sind.

Aus der Tiefe meiner afrikanischen Wälder
verkünde ich meine Gewißheit:
alle Menschen guten Willens
werden sich erheben, vereint!
Und wahrer Frieden wird den Tod besiegen,
Brüderlichkeit wird den Haß ausroden!

Erst dann
wird es nur Menschen geben,
einige Menschen
im Chor der glücklichen Völker,
im Tanz der Verbrüderung!

Nur Menschen wird es geben,
nur Brüder,
die ihre Hautfarbe vergessen,
begeistert in einem Wollen,
im Chor der vereinten Völker,
im Chor der jubelnden Völker,
trunken in Glück, in Friede und Liebe!
(Paul Schlicht)

Patrice Lumumba · 1925–1961 · Afrika / Kongo
SCHWARZER MANN, LASTTIER JAHRHUNDERTELANG

Schwarzer Mann: Lasttier jahrhundertelang
deine Asche gestreut in alle vier Winde
während in riesigen Grabmälern, die du erbautest
deine Mörder den letzten Schlaf schlafen. Du wurdest
gejagt, gestellt, aus deiner Hütte vertrieben
mit brutaler Gewalt in Schlachten geschlagen —
jahrhundertelang: Barbarei! Blutbad! Schändung!
Dir blieb die Wahl: Tod oder Sklaverei.

Du gingst auf der Flucht in die Tiefen der Wälder
und andre Tode lauerten dir auf: brennendes Fieber
Kälte, die Rache wilder Tiere, Schlangen
teuflische Ringe, die dich langsam zerdrückten...
Dann kam der weiße Mann: Klüger, verschlagener, grausamer
er tauschte für wertlosen Plunder dein Gold
schändete deine Frauen, machte deine Krieger betrunken
pferchte in Schiffe deine Söhne und Töchter.

Die Tam-Tams dröhnten durch alle Dörfer
weit ausbreitend die Trauer, den wilden Schmerz
die Nachricht vom Leid des Exils
in einem weit, weit entfernten Land
wo die Baumwolle Gott ist, der Dollar König
verdammt zu Sklavenarbeit, Lasttier
von früh bis spät unter brennender Sonne
damit du vergißt, daß du ein Mensch bist.

Sie lehrten dich singen zum Lob ihres Gottes
und die Hosiannas stimmten zu deinem Elend
gaben dir Hoffnung auf eine bessere Welt
jenseits — aber dein diesseitiges Herz
verlangte das Recht zu leben, deinen Anteil Glück.
Neben dem Feuer lagst du, in deinen Augen
spiegelten sich Leiden und Träume
du sangst die Kirchengesänge, sie gaben

deiner Traurigkeit Stimme und auch
deiner Freude, wenn in den Bäumen der Saft
aufstieg. Dann tanztest du
wild tanztest du im Dunst des Abends und
es sprang hervor: lebendig und männlich
Glocke von Erz, durchklungen von deiner Qual
Jazz, mächtiger Klang, jetzt geliebt, bewundert
in aller Welt, Achtung dem Weißen abzwingend

und in klaren und lauten Tönen verkündend:
von Stund an gehört dieses Land
ihm nicht mehr. So ließest du deine Brüder
ihre Häupter erheben und klar vor sich sehen
die befreite glückliche Zukunft.
Die Ufer des großen Stroms, hoffnungsblühend
sind von Stund an dein, die Erde und
all ihr Reichtum ist von Stund an dein.

Die flammende Sonne im lichtweißen Himmel
schmilzt unser Elend in mächtiger Wärme.
Für immer werden ihre brennenden Strahlen
die Tränenflut unserer Ahnen trocknen, der
Märtyrer unter der Tyrannei unzähliger Herrn.
Und auf dieser Erde, der deine Liebe gehört
machst du Kongo zu einer Nation: frei, glücklich
mitten im Herzen des unendlichen schwarzen Afrika.

(B. K. Tragelehn)

Nicolás Guillén · geb. 1902 · Kuba

SOLDAT, SO MÖCHT ICH NICHT SEIN

Soldat, das möcht ich nicht sein,
damit sie mir nie befehlen,
das Kind zu verwunden, den Neger,
den Unglücklichen, der nichts hat
als nur sein Hungerdasein.
So möchte Soldat ich nicht sein.

Sieh: auf zwei Beinen das Pferd
und über ihm hoch den Soldaten und
seine Augen voll Wildheit,
voll Galle den Mund,
den Säbel, der gleicherweis
die Frauen tötet und den Greis.
So möchte Soldat ich nicht sein.

Ach, die Züge voll Truppen,
wenn kalt der Morgen erwacht,
auf harten blutigen Schienen
rollt es an im rasenden Lauf,
um einen Streik zu ersticken
oder den Platz zu umzingeln,
wo Arbeiter stehen zuhauf.
So möchte Soldat ich nicht sein.

Wehe den Augen mit Binden,
da sie mit Binden nicht sehn!
Weh den gebundenen Händen
und Füßen, die kettenschleppend gehn!
Weh den Soldaten betrübt, voll Pein,
die Sklaven des Obersten sind.
So möchte Soldat ich nicht sein.

Gäbe man mir ein Gewehr,
ich würde meinen Brüdern sagen,
wozu es dient.
Meinen Brüdern Soldaten,
wozu es dient.
Aber mir gibt man es nicht,
weil ich weiß, wozu es uns dient,
darum gibt man mir es nicht.
Sie geben es weder dir oder mir,
oder dir noch mir. Doch einmal, was für Soldaten werden
wir sein auf wilden hartmäuligen Pferden!

So möchte Soldat ich sein
der nicht beschützt die Zuckerfabrik,
die nie sein eigen war,
der nicht wie ein roher Kasernentyrann
regiert, von allem Wissen bar,
noch auf dem Zuckerrohrfeld abzieht
die Haut der Sklavenschar,
wütend wie ein Sklavenhalter
und grausamer sogar.

Ein freier Soldat, ein Soldat,
nur dem Sklaven vereint, in Treue unlösbar:
So möchte Soldat ich sein.

(Erich Arendt)

Otto d'Sola · geb. 1912 · Venezuela

BEVOR DIE FLUGZEUGE KOMMEN, DIE DIE STÄDTE ANZÜNDEN WERDEN

Wenn diese schlafenden Kinder sterben
in der Morgenfrühe sich öffnender Lilien,
wenn diese Mauern sterben unter dem moosgrauen Mond,
sollst du, um uns nicht grausam zu verletzen, alles begraben,
schweigsamer Totengräber.

Die Nelke und die heitere Pflugschar verlangen nach Vergessen,
während die Schmetterlinge warten, um die Leichen zu küssen
auf nassen Kräutern.

Totengräber, der das Fallen der Mauern fühlen wird
und das Schreien erdrückter Kinder,
wirst du die Morgenfrühe einsargen
im Grab des Nebels?

Wenn unter diesem fernen moosgrauen Monde alles stirbt,
mußt du, um uns nicht grausam zu verletzen, alles begraben,
schweigsamer Totengräber.

Gib acht, die Kinder nicht zu vergessen,
                die den Geschmack jungen Kornes haben!
Gib acht, die Mauern nicht zu vergessen,
                die den Geruch der Geschichte haben!
Gib acht, die Frühe nicht zu vergessen,
                die den Klageton verwundeter Flöte hat!

(Erich Arendt)

Schuzo Nishio · Lebensdaten unbekannt · Japan

HIROSHIMA

Der Morgen graute.
Das Feuer erlosch.
Von den leuchtenden Strahlen der Morgensonne übergossen,
zogen wir den Berg hinunter in die Stadt.
Wo ich auch hinschaute, lagen die Toten.
Tote mit mächtig angeschwollenen Brandblasen.
Tote, denen eine ölige zähe Flüssigkeit
aus den Augen quoll.
Ich fürchtete mich sehr, mir wankten die Beine.
Ich konnte nicht weitergehen.
Viele Bekannte lagen unter den Leichen.
Die Stadt war zu Asche verbrannt.
Die Straßen lagen unter der Asche begraben.
Wir wateten durch sie hindurch.
Sie war noch heiß.
Ein ekelhafter Geruch entströmte ihr.
Wir hielten uns die Nase zu.
Über die weiße Asche hinweg kehrten wir heim.
Wo einst unser Haus gestanden hatte
erblickte ich
geschwärzte Mauern und verkohlte Balken.
Und — weiße Asche.
Bruder und Schwester fanden wir nicht —
nur Asche.
Gestern noch waren sie gesund mit uns zusammen,
jetzt sind sie diese Asche ...
Ich hocke auf der Asche.
Meine Tränen fallen auf sie.
Wo sie niederfallen,
entstehen kleine schwarze Löcher,
viele, viele, viele kleine schwarze Löcher ...

(Theres Eigen-Hofmann)

Mihai Beniuc · geb. 1907 · Rumänien

DER SCHATTEN VON HIROSHIMA

Eines Menschen Schatten ist der Wand
Auf der Treppe zugesellt für immer.
Der Atomkrieg hat ihn eingebrannt.
Die Erinnerung durch leere Zimmer
Bellt so unheilvoll, heult wie der Sturm
Um den schwarzen, ausgebrannten Turm.

Tot der Mensch. Der Schatten aber schreit:
„Meinen Menschen, wer hat ihn getötet?"
Trümmer schweigen, wo zur Frühlingszeit
Sich am Pflaumenbaum die Blüte rötet,
Wo der Frühling mit gebrochnen Schwingen
Aus dem Schutt versucht ans Licht zu dringen.

Hiroshima: Frauenbrüste zart
Stäubten fort wie Asche, Spinneweben.
Ihren Waisen blieb kein Leid erspart.
Schreit der Schatten: „Kann es jemand geben,
Kind und Mutter fühllos läßt vergehn?"
Der in dieser Flammengluten Wehn

Hiroshima! Eines Menschen Traum
Wird als Schatten ewig in dir bleiben!
Wächst das Blatt und fällt das Blatt vom Baum:
Nur der Schatten läßt sich nicht vertreiben,
Will nicht in der namenlosen Pein
Einsam ohne seinen Menschen sein!

„Bist du nicht mein Mensch?" — hält er sie an,
Alle Menschen, die vorüberkommen.
„Nein, ich bin's nicht!" sprechen Mann um Mann,
„Armer Schatten, dem der Mensch genommen!"
Weiter forscht er, ohne zu verzagen,
Alle Menschen muß er fragen, fragen . . .

Menschen gehen durch der Straßen Zeile
Mit geruhigem, mit raschem Schritt.
Nur der Schatten bleibt, er hat nicht Eile,
Niemand nimmt ihn auf die Arbeit mit.
Niemand kann man in der Sonne sehen
Ohne Schatten durch die Straßen gehen.

Steht der Schatten reglos auf der Wacht,
Hält für immer hier getreulich Wache,
Daß nicht wiederkehre jene Nacht,
Die Vernichtung sich nicht neu entfache;
Niemals einer Kernentfeßlung Flamme
Wieder unsern Menschenlenz verdamme!

(Alfred Margul-Sperber)

Stephan Hermlin · geb. 1915 · Deutschland / DDR

DIE VÖGEL UND DER TEST

Zeitungen melden,
daß unter dem Einfluß der Wasserstoffbombenversuche die Zugvögel
über der Südsee ihre herkömmlichen Routen änderten.

Von den Savannen übers Tropenmeer
Trieb sie des Leibes Notdurft mit den Winden,
Wie taub und blind, von weit- und altersher,
Um Nahrung und um ein Geäst zu finden.

Nicht Donner hielt sie auf, Taifun nicht, auch
Kein Netz, wenn sie was rief zu großen Flügen,
Strebend nach gleichem Ziel, ein schreiender Rauch,
Auf gleicher Bahn und stets in gleichen Zügen.

Die nicht vor Wasser zagten noch Gewittern
Sahn eines Tags im hohen Mittagslicht
Ein höhres Licht. Das schreckliche Gesicht

Zwang sie von nun an ihren Flug zu ändern.
Da suchten sie nach neuen sanfteren Ländern.
Laßt diese Änderung euer Herz erschüttern ...

Erwin Strittmatter · geb. 1912 · Deutschland / DDR

HANDZETTEL FÜR EINIGE NACHBARN

Wenn die Pilze aus Steinstaub und Feuer himmelan wachsen,
Wird es zu spät sein,
Und die Klagen um das Versäumte
Werden die Sterne nicht rühren.

Ich sah einen Mann, der dachte und dachte
An einen Kuß von der lange Begehrten.
Abends am Bach beim Syringenstrauch schwor er,
Daß er sie lebenslang lieben werde.
Gleichzeitig wurden hinter dem Meer
Qualvolle Massentode erdacht.

Nachbar, ach, Nachbar, ich gönn dir den Kuß,
Aber ich gönn ihm die herrschende Stelle
Unter deinen Gedanken nicht.
Siehe, wer liebt, der sollte besorgt sein,
Magere Liebe, wenn dir der erste,
Aber der hundertste Kuß nicht gewiß ist.
Willst du ums Jahr, wenn es wiederum Mai ist,
Drunten am Bache im Feuerregen
Deiner Geliebten die Totenhand küssen?

Ich sah einen Mann, der war fleißig und geizte.
In seinem Hirne summte die Summe
Für ein Motorrad, das er sich wünschte.
In seinem Sommer, in herbsüßer Taufrüh,
Wollt er durch Winde und Düfte fahren.
Gleichzeitig hüllte man hinter dem Meer
Rasende Tode in stählerne Mäntel.

Nachbar, ach, Nachbar, ich gönn dir dein Schnellrad,
Aber ich gönn ihm die herrschende Stelle
Unter deinen Gedanken nicht.
Wie wird dein Mai sein und was dein Motorrad,
Wenn dich, noch eh du dich satt dran gefreut hast,
Wirbelnder Glutwind zum Sternenraum weht?

Ich sah einen Mann, der war bieder und eilte
Von seiner Arbeit in seinen Garten,
Spielte dort mit gescheckten Kaninchen.
„Kostet's auch Müh mich", so sagte der Mann,
„Aber den Aalstrich am Rücken der Tiere,
Muß ich noch feiner, noch reiner erzüchten!"
Gleichzeitig wurden hinter dem Meer
Todesbakterien in Gläsern gezüchtet.

Nachbar, ach, Nachbar, ich gönn dir den Garten,
Gönn dir die kleinste der Schöpferfreuden,
Aber ich gönn ihr die herrschende Stelle
Unter deinen Gedanken nicht.
Nichts wird mehr erben, weil nichts mehr vererbt wird.
Sollte die Kraft, die in guten Händen,
Wüsten zu Paradiesen macht,
Ätzend in fruchtbare Gärten falln
Und das versteckteste Saatkorn vernichten.

Ich sah einen Mann, der stieß mit der Stange
Bunte Bälle auf grünem Tuch,
Fächerte tändelnd bebilderte Karten.
„He, du Prophet!" so rief mich der Mann,
„Stör mir nicht mahnend den Gleichklang der Stunde!
Sieh doch, ich lebe und spiele, bin munter,
Außerdem glaube ich an die Vernunft."
Gleichzeitig warfen, die gegen Vernunft sind,
Probeweise Bakterien auf Menschen.

Nachbar, ach, Nachbar, wisse, die Zeit
Macht aus den Wartenden Mitverbrecher;
Denn die Vernunft will geschürt sein und besser
Ferne Besorgnis als plötzliche Furcht,
Die dich mit tödlicher Lähmung vergiftet.

Ich sah einen Mann, dessen Hände warn welk
Wie die Blätter an sterbenden Bäumen.
„Wie es uns höhere Mächte verordnen.

Treffliche Weisheit!" so rühmte der Mann
Und behütete sie wie ein Goldstück
Im zerwurmten Großväterschrank.
Gleichzeitig stiegen hinter dem Meer
Aktien, die sein Schicksal bestimmten.

Nachbar, he, du mit dem Heiligenschein!
Wirst du nicht zittern, wenn Himmel brennen?
Hör mich und eil dich, du Geisterbeweiser,
Bring die durchwurmten Gedankenkommoden
Auf einen Hauklotz, hau Brennholz daraus!

Ich sah einen Mann, der webte und schlang
Leere Worte zu langen Reden,
Soff sich voll am Geräusch seiner Worte,
Wickelte Leben in Zeitungspapier,
Und die Menge nickte im Schlafe.
Gleichzeitig schmierte man über dem Meer
Girrende Worte in giftige Bücher.

Nachbar, ach, Nachbar, der du statt Kerne
Trockene Spelze auf Saatland verstreust,
Täusche kein Tun vor! Frag dich: „Wer hört mich?"
Frag dich: „Wo hat mein Wort was gewandelt?"

Ich sah einen Mann, der sagte zu sich:
„Komme, was kommt! Ich war immer ein Glückskind."
Gleichzeitig wurde hinter dem Meer
Schon das Massenunglück vermessen.

Nachbar, ach, Nachbar, beweine dein Glück,
Eh dir's an Wasser für Tränen mangelt!
Wo wirst du hingehn, wenn Wege zerstäubt,
Wenn über Wiesen Gluthitze wallt?
Was wird dich kühlen, wenn Bäume zerspellt,
Was wird dich schützen, wenn Wälder zerstreut,
Was wird dich laben, wenn Quellbrunnen kochen?
Was wirst du essen, wenn dir gewiß,
Jedweder Bissen die Därme zerbrennt?

Was wirst du atmen, wenn dir die Luft,
Giftig geladen, die Lungen zerreißt?
Was wird dich freuen? Was wirst du denken?
Was wirst du reden und wen besuchen,
Wenn deine Freunde als Sternstaub und Rauch
Schwelende Kontinente umkreisen?
Weißt du, daß dann ein steilender Rauchpilz
Einmal Dinslaken, Bochum und Köln war?
Denkst du daran, daß ein Aschenregen
Dann einmal Boston, Chikago, New York hieß?
Sollte dich Glückskind die Hölle verschonen,
Wird dich Erinnern zerbohren, zerfressen.
Einsam wirst du dein Glück befluchen,
Und dein Fluch wird im Weltraum verhallen.
Wie auf dem Monde, so wirst du wandeln,
Bis du in stummer Öde erstarrst.

Aber ich sah auch die Zukunft-Besorgten
Rege und handelnd, die Trägheit bekriegend,
Rufend die Völker, die Fesseln zu lösen,
Forschend und wissend, weisend die Vielen.
Unter dem Vorrat trefflicher Worte
Wählend und wägend die trefflichsten aus.
Rüttelnd an Türen, klopfend bei Nachbarn,
Wissend auch dem, der halb schlafend sie abwies,
Etwas zu sagen, was ihm im Ohr blieb.

Und ich ging mit den Zukunft-Besorgten,
Machte mich auf, die Menge zu mahnen:
Rafft euch und strafft euch! Tut euch zusammen!
Liebt euer Leben mit wilderer Kraft!
Nachbarn, helft hindern, daß Goldverrückte,
Laßt nicht geschehn, daß Profitverzückte
Emsig die Pferde des Todes schirrn. — Kämpft!

Denn wenn Pilze aus Steinstaub und Feuer himmelan wachsen,
Wird es zu spät sein,
Und die Klagen um das Versäumte
Werden die Sterne nicht rühren. —

Eugen Jebeleanu · geb. 1911 · Rumänien

REQUIEM FÜR DIE UNBEKANNTEN TOTEN

Gedenken sollt ihr, ewiglich gedenken
der unbekannten Toten von Hiroshima:
des gramgebeugten Fischers, der ein neues Netz
sich knüpfte, ganz aus Sonnenlicht die Maschen,
durch die
des Ozeans Blütenwasser schimmerten
wie Veilchen voller Duft;
des Manns in Sielen, der vor seinem Hause hinsank,
als er noch eben lächelnd seine Kinder
ein Tier — ein seltsames — bestaunen ließ,
ein altes Fahrrad, das er sich erworben,
und sagte: „Das fahr ich noch hundert Jahre";
gedenkt der Mütter, an den Wiegen hingemordet,
und derer, die's am Arbeitsplatze traf;
des Mädchens, das nur eine Viertelstunde später
den Bräutigam gesehen hätte, der vier Jahre
schon an der Front war und verwundet heimkam;
gedenkt der Unglücklichen, die in Tempeln,
kühl schattend wie ein Quellgrund, beteten;
gedenkt der Kinder auch, die von der Schule
nicht mehr nach Hause kamen; ihre Schürzchen,
verwaist im Winde flatternd, sind
ein Anblick, trauriger als selbst der Tod...

Gedenken sollt ihr, ewiglich gedenken
der unbekannten Toten von Hiroshima...

Und nie vergessen sollt ihr ihre Mörder.

(Georg Maurer)

Armin Müller · geb. 1928 · Deutschland / DDR

ICH HABE DEN THUNFISCH GEGESSEN

Zeitungen berichten davon, daß mehrere japanische Fischer, die nach einem Atombombentest der USA im Pazifik Thunfische gefangen und zu sich genommen haben, an langsam tötenden radioaktiven Verseuchungen erkrankt sind.

LEGT,
was in den Händen ihr haltet,
das Blatt, den Lippenstift,
das Brot vor euch nieder,
laßt den Krug unberührt,
stellt den Motor ab,
grabt nicht tiefer jetzt,
hört, was ein Fischer
euch sagt.

MEIN WORT IST NICHT BÖSE,
es hat keine metallenen Flügel.
Es soll zu euch kommen
wie ein weißer Vogel.
In die Kissen soll es sich senken,
eine Handbreit zwischen die Liebenden,
in die Nester der Schlaflosigkeit.
Das Raunen soll es übertönen
und die Gebete,
das Ticken der Uhr
und den Wind.

Ich habe den Thunfisch gegessen.

SCHWARZ
ist die Sonne geworden,
wimperlos wie das Auge der Nacht.
Ertrunken sind die Segel
und die Muschelstirnen der Inseln.
Schwimmend, im sickernden Regen,
gleiten Konturen von Hütten dahin.

Das dunkle Tuch,
auf mein Gesicht gefallen
wie ein böser Traum,
riecht nach den Leibern toter Fische,
nach Teer und nach Sand.
Nur die Erinnerung brennt,
die riesige berstende Wolke,
flammend wie zweihundert Blitze.

ICH HABE DEN THUNFISCH GEGESSEN.

Darum darf ich nicht zu dir kommen,
meine Taube.
Die knisternde Nähe deines Haars,
das die Schultern mir peitschte
in den blauen Nächten,
ist wie das Summen entglittener
Stunden. Der Kelch deiner Schenkel
öffnet sich, doch ich darf
nicht zu dir kommen.
Ich trüge dir die Nacht in den Schoß,
meine Taube. Schwarze Früchte
müßten von deinem Herzen fallen,
nein, ich darf nicht zu dir kommen.

Ich habe den Thunfisch gegessen.

NACH SALZ SCHMECKT DEIN HAAR
und nach Tränen, Gurrende.
Verzeih mir,
daß ich über deine Schultern spreche,
hinaus in den Sand, in das
schaukelnde Meer.
Doch ich habe Angst um die Liebenden.
Sie sollen mich hören.

Ich habe den Thunfisch gegessen.

DAS MEER HAT IHN AUSGESPIEN,
doch das Meer ist unschuldig.
Niemand darf es beschimpfen.
Blau wie ein Traum kann es sein

und schwarz wie der Zorn.
Die silbernen Haie der Lüfte
verwunden es. Es wehrt sich.

Ich habe den Thunfisch gegessen.

Haltet die silbernen Haie zurück,
sonst werden die Augen verlöschen
wie Kerzen im Wind,
Bäume zerbrechen wie Gräser
und Küsten ins Meer stürzen.

Haltet die silbernen Haie zurück.
So haltet sie doch zurück.

NEHMT,
was in den Händen ihr hieltet,
das Blatt, den Lippenstift,
das Brot wieder an euch.
Aber haltet die silbernen Haie zurück.
Hebt den Krug.
Aber haltet die silbernen Haie zurück.
Stellt den Motor an.
Aber haltet die silbernen Haie zurück.
Grabt tiefer jetzt.
So haltet sie doch zurück!

Marie Luise Kaschnitz · geb. 1901 · Deutschland / BR

HIROSHIMA

Der den Tod auf Hiroshima warf
Ging ins Kloster, läutet dort die Glocken.
Der den Tod auf Hiroshima warf
Sprang vom Stuhl in die Schlinge, erwürgte sich.
Der den Tod auf Hiroshima warf
Fiel in Wahnsinn, wehrt Gespenster ab
Hunderttausend, die ihn angehn nächtlich
Auferstandene aus Staub für ihn.

Nichts von alledem ist wahr.
Erst vor kurzem sah ich ihn
Im Garten seines Hauses vor der Stadt.
Die Hecken waren noch jung und die Rosenbüsche zierlich.
Das wächst nicht so schnell, daß sich einer verbergen könnte
Im Wald des Vergessens. Gut zu sehen war
Das nackte Vorstadthaus, die junge Frau
Die neben ihm stand im Blumenkleid
Das kleine Mädchen an ihrer Hand
Der Knabe, der auf seinem Rücken saß
Und über seinem Kopf die Peitsche schwang.
Sehr gut erkennbar war er selbst
Vierbeinig auf dem Grasplatz, das Gesicht
Verzerrt von Lachen, weil der Photograph
Hinter der Hecke stand, das Auge der Welt.

Hanns Cibulka · geb. 1920 · Deutschland / DDR

INSCHRIFT FÜR HIROSHIMA

Was nützen uns
die toten Liebenden?
Solln wir gleich jenem Hirt
vor vielen tausend Jahren
das Menschenbild
mit einem Stück verkohltem Holz
von neuem an die feuchten
Höhlenwände malen?

Günter Eich · geb. 1907 · Deutschland / BR

DENKE DARAN...

Denke daran, daß der Mensch des Menschen Feind ist
Und daß er sinnt auf Vernichtung.
Denke daran immer, denke daran jetzt,
Während eines Augenblicks im April,
Unter diesem verhangenen Himmel,
Während du das Wachstum als ein feines Knistern zu hören glaubst,
Die Mägde Disteln stechen
Unter dem Lerchenlied,
Auch in diesem Augenblick denke daran!

Während du den Wein schmeckst in den Kellern von Randersacker
Oder Orangen pflückst in den Gärten von Alicante,
Während du einschläfst im Hotel Miramar nahe dem Strand von Taormina
Oder am Allerseelentage eine Kerze entzündest
auf dem Friedhof in Feuchtwangen,
Während du als Fischer das Netz aufholst über der Doggerbank
Oder in Detroit eine Schraube vom Fließband nimmst,
Während du Pflanzen setzt in den Reis-Terrassen von Szetschuan,
Auf dem Maultier über die Anden reitest —
Denke daran!

Denke daran, wenn eine Hand dich zärtlich berührt,
Denke daran in der Umarmung deiner Frau,
Denke daran beim Lachen deines Kindes!

Denke daran, daß nach den großen Zerstörungen
Jedermann beweisen wird, daß er unschuldig war.

Denke daran:
Nirgendwo auf der Landkarte liegt Korea und Bikini,
Aber in deinem Herzen.
Denke daran, daß du schuld bist an allem Entsetzlichen,
Das sich fern von dir abspielt —

Hans Magnus Enzensberger · geb. 1929 · Deutschland/BR

SOZIALPARTNER IN DER RÜSTUNGSINDUSTRIE

ein anblick zum zähneknirschen sind
die fetten eber auf den terrassen
teurer hotels, auf den golfplätzen
sich erholend von mast und diebstahl
die lieblinge gottes.

       schwerer
bist du zu ertragen, niemand
im windigen trenchcoat, bohrer,
kleinbürger, büttel, assessor, stift,
trister dein gelbes gesicht:

verdorben, jeder nasführung aus-
geliefert, ein hut voll mutlosen winds,
eigener handschellen schmied,
geburtshelfer eigenen tods,
konditor des gifts, das dir selbst
wird gelegt werden.

       freilich
versprechen dir viele, abzuschaffen
den mord, gegen ihn zu feld zu ziehn
fordern dich auf die mörder.
nicht die untat wird die partie
verlieren: du: sie wechselt nur
die farben im schminktopf:
das blut der opfer bleibt schwarz.

Walter Bauer · geb. 1904 · Deutschland / lebt in Kanada

EINES TAGES WERDEN WIR AUFWACHEN UND WISSEN

Eines Tages werden wir aufwachen und wissen,
Daß wir zu wenig getan haben oder das Falsche,
Wir werden uns sagen, daß wir mehr hätten tun sollen.
Aber was? werden wir fragen — und: wann hätten wir es tun sollen,
Hatten wir jemals Zeit, uns zu entscheiden?
Und dann werden wir wissen, daß über uns entschieden wurde
Von Anfang an, weil wir es so wollten.
Keine Ausrede mehr: die Zeit ist vertan. Keine Beschönigung mehr:
    auf unseren Händen liegt Asche.
Bei jedem Schritt stäubt sie auf. Asche. Asche.

Wir werden uns dann eines Glanzes erinnern,
Der uns blendete vor vielen Jahren, daß wir erschauerten,
Eines Windhauches werden wir dann gedenken, der uns traf,
Uns aufriß und dann zerfloß,
Wir werden dann fragen: Wann war das? Wann der Blitz des Lichtes?
Der Windhauch: wann?
Wir werden uns erinnern, daß da etwas war voller Verheißung,
Aber kaum noch sagen können, was es war und daß es Aussichten
   gab für uns,
Pfade, für uns allein gemacht —
Nur: daß da etwas war, dem wir nicht folgten —
Und hinzufügen: daß wir keine Zeit hatten, leider —
Weil wir die Zeit vergeudeten in kleiner, abgegriffener Münze.
Und von dem Aufblitzen des Lichtes und dem Windhauch blieb nichts.
Nur Asche.

Sidney Keyes · geb. 1922 · England

KRIEGSDICHTER

Ich bin's, der nach dem Frieden sah und fand
Mein Auge dornbewehrt.
Ich bin's, der nach dem Worte griff und fand
Pfeile in meinen Händen.
Ich bin der Bauherr, der ein gleitend Land
Umzog mit starken Wänden.
Werde ich krank oder irr,
Spottet nicht, schließt mich nicht an;
Lange ich nach dem Wind,
Werft mich nicht matt:
Ist mein Gesicht auch ein brandmürbes Buch
Und eine wüste Stadt.

(Wolfgang G. Deppe)

Carl Emil Englund · 1903—1961 · Schweden

NACH DER LETZTEN ATOMBOMBE

Alles ist still,
Ewigkeit lauscht in den Raum hinein,
kein Sommer erwartet Briefe mit der Post.
Ruhig ist die Ruhe schweigsam das Schweigen,
der Unwissende tut keinen Fehltritt
der Gelehrte steht in seiner eigenen Spur.
Niemand leiht länger ein Trosteswort,
Leuchte oder Glauben —
Schweigen steht in der engen Straßenkreuzung
und wärmt die Hände mit der Leere.
Regen streift über öde Städte,
das Märchen verlöscht im letzten Feuer.
Stille, Stille —
Angst und Unruhe reiste mit dem Menschen fort.
Des Friedens weißes Evangelium
schweift einsam umher mit dem Mond.

(Nelly Sachs)

Heinz Kahlau · geb. 1931 · Deutschland / DDR

DAS HIER IST WAHRHEIT

Ich hörte:
Wolken sind über den Völkern
von allen Atomexplosionen.
Sie werden herunterkommen.

Ich las:
Winde sind aufgekommen
überm Pazifik,
die Staub mit sich tragen.
Sie wehen über die Erde.

Ich sah:
Fische wurden gefangen
im Meer von Bikini,
die hatten drei Köpfe.
Sie schwimmen in alle Meere.

Ich weiß:
Kinder wurden geboren
in Nagasaki
von menschlichen Müttern.
Es sind keine Menschen.

Was immer gelogen wurde
in Zeitungen, Rundfunkstationen
und Kinos,
das hier ist Wahrheit.

Wann ist das Brot, das ich esse,
kein Brot mehr?
Wann ist der Wein, den ich trinke,
kein Wein mehr?
Wann ist das Kind, das ich zeuge,
kein Kind mehr?

Wenn der Fisch vom Pazifik
auf unserm Tisch steht,
wenn der Wind von Bikini
durch unser Haar weht.
Wenn die Wolke von Bikini
auf uns niedergeht.

Friedrich Wolf · 1888—1953 · Deutschland / DDR

GLOCKENSTIMME

Es gibt Poeten, die sagen:
Der Sturm setzte die Glocken in Gang —
Oder:
Geister, die in den Lüften klagen,
Zerrten am Glockenstrang.
Aber
Das ist faules Gerede,
Denn der Mensch ist es, der jede
Glocke bewegt,
Der Mensch ist es, der Mensch.

Es gibt Reporter, die deuten
Mit zitternder Kehle darauf hin:
Nur einmal
Im Jahre werde diese Glocke läuten,
Nur zur Weihnacht, das sei ihr Sinn.
Aber
Vielleicht wird gerade diese Glocke sprechen,
Wenn Menschen Kerkermauern zerbrechen
In einer andern Nacht,
Weil es der Mensch ist,
Der die Glocke zum Schwingen gebracht,
Weil es der Mensch ist, der Mensch.

Es gibt Priester, die sagen:
Jene Glocke läute nur ganz zart
„Friede auf Erden!",
Weil Maria das Kindlein getragen
Und Christus geboren ward.
Aber
Wer sagt euch, daß nicht einmal jene Frau
Den Glockenstrang wird fassen,
Damit alle Frauen auf die Straßen
Eilen, mit Hämmern und Beilen
Den gierigen Kriegsgöttern
Das Maul zu verkeilen,

Damit kein Sohn mehr am Kreuz muß leiden,
Damit keine Söldnerlanze ihm öffnet die Seiten,
Daß nicht weiter die Herren schuldlos lächeln,
Während die Verdammten am Querholz verröcheln —
Denn auch das ist Menschenstimme,
Wenn in wildem Grimme
Die zarte Glocke ihr Sturmlied gesungen,
Von einer Mutter am Strang geschwungen
Für den Sohn,
Für den Sohn,
Für des Menschen Sohn.

Adolf Endler · geb. 1930 · Deutschland / DDR

IM TRUPPENÜBUNGSGELÄNDE BEI BITBURG (EIFEL)

Wir lagen beieinander,
und ich deckte dich mit den Händen zu.
Ich bedeckte deine Braue, dein Auge,
und ich bedeckte deinen Atem.

Deine Haare glänzten im Sand.
Solches Haar hab ich einmal bluten gesehn.
Solches Haar hab ich auf weißem Sand bluten gesehn.
Es war ein März vor elf Jahren.

Scharf schnitt der Wind in diesen März vor elf Jahren,
er schliff sich scharf an Bombengeschwadern und Schüssen,
ein Wind, der sichelte Haar und Kopfhaut
und die Hand, die Haar und Auge und Braue und Kopfhaut zudeckte.

Wir lagen heut beieinander,
und ich deckte dich mit bebenden Händen zu.
Am Himmel erschienen drei schnelle Schatten,
kam ein rasches, scharfes Geräusch: Drei
Sicheln sausten am Himmel.

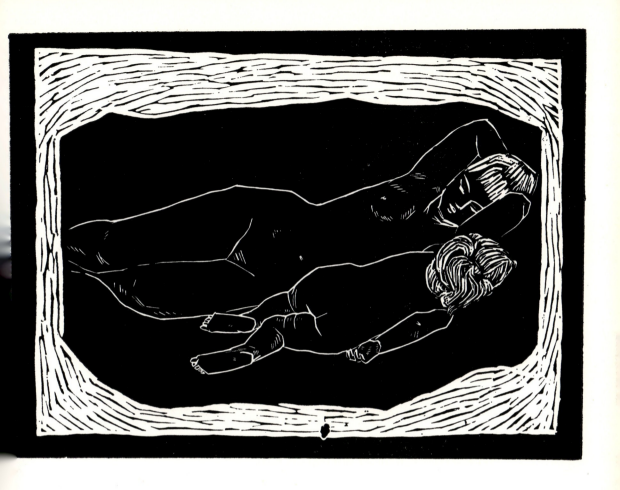

Günter Kunert · geb. 1929 · Deutschland / DDR

ICH BRINGE EINE BOTSCHAFT

I
Und die heißt: Keine Sicherheit. Der auf Frieden
Hofft wie auf das Stillestehen der Zeit,
Ist ein Narr. Wohl: Die Waffen ruhen
Ein wenig, und die Toten der letzten Schlachten
Ruhen ein wenig, doch
Die Lebenden ruhen nicht.

II
Der im stahltapezierten Felsenzimmer
Die Raketen richtet
Auf die Brust seines Kameraden drüben, auf
Dessen Mutter und Stadt und Feld und Land, muß
Wissen, daß
Auf der anderen Seite die gleichen Ziele
Anvisiert werden: Sicherheit
Findet sich im Nirgendwo. Nicht getroffen
Von dem alles verheerenden Schuß
Werden einzig die Generationen, die vorher
Ins Nichts sich begaben.

III
Mit bleichen Gesichtern
Durchblättern am frühen Morgen die Städter
In den rollenden Zügen die Zeitungen hastig:
Wie steht der Kampf
In den brennenden Dschungeln von Laos,
Auf der anderen Seite des Erdballs?
Mühselig buchstabierend lesen sie die Namen
Äußerst fremder Orte und Generäle, die
Sie gleichgültig ließen, ahnten sie nicht:
Ihnen
Erwächst Gefahr.

IV
Durch die noch stillen Wälder ziehen sich
Panzergräben
Auf den Landkarten erst, doch wer durch die Wälder
Geht, spüret
Schon einen Hauch.

V
Tödlichem Gas gleich
Wallt über uns die Gewohnheit: wem es nichts
Ausmacht
Mit einem Bein im Grabe zu stehen, wird bald
Mit beiden drin liegen.

VI
Auf einem Vulkan läßt sich leben, besagt
Eine Inschrift im zerstörten Pompeji.

VII
Und die Bürger der vom Meere geschluckten
Ortschaft Vineta
Bauten für ihr Geld Kirchen, deren Glocken
Noch heute mancher zu hören vermeint, statt
Einen schützenden Deich.

VIII
Der ich ähnlich vielen, wenig
Neigung verspüre
Mein Dasein fortzuführen
Als unterseeisches Geläute, als mehr oder
Weniger klassische Inschrift,
Bringe nur eine kurze Botschaft: Keine Sicherheit
Heißt sie.

IX
Solange die Zerstörung einträglicher ist
Denn Aufbauen, und
Solange
Nicht abgeschafft sind,
Derer die Einträglichkeit ist, solange
Wird vielleicht hin und wieder sein: Ein wenig
Ruhe. Sicherheit
Keine.

Arno Reinfrank · geb. 1934 · Deutschland / lebt in England

WIR MÜSSEN SORGEN, DASS UNS FRIEDEN BLEIBT

Wir müssen sorgen, daß uns Frieden bleibt,
daß dies ein Flugzeug vor die Wolken schreibt,
daß es an allen Zäunen lesbar wird,
daß es libellengleich das Ohr umschwirrt.

Wir müssen Sorge tragen für ein kleines Kind,
das leis sein neues wollnes Kleid besingt,
wir müssen sorgen, daß kein Mann sein Weib verläßt,
wir müssen sorgen für ein großes Frühlingsfest.

Wir müssen sorgen für ein Paar, das sich verliebt
in einem dunklen Torweg Küsse gibt,
und sorgen müssen wir für Essen und Gebet
und daß kein Mensch mehr betteln geht.

Wir haben Mühe, daß die Brücke nicht zerfällt,
daß uns beim Sturm das Fenster nicht zerschellt,
daß sich ein Kranker über unsre Blumen freut
und daß der Gärtner seinen Samen streut.

Wir haben Mühe mit der nackten Not,
mit einer Wand, die umzustürzen droht,
und daß die neuen Häuser bald bewohnbar sind.
Wir müssen sorgen, daß im Park der Brunnen springt.

Wir müssen helfen, wenn ein Vater wortlos weint,
und sorgen, daß sich Milch mit Mehl zu Brot vereint
und daß im Herd das Feuer nie verlischt.
Wir müssen sorgen, daß ein Mörder nicht entwischt.

Wir müssen achten, daß ein Zug uns nicht entgleist
und daß der Fluß uns nicht die Dämme niederreißt,
wir müssen sorgen, daß uns nichts ins Unheil treibt
und daß der Schüler es schon an die Tafel schreibt:

Wir müssen sorgen, daß uns Frieden bleibt.

Erich Arendt · geb. 1903 · Deutschland / DDR

ELEGIE

in memoriam Albert Einstein

Ein Weiser aber,
bevor er starb: Er
hob noch einmal
seine Hand ... und angestrengt
vor Warnen war der Raum.
Da welkten schon und wie vom Rande
schmerzerregter See
die Schatten seines Mundes. Doch
voller Deutung war und ganz
im aufgefangnen Lichte dunkler Sterne
die letzte Stunde:
Weltgedicht der Zahlen!

Jedoch:
die Hand stand unbewegt.

Wind auf den Flächen
des Alls. Leben Tode —
Schmerz! Ausgerissen
die Schwingen Gottes, die Gedanken
lagen, verstreut.
Du aber im Nachtgrund,
Fliegender, fern
der weißen Wange deiner Erde,
dem Kinderstaunen
von Wipfeln und grasleisem Mond:
todabgeschieden
unter den ferngesteckten Gestirnen ahnt
ein Walten dein Herz.
Vernimm den Ton: Schweigen ...
ein Denken, alterlos
der Welt: die schmalgebogene
Brücke!

Oder schreckt es dennoch
tief um dich in dir

und du erinnerst den Schmerz
im altersgefurchten Rembrandtgesicht,
dies Wissen
unterm Lid, zurückgehalten,
wurzelhart, ein Schatten?
Wie schnell endet der Mensch ... und wanken erst,
die ihn überdauern einen Atem lang,
die Berge, erlischt,
was menschlich war,
im Aug ihm ... und zerdrückt ist
sein Stolz, Schmetterlingsflügel im Sturm.
Noch geht wie unter traumwärts
fliehenden Wolken still
dein Fuß, und
zerbrochen schon
ist, die dich trug,
die dünne Schale der Erde.

Blut quillt,
immer wieder das Blut!

Verbirg, aschkalten Herzens, Bruder
verbirg deine Hände! Deck zu
die mitwissenden, die
zu schweigen verstehn:
Finger, die warfen Blatt um Blatt
auf den besudelten Tisch beim argen Spiel,
nicht aufzuschauen, da
der Würger umging. Deck zu,
Elender, daß schlafen du magst und,
inmitten des Todes,
gesichtlos.

Aber war nicht, sagt es,
sagt das gültige Wort: war,
wo im Buchenwald
der große Liebende, hier,
einem Herzschlag lauschte, nicht
der sichre Ort? Und sang
er nicht einst? — Kahlgeschlagen
sein Berg, Sand und kaltes Erstarren:

die ungeschlossenen Wunden!
Und unter den Rinden
die fingerlose Angst!
Nacht du der Nacht:
felsennagender Schatten
an unserm Herzen!

Noch deine Bäume, Deutschland,
wissen zu viel.

Peter Huchel · geb. 1903 · Deutschland / DDR

PSALM

Daß aus dem Samen des Menschen
Kein Mensch
Und aus dem Samen des Ölbaumes
Kein Ölbaum
Werde,
Es ist zu messen
Mit der Elle des Todes.

Die da wohnen
Unter der Erde
In einer Kugel aus Zement,
Ihre Stärke gleicht
Dem Halm
Im peitschenden Schnee.

Die Öde wird Geschichte.
Termiten schreiben sie
Mit ihren Zangen
in den Sand.

Und nicht erforscht wird werden
Ein Geschlecht,
Eifrig bemüht,
sich zu vernichten.

Georg Maurer · geb. 1907 · Deutschland / DDR

DIE IHR GEBOREN WERDET HEUTE...

I
Die ihr geboren werdet heute
und ihr, die ihr noch gegen den Mutterleib klopft,
nicht weil ihr kommen wolltet, weil ihr gerufen wurdet,
ihr mit geschlossenen Augen gleich des Buches Deckeln,
das ihr aufschlagen sollt,
die Lettern allmählich verstehend, um hinzuzuschreiben
Kapitel um Kapitel eurer eignen Geschichte:
Während ihr in den Wiegen schreit oder lächelt,
wendet der Sturm eine Seite um nach der andern,
und eure Väter und Mütter müssen stehn
für die Worte — denn ihr werdet lesen
jedes einzelne Wort und jeden Namen untilgbar
und fragen, warum ihr gerufen wurdet,
wenn auf den Wiegen bereits steht: Mord!
und Warntafeln sind an vergifteten Meeren;
warum die blauen und rosa Jäckchen gestrickt werden,
da sie einschmelzen sollen auf euren Leibern zu furchtbaren Mustern,
kaum daß ihr das berühmte Licht der Welt erblickt,
das ungeheuer weiß aufgeht mit Wolken,
darin die Vögel nicht leben können — und selbst der Granit
der Pflastersteine, auf denen ihr spielen wollt,
schrecklich sich ändert,
Minerale treiben wie giftige Blumen;
warum die Wälder grün heißen in Märchen
und sind doch fahl wie die Greise,
und der Prinz die Prinzessin küßt auf die Lippen,
da doch die Lippen herabfalln.

II
Zwar noch halten sich unsre Seen rein,
um euch und die Fraun und Männer zu baden
vom Dunst der großen Städte,
und der Wälder Dämmerung wartet,
in unsre Augen zu grünen!

Noch verzaubert der Laterne Schein die Gesichter der Liebenden,
und sie reden leiser, wenn der Morgen
über den Parkbäumen sich hebt
und der frische Hauch über den Kanal fährt.
Die Vorhänge an offenen Fenstern bauschen sich lustig
von den Atemstößen des Frühlings!
Doch wenn der Vorhang vom Staubstoß sich hebt
der Sonne, die vor dem Morgen schon aufgeht,
daß die erschrockenen Kathedralen und Hochhäuser knicken
wie Maste, werden unsre Schatten an den grellen Wänden
länger sichtbar sein als wir — und nichts wird bleiben!
In den Alpen entdecken darum Millionäre die Schönheit
niedriger Almhütten, selbst kahle unwirtliche Hänge
entzücken sie (und sie bieten hohe Preise dafür),
und sie prüfen die Klüfte für mannshohe Rattenlöcher,
darin zu überleben den Untergang, den sie bereiten.
Doch von Holzfällern bei Heilbronn hört ich, die die Äxte nicht hoben
gegen die Bäume, um Platz für die Raketen zu schaffen,
sondern gegen die Vernichter der Bäume.
So schreiben sie mit den Äxten
die Lettern des Friedens. O ihr eben Geborenen,
solche ungelenken Züge,
die zittrigen Unterschriften der Mütter
werdet ihr freudig lesen, denn diese führten
das Buch des Lebens weiter!

Volker Braun · geb. 1939 · Deutschland / DDR

FÜR A. P.

Alle Sekunden der Freude
Die Stunden des Taus und der müden Sonne
Das Wandern die Lenden der Wiesenberge hinab
Das Liegen in den fetten Armen einer hergelaufenen Nacht
Das Schweigen vor den Motoren und Fliederbäumen
All das Besinnen, Behalten, Dableiben
Alles Besinnen will ich fortgeben, ausspeien, auslöschen
Fließt aus mir fort mit den Ergüssen des neuen Frühlings
Ich melde meinen Verzicht an auf den Abend und auf die Nacht

Noch aus den Gräbern steigen Flüche noch
Noch aus den Gräbern stinkt Angstschweiß noch
Noch gibt es Thyssen und Mannesmann
Und solange es Kapitalismus gibt, gibt es
Kapitalismus jede Sekunde

Jede Sekunde muß gekämpft werden
Unser Leben sei ohne Atemholen

Ich verzichte, leise zu schweigen und lärmend zu reden
Mein Schweigen soll dröhnen
Meine Sprache soll in sich fallen wie der hinterhältige Regen

Jede Sekunde will ich dröhnen und hinterhältig sein
Ich gebe dich nicht auf
Daß du dich wehrst gegen Thyssen und Mannesmann
Will ich jede Sekunde über dich herfallen

Ich mag nicht ausruhn bei dir, Freundin
Ich habe keine Geduld für deine Lust
Ich bin zu unbescheiden, nur dich zu lieben
Dein Leib, Bett oder Sarg unserer Kinder
Deine Schenkel, helle Stützen der Traumgewölbe
Der Taubenflügelschlag Augenbraue
Sind mir so fern und nah
Wie der endliche Sieg aller guten Gedanken

Ingeborg Bachmann · geb. 1926 · Österreich

FREIES GELEIT

Mit schlaftrunkenen Vögeln
und winddurchschossenen Bäumen
steht der Tag auf, und das Meer
leert einen schäumenden Becher auf ihn.

Die Flüsse wallen ans große Wasser,
und das Land legt Liebesversprechen
der reinen Luft in den Mund
mit frischen Blumen.

Die Erde will keinen Rauchpilz tragen,
kein Geschöpf ausspeien vorm Himmel,
mit Regen und Zornesblitzen abschaffen
die unerhörten Stimmen des Verderbens.

Mit uns will sie die bunten Brüder
und grauen Schwestern erwachen sehn,
den König Fisch, die Hoheit Nachtigall
und den Feuerfürsten Salamander.

Für uns pflanzt sie Korallen ins Meer.
Wäldern befiehlt sie, Ruhe zu halten,
dem Marmor, die schöne Ader zu schwellen,
noch einmal dem Tau, über die Asche zu gehn.

Die Erde will ein freies Geleit ins All
jeden Tag aus der Nacht haben,
daß noch tausend und ein Morgen wird
von der alten Schönheit jungen Gnaden.

René Schwachhofer · geb. 1904 · Deutschland / DDR

ABER DIE TAFELN KÜNDEN DEN FRIEDEN

Wir vergessen es nicht:
Die Ströme, von Blut durchflossen,
Tödlich der Himmel, die Lüfte —

Und suchten vergebens
Im Morden den Sinn —
Heißer brannte die Sonne,
Tiefer flogen die Schatten.

Sie aber rufen ihn wieder,
Den Krieg: die Träger
Des Goldes, Satte, Barbaren,
Und schleifen den Frieden.

Ihr wächsernen Städte, darüber
Schwärzer der Himmel wogt,
Und es fallen in die Täler
Die Berge — o versteinerter Schmerz!

Du kennst die Höllen,
Und wer die Höllen schuf,
Den Abgrund, den unmeßbaren —
Aber du und ich,
Alle gemeinsam, wir treten
An für den Frieden.

Unzerreißbar das Gelöbnis,
Das tönend-klare,
Glühend die Flammschrift des Herzens.
Der Gemordeten Anruf,
Die Tränen der Mütter —
Sie begleiten uns.

Vergiß das Vergessen —
Aber nicht das Grauen, die Untat.
Es gehen deinen Schritt die Millionen.
Es rufen deinen Ruf die Millionen.
Und deine Kraft: die Millionen.

Auf den Tafeln tragen
Den Namen des Friedens,
Ein unzerstörbar Erz,
Die neue Sonne!

Sturm weht gewaltig
Den Frieden der Völker —
Wahrheit, Gerechtigkeit, Frieden,
Sie bekränzen die Welt bald.

Im eigenen Feuer,
Im Abgrund,
Elend verbrennen die Brenner.

Paul Wiens · geb. 1922 · Deutschland / DDR

DER SCHWEIGENDE HERODOT

Gestern nacht wachte ich auf,
war krank und allein.
Da ging ich zu suchen
die sterbenden Jungen, die Mutter rufen.

Ohne Zeit steht ihr Schrei,
der unaufhörliche, über den Städten,
die unsere Schlachtfelder sind.
Wir schämen uns dessen und schweigen.

Der Grieche begegnete mir,
aufgeholt lichtgeschwind,
der Geschichte schrieb.
Barfuß schritt er auf dem Asphalt.

In den blauen hallenden Straßen
lagen die Söhne,
klagende Stimmen im Staub.
Der Grieche sah sie und schwieg.

Unfertig gehn die Gefallenen unter!
Ungetan schwinden Jahrtausende Liebe!
Zu früh unfruchtbar
entrauscht das Blut seinen Grenzen!

Still!
Alle hören den unaufhörlichen Schrei.
Unsre Arbeit ist: zu vergessen.
Vergessen, ehe die Nacht aufhört ...

Am Tag soll keiner allein sein.
Staatspreise werden verliehen,
wir gründen lebendig Alltägliches
und ehren vernünftig die Toten.

Nur eine Mutter für alle
namenlos tut sich auf für die namenlosen
Kinder, holt sie schweigend in schweigende
Finsternis heim, schamvoll.

Gestern nacht ging ich
über den steinernen Kampfplatz.
Der Grieche ging mit mir,
der Geschichte schrieb, schweigend.

Franz Fühmann · geb. 1922 · Deutschland / DDR

DER NEUE STERN

Am 2. 1. 1959 startete die Sowjetunion die erste Weltraumrakete

Diese Angst: Wenn das Letzte geschähe,
das sich dem Denken versagt,
wenn die jähe
Glut um den Erdball jagt
und der Planet zerschellte,
vertilgt des Menschen Spur,
zwischen Venus und Mars die Kälte
des leeren Raumes nur ...

Diese Angst: Der Mensch nie gewesen,
umsonst aller Kampf, alle Qual,
sinnlos alles Leid; nichts zu lesen
von den Opfern ohne Zahl.
Die Gekreuzigten — eine Chimäre,
Spartakus, du und ich
niemals im Leben. Nur Leere
ewiglich . . .

Nun ist diese Angst gewichen
und liegt Äonen fern.
Ihr Schreckbild ist verblichen,
ich sehe einen neuen Stern,
und dieser Stern wird nicht schwinden;
wenn auch die Erde zerfällt,
wird er ewig künden:
Es war einmal eine Welt,

von Wesen belebt, die Hirne
hatten und Aug und Hand,
kundig der Bessemerbirne,
aus der dieser Stern entstand,
kundig der Kraft der Raketen,
auf dem Vormarsch ins Weltall, die Herrn
ihres verschollnen Planeten.
Das alles erzählt einst der Stern.

„Wo aber ist er geblieben",
würd man sagen, „dieser Schöpfer Planet?"
Und man würd fragen den Stern, wo getrieben
ins Metall eine Botschaft steht:
Fünf Strahlen und vier Chiffren
in der stählernen Wand
sagten den Weltraumschiffern,
daß einst ein Staat bestand,

reif, den Stern um die Sonne zu lenken,
und man würde, von wo man auch kam,
an die Kämpfe und Gänge denken,
die die eigne Geschichte nahm,
bis man die Schlächter bezwungen,
erstritten den letzten Sieg,
dem Frieden die Freiheit errungen,
und sie würden wissen: Ein Krieg

war's, der den Planeten zerstörte
und in Atome zerrieb,
und sie würden im Geist neu die Erde
erschaffen, da jener Stern blieb,
und sie würden zurück die Geschichte
spulen bis zum Beginn,
und siehe: Nichts wäre zunichte,
kein Opfer ohne Sinn,

und man würde aus den stählernen Chiffren
des Sternes Stück um Stück
die verschollenen Wesen entziffern,
ihren Kampf, ihre Qualen, ihr Glück,
was sie hofften, wie sie litten und liebten,
jeden Hauch, jeden Kuß, jeden Traum,
alles wär eingeschrieben
ewig in Zeit und Raum.

Und da dieser Stern kreist: Das Letzte,
weiß ich, wird nicht geschehn,
die Hand, die Sterne versetzte,
wacht über der Erde Drehn,
die Hand, die den Stern geschaffen,
ist's, die uns hält,
deine und meine Liebe,
des Menschen unsterbliche Welt.

Werner Bräunig · geb. 1934 · Deutschland / DDR
DU, UNSERE ZEIT

Sicher blühten die Blumen
auch vor tausend Jahren schön,
und manchmal klang sicher ein Liebeslied
in eines Herbstwindes Wehn.

Und sicher steigen die Schwalben auch
im nächsten Jahrtausend zum Licht,
und die Erde wird sicher viel freundlicher sein
und schöner das Menschengesicht.

Aber ganz sicher waren die Sterne
der Erde noch nie so nah,
und der Himmel sah sicher noch nie eine Zeit,
da solch ein Beginnen geschah.
Noch nie. Und die Liebe war nie so bedroht
und doch nie größer als heut.
Du, unser Jahrhundert: Es beginnt erst der Mensch
in dieser, unserer Zeit.

Die Liebenden werden sich abends am Fluß
auch in tausend Jahren noch küssen.
Doch nie wieder wird sein: Schon lieben zu dürfen
und doch noch hassen zu müssen.

Erich Kästner · geb. 1899 · Deutschland / BR

AUFRUF

Schneidet das Korn und hütet die Herde,
indes der Planet um die Sonne rollt!
Keltert den Wein und striegelt die Pferde!
Schön sein, schön sein könnte die Erde,
wenn ihr nur wolltet, wenn ihr nur wollt!

Reicht euch die Hände, seid eine Gemeinde!
Frieden, Frieden heiße der Sieg.
Glaubt nicht, ihr hättet Millionen Feinde,
euer einziger Feind heißt — Krieg!

Frieden, Frieden, helft, daß er werde!
Tut, was euch freut, und nicht das, was ihr sollt.
Schneidet das Korn und hütet die Herde.
Keltert den Wein und striegelt die Pferde!
Schön sein, schön sein könnte die Erde,
wenn ihr nur wolltet, wenn ihr nur wollt!

Max Zimmering · geb. 1909 · Deutschland / DDR

EINER MUTTER SCHWUR

Sie sollen dir den Schlaf nicht stören, Kind.
Du träume deinen wundersamen Traum
von bunten Kugeln im besternten Raum,
von Silbersegeln, weitgebläht im Wind.

Sie sollen dir den Morgen nicht entweihn,
da du erwachst voll ungetrübter Lust
auf einen Tag, den du erobern mußt,
denn jeder neue Tag, mein Kind, sei dein.

Sie sollen deinen Frieden nicht bedrohn,
wenn abends du vom Tage Abschied nimmst
und sacht vom Wachen in das Träumen schwimmst
zu blauen Ufern voller weißem Mohn.

Sie sollen's nicht. Ich schwör es dir, mein Kind.
Dir soll kein Grab in einem Kriege sein,
ich, deine Mutter, stehe dafür ein,
weil, wenn wir's wollen, wir die Stärkern sind.

Johannes R. Becher · 1891—1958 · Deutschland / DDR

GRÖSSE UND ELEND

Wie groß er ist: der Mensch! Und wie allmächtig
Erhebt er sich bis in die Stratosphäre.
Und Werke, wahrheitstief und farbenprächtig,
Hat er vollbracht! Dem Menschen Ruhm und Ehre!

Wie elend ist der Mensch! Wie schwach und schmächtig!
Wieviel an Irrtum und an falscher Lehre!
Wie nichtig ist er und wie niederträchtig!
Und kein Verbrechen, das zu schwer ihm wäre!

Wie hoffnungslos! Wie überlebensgroß!
Ein Wesen, das in sich vereint und trennt
Das menschlich Gute und das menschlich Böse.

Vollendet sich und — sagt sich von sich los.
Seht, welch ein Wesen, das in sich erkennt:
Des Menschen Elend und des Menschen Größe.

Pablo Picasso · Mutterglück

Friede auf unserer Erde!
Friede auf unserem Feld!
Daß es auch immer gehöre
Dem, der es gut bestellt!

Friede in unserem Lande!
Friede in unserer Stadt!
Daß sie den gut behause,
Der sie gebauet hat!

Friede in unserem Hause!
Friede im Haus nebenan!
Friede dem friedlichen Nachbarn,
Daß Jedes gedeihen kann!

Friede dem Roten Platze!
Und dem Lincolnmonument!
Und dem Brandenburger Tore
Und der Fahne, die drauf brennt!

Friede den Kindern Koreas!
Und den Kumpels an Neiße und Ruhr!
Friede den New Yorker Schoffören
Und den Kulis von Singapore!

Friede den deutschen Bauern!
Und den Bauern im Großen Banat!
Friede den guten Gelehrten
Eurer Stadt Leningrad!

Friede der Frau und dem Manne!
Friede dem Greis und dem Kind!
Friede der See und dem Lande,
Daß sie uns günstig sind!

Bertolt Brecht
frei nach Pablo Neruda

Anhang

ZU DIESER SAMMLUNG

Vollständigkeit war nicht das Ziel des Herausgebers. Die poetischen Äußerungen zum Thema Krieg–Frieden sind weit zahlreicher, als der maximale Umfang eines Buches zuläßt. Die bedeutenden Repräsentanten der Dichtkunst haben mit der Waffe des Wortes dafür gestritten, den blutigen Auseinandersetzungen ihrer Zeit, dem Krieg als einer Fortsetzung der Politik mit anderen Mitteln Einhalt zu gebieten. Durch die historischen Bezüge der Gedichte und durch die chronologische Anlage des Buches erhält der Leser neben dem ästhetischen Genuß, den Kunstwerke von Rang immer vermitteln, einen Einblick in die Entwicklung des Friedensgedankens im Wandel der Jahrhunderte.

Die bildenden Künstler standen den Dichtern zu keiner Zeit nach. Zeugnisse tiefempfundener Friedenssehnsucht und der Erschütterung angesichts der Greuel des Krieges finden sich auch in den Werken der bildenden Künstler aller Völker und Zeiten. Wir mußten uns auf einige Dutzend besonders eindringlicher Blätter beschränken, die nach chronologischem Prinzip in den inhaltlichen Zusammenhang gestellt wurden.

Dank gebührt allen, die die Herausgabe dieses Buches unterstützten, den Abdruck erlaubten oder Hinweise zur Auswahl gaben. Genannt seien die Deutsche Bücherei in Leipzig, die Deutsche Staatsbibliothek Berlin, das Kupferstich-Kabinett der Staatlichen Museen zu Berlin, das Museum der Bildenden Künste Leipzig und die Deutsche Fotothek in Dresden.

Die Sammlung wurde in der zweiten Auflage um einige Gedichte und Illustrationen vermehrt. Ich danke allen, die mir Vorschläge zur Verbesserung gemacht haben.

A. R.

ANMERKUNGEN

5   Das Gedicht von Bertolt Brecht hat im Original den Titel „An meine Landsleute"

13 „Einmal vor langer Zeit" ist das Bruchstück einer unvollständig erhaltenen sumerischen Dichtung, bekannt unter dem Titel „Enmerkar und der Herr Aratta", in der die Schilderung des entschwundenen Zustands von Weltfrieden und Sicherheit großen Raum einnimmt

15 Schi-king (Buch der Lieder) – älteste Sammlung chinesischer Poesie; enthält 305 Gedichte und Lieder aus dem 11. bis 6. Jahrhundert v. u. Z.

19 „Ruht, ihr Ithaker" ist ein Auszug aus der Odyssee"

20 „Die Perser" des Timotheos von Milet sind der älteste literarische Papyrus der Griechen. Gefunden wurde er um die Jahrhundertwende in einem Grabe bei Abusir, südlich der großen Pyramiden. Es handelt sich um eine dithyrambische Dichtung, in der Timotheos anläßlich des Seesiegs der Griechen über die Perser bei Salamis (480 v. u. Z.) die Katastrophe der geschlagenen Persermacht schildert.

22 Der „Chor der Töchter des Danaos" entstammt den „Schutzsuchenden" von Aischylos

25 Dhammapada (Worte der Lehre) – altindische Spruchsammlung; sie gehört zum Pâli-Kanon der Buddhisten

26 „Der Frieden" entstammt der gleichnamigen Komödie von Aristophanes. Freie Nachdichtung für das Deutsche Theater Berlin von Peter Hacks

27 Die Elegie von Properz wurde den „Elegien des S. Aurelius Propertius" (Buch VI, 5) entnommen

42 Die „Friedensballade" von Charles d'Orléans trägt im Original die Widmung: „Priez pour paix, doulce vierge Marie"

44 „Weh, wieviel Not" ist den „Luisiaden" entnommen

75 „England war lang im Wahnsinn" entstammt dem Drama „Richard III."

78 „Des Todes Schergen" ist ein Auszug aus dem „Verlorenen Paradies" (IX. Gesang)

85 „Losreißung" ist der erste Teil eines dreiteiligen Gedichts

91 „Zu Straßburg auf der Schanz" findet sich auch in „Des Knaben Wunderhorn", dort allerdings seiner antimilitaristischen Tendenz beraubt. Unser Abdruck ist gekürzt

92 Vom Dichter als Fragment gekennzeichnet

93 „Der Krieg" von Jakob Michael Reinhold Lenz ist ein Auszug aus dem Zyklus „Der Landplagen erstes Buch"

98 „O schöner Tag" ist Schillers „Piccolomini" entnommen

101	„Die Flüchtende" entstammt dem „Vorspiel zur Eröffnung des Weimarischen Theaters"
102	Das Kleist-Gedicht trägt den Nachsatz „Nach dem Griechischen, aus dem Zeitalter Philipps von Macedonien"
115	Czeciel Hesekiel – jüdischer Prophet, 597 nach Babylonien verbannt, wo er insgeheim unter seinen Glaubensgenossen wirkte
118	Die Verse von Franz Grillparzer sind dem Schauspiel „Ein Bruderzwist im Hause Habsburg" entnommen
127	Das Original trägt die Anmerkung „Chanson, gesungen in Liancourt bei der vom Herzog von La Rochefoucauld veranstalteten Freudenfeier anläßlich der Räumung Frankreichs durch die alliierten Truppen im Oktober 1818"
133	Das anonyme Lied „Berlin! Berlin! Du großes Jammertal" wurde irrtümlich Heinrich Heine zugeschrieben, da man es in dessen Nachlaß fand
134	„Wo weilt der König?" entstammt „Ordons Redoute"
149	„Engel und Dämon" ist ein Auszug aus der Urfassung der gleichnamigen Dichtung von Mihail Eminescu
153	Das Gedicht von Walt Whitman findet sich in der Sammlung „Grashalme"
188	„Die Schrecken des Krieges" von Anton Wildgans ist ein Teil des epischen Gedichts „Kirbisch"
192	„Cap de Bonne-Espérance" hat, zusammen mit einem zweiten Gedicht, „Waldlager bei Billy", den Obertitel „Der Soldat"
197	Das Gedicht Apollinaires ist in der französischen Originalfassung in Form einer Fontäne gesetzt
207	„Die Gattin im Kriege" gehört einem Zyklus mit dem Titel „Heimatbilder aus dem Kriege" an
228	Auszug aus der umfangreichen Versdichtung „Krieg und Welt" von Majakowski
239	„Weltwochenschau XXIV" von Dos Passos ist ein Auszug aus dem Poem „1919"
241	„Lincoln Steffens geht mit Child / Men schwacher Witz mit dem großen C" – Wortspiel: to be with child = schwanger sein
244	Das Gedicht „Oktober" von Sergej Jessenin ist Teil des 1924 entstandenen Poems „Blumen"
257	Das Gedicht von Slang hat im Original die folgende Anmerkung: „Die 700 Gefangenen von Pentonville (England) wurden kürzlich durch ein Konzert erfreut, wobei das Potpourri ‚Ein Soldatenleben' zum Vortrag gebracht wurde. Den Hintergrund zu diesem musikalischen Gemälde bildeten Granatexplosionen, das Knattern von Maschinengewehren und das täuschend imitierte Pfeifen von Fliegerbomben. (Zeitungsnotiz über den ‚humanen Strafvollzug')"

263 García Lorca wurde 1938 von den Franco-Faschisten ermordet

279 Miguel Hernández nahm am spanischen Bürgerkrieg auf der Seite der Republik teil, wurde auf der Flucht nach Portugal verraten und von der Franco-Polizei verhaftet, zum Tode verurteilt, zu dreißig Jahren Gefängnis „begnadigt". 1942 starb er an den Folgen der Gefängnisfolter

308 „Soldatenmutter" ist dem „Gedicht vom Menschen" entnommen

326 „Am Narew 1944" ist das zweite Gedicht eines Zyklus mit dem Titel „Rückblicke"

348 „Wühlt ein Orkan..." ist ein Auszug aus den „Olympischen Oden"

359 „Neunzehnhundertfünfundvierzig" von Semjon Gudsenko ist Teil eines größeren Gedichts mit dem Titel „Nachwort 1945"

365 Aus einem Offenen Brief Bertolt Brechts an die deutschen Schriftsteller und Künstler, 1951

397 Jewgeni Jewtuschenkos Gedicht „Meinst du, die Russen wollen Krieg?" ist seinem ersten Interpreten, dem Moskauer Chansonsänger Marc Berness, gewidmet

407 „Der Sang des Friedens" ist ein Auszug aus der Versdichtung „Ich singe den Frieden" von Vítězslav Nezval

420 Eluards Gedicht trägt die Signatur „Wroclaw, den 25. August 1948"

421 Das Gedicht von Jean Cocteau entstammt der „Brandstiftung"

422 Der Marat-Monolog „Glaubt ihnen nicht" ist Peter Weiss' dramatischer Arbeit „Die Verfolgung und Ermordung Jean Paul Marats" entnommen

445 To Huu zählt zu den bekanntesten Dichtern des heutigen Vietnam. „In wessen Namen" ist Teil eines größeren Gedichts, das dem Andenken des 31jährigen Norman R. Morrison aus Baltimore (Maryland, USA) gewidmet ist, der am 2. November 1965 vor dem Pentagon in Washington zum Zeichen seines Protestes gegen die amerikanische Vietnam-Aggression freiwillig den Feuertod erlitt. Unser Abdruck ist eine freie Nachschöpfung einer von Henryk Keisch übertragenen Fassung

446 Dhakin Godor Hmaings „Sendschreiben des Friedens" ist Teil eines größeren gleichnamigen Poems

447 „Frühlingsgesang" von Léopold Sédar Senghor ist ein Auszug aus einer umfangreichen Dichtung

456 Schuzo Nishio erlebte als Schüler den Atomangriff auf seine Heimatstadt Hiroshima, bei dem er sämtliche Angehörigen verlor

478 Das Gedicht von Adolf Endler ist Teil eines Zyklus

486 Die „Elegie" von Erich Arendt weicht in unserer Sammlung von der genannten Quellenfassung ab; die Veränderungen erklären sich durch nachträgliche Autorkorrekturen

502 Das Gedicht hat im Original den Titel „Friedenslied"

Die Gedichte folgender Autoren sind in der Quelle als Auszug gekennzeichnet bzw. vom Herausgeber gekürzt verwendet worden:
Tibull 28   Mutanabbi 34   Rabbi Meïr 37   Jean Passerat 53   Paul Fleming 59   Andreas Gryphius 60   Volkslied 72   Christoph August Tiedge 87   Volkslied 151   Wystan Hugh Auden 274   Attila Jószef 278   Bernhard Seeger 311

Die Gedichte der folgenden Autoren haben in der Quelle keinen Titel; die Titel in unserer Ausgabe stammen vom Herausgeber:
Homer 19   Bakchylides von Keos 21   Sappho 21   Anakreon 23   Mutanabbi 34   Gottfried von Straßburg 42   Michelangelo 44   Luis Vaz de Camões 44   John Milton 78   Johann Wolfgang Goethe 101 102   August von Platen 114   Franz Grillparzer 118   Rabindranath Tagore 159   Alexander Twardowski 394   Jewgeni Jewtuschenko 398   Jean Cocteau 421   Louis Akin 448   Erich Kästner 499

Interpunktion und Schreibung folgen im Prinzip der Quelle.

VERZEICHNIS DER DICHTER UND QUELLENNACHWEIS
(Die in Klammern stehenden Zahlen geben die Seitenzahlen an)

Achmatowa, Anna (391) „Sternenflug und Apfelblüte", hrsg. von Edel Mirowa-Florin und Fritz Mierau. Verlag Kultur und Fortschritt, Berlin 1963. Mit freundlicher Genehmigung des Verlages Volk und Welt, Berlin

Adam von St. Victor (38) „Gedichte gegen den Krieg", hrsg. von Kurt Fassmann. Kindler Verlag, München 1961

Adler, Kurd (186) „1914–1916", hrsg. von Franz Pfemfert. Verlag Die Aktion, Berlin 1916

Ady, Endre (199) „Im Frührot – Gedichte der Ungarn", hrsg. von Sophie Dorothee und Clemens Podewils. Carl Hanser Verlag, München 1957

Aischylos (22) „Gedichte gegen den Krieg", hrsg. von Kurt Fassmann. Kindler Verlag, München 1961

Akin, Louis (448) „... und der Hindin wachsen Klauen". Verlag Tribüne, Berlin 1954

Albert, Michael (148) „Das Lied der Unterdrückten", hrsg. von Heinz Stanescu. Literaturverlag, Bukarest 1963. Mit freundlicher Genehmigung des Fondul Literar al Scriitorilor din R.P.R., Bukarest

Alberti, Rafael (435) Monatsschrift „Aufbau" H. 6/7, Berlin 1956

Aldington, Richard (191) „Bilder". Verlag von Johannes Angelus Keune, Hamburg 1947

Aleixandre, Vicente (281) Zeitschrift „Neue Deutsche Literatur" H. 7, Berlin 1966

Anakreon (23) „Griechische Lyriker", hrsg. von Horst Rüdiger. Artemis Verlag, Zürich 1949

Apollinaire, Guillaume (197) „Dichtungen". Limes Verlag, Wiesbaden 1953

Aragon, Louis (296) „Ohne Haß und Fahne", hrsg. von Wolfgang G. Deppe, Christopher Middleton und Herbert Schönherr. Rowohlt Verlag, Hamburg 1959. Rechte des Originals bei Editions Gallimard, Paris; (417) Monatsschrift „Aufbau" H. 7, Berlin 1958. Mit freundlicher Genehmigung des Übersetzers

Arendt, Erich (486) „Flugoden". Insel Verlag, Leipzig 1959

Aristophanes (26) „Deutsches Friedensbuch", hrsg. von Horst Ullrich, Walter Nowojski und Karl A. Mollnau. Aufbau-Verlag, Berlin-Weimar 1965

Auden, Wystan Hugh (274) „Der Wanderer" hrsg. von Astrid Claes und Edgar Lohner. Limes Verlag, Wiesbaden 1955; (332) „Gedichte aus der neuen Welt", hrsg. von Kurt Heinrich Hansen. Verlag R. Piper & Co., München 1956. Mit freundlicher Genehmigung des Limes Verlages, Wiesbaden

Bachmann, Ingeborg (492) Zeitschrift „Neue Deutsche Literatur" H. 10, Berlin 1957. Mit freundlicher Genehmigung der Autorin

Bakchylides von Keos (21) „Klassisches Liederbuch", hrsg. von Emanuel Geibel. Insel-Verlag, Leipzig 1959

Bashô (83) „Kirschblüten schimmern im Morgenlicht", hrsg. von Gerhart Haug. Drei-Fichten-Verlag, München 1948

Baudelaire, Charles (141) „Die Blumen des Bösen". Rainer Wunderlich Verlag, Tübingen-Stuttgart 1947. Rechte beim Übersetzer

Bauer, Walter (472) „Nachtwachen des Tellerwäschers". Verlag Kurt Desch, München 1957

Becher, Johannes R. (236) „Vom Verfall zum Triumph". Aufbau-Verlag, Berlin 1961; (285, 372, 500) „Dichtung". Aufbau-Verlag, Berlin 1952

Bender, Hans (307) „Expeditionen", hrsg. von Wolfgang Weyrauch. Paul List Verlag, München 1959. Mit freundlicher Genehmigung des Carl Hanser Verlags, München

Beniuc, Mihai (457) „Gedichte". Staatsverlag für Kunst und Literatur, Bukarest 1958. Mit freundlicher Genehmigung des Fondul Literar al Scriitorilor din R.P.R., Bukarest

Béranger, Pierre-Jean de (127) „Lieb war der König, oh-la-la. Satirische und patriotische Chansons", hrsg. von Martin Remané und Jan O. Fischer. Verlag Rütten & Loening, Berlin 1959

Bergengruen, Werner (328) „Auf der Schwelle", hrsg. von Fritz Adolf Hünich. Insel-Verlag, Leipzig 1953. Rechte beim Verlag Die Arche, Zürich

Berger, Uwe (309) „Der Dorn in dir". Aufbau-Verlag, Berlin 1958

Blake, William (124) „Werke", hrsg. von Günther Klotz. Aufbau-Verlag, Berlin 1958

Bobrowski, Johannes (308) „Schattenland Ströme". Union Verlag, Berlin 1963

Bonnard, André (419) „Verheißung des Menschen". Verlag Volk und Welt, Berlin 1957

Borchert, Wolfgang (383) „Das Gesamtwerk". Mitteldeutscher Verlag, Halle 1957

Braun, Volker (491) Zeitschrift „Neue Deutsche Literatur" H. 11, Berlin 1962

Bräunig, Werner (498). Mit freundlicher Genehmigung des Autors

Brecht, Bertolt (218, 292) „Gedichte" Bd. I–IV. Aufbau-Verlag, Berlin 1961; (5, 293, 319, 502) „Hundert Gedichte". Aufbau-Verlag, Berlin 1954

Breton, André (211) „Französische Gedichte aus neun Jahrhunderten", hrsg. von Manfred Gsteiger. Verlag Lambert Schneider, Heidelberg 1959

Broch, Hermann (235) Das Gedicht „Stimmen" ist dem Band „Die Schuldlosen" entnommen. Der Abdruck erfolgt mit Erlaubnis des Rhein-Verlags, Zürich

Bürger, Gottfried August (92) „Bürgers Werke". Volksverlag Weimar 1956

Busta, Christine (376) „Die Scheune der Vögel". Verlag Otto Müller, Salzburg 1958

Byron, Lord George Gordon (121) „Lyrik der Welt", hrsg. von Fritz Jaspert. Safari-Verlag, Berlin 1948

Camões, Luis Vaz de (44) „Gedichte gegen den Krieg", hrsg. von Kurt Fassmann. Kindler Verlag, München 1961

Celan, Paul (377) „Von Schwelle zu Schwelle". Deutsche Verlagsanstalt Stuttgart 1955

Chamisso, Adelbert von (111) „Gedichte". Verlag Otto Hendel, Halle o. J.; (112) „Litauischer Liederschrein", hrsg. von Victor Jungfer. Patria-Verlag, Tübingen 1948

Cibulka, Hanns (469) „Arioso". Mitteldeutscher Verlag, Halle 1962

Claudius, Matthias (84) „Politische Gedichte der Deutschen", hrsg. von Hans-Heinrich Reuter. Insel-Verlag, Leipzig 1960

Cocteau, Jean (421) „Jean Cocteau – Leben und Werk". Verlag Kurt Desch, München 1961

Coșbuc, George (226) „Ausgewählte Gedichte". Staatsverlag für Kunst und Literatur, Bukarest 1955. Mit freundlicher Genehmigung des Fondul Literar al Scriitorilor din R.P.R., Bukarest

Csokor, Franz Theodor (171) „Des Volkes Sehnen – der Dichter Wort". Österreichischer Friedensrat, Wien o. J.

Czepko, Daniel von (59) „Tränen des Vaterlandes", hrsg. von Johannes R. Becher. Verlag Rütten & Loening, Berlin 1954

Dai Schi-ping (34) „Lyrik des Ostens", hrsg. von Wilhelm Gundert, Annemarie Schimmel und Walter Schubring. Carl Hanser Verlag, München 1952

Deicke, Günther (371) „Du und dein Land und die Liebe". Verlag der Nation, Berlin 1959

Desnos, Robert (298) Zeitschrift „Sinn und Form" H. 6, Berlin 1963

Dorat, Jean (49) „Gedichte gegen den Krieg", hrsg. von Kurt Fassmann. Kindler Verlag, München 1961. Mit freundlicher Genehmigung des Übersetzers

Dos Passos, John (239) „documenta poetica", hrsg. von Hans Rudolf Hilty. Kindler Verlag, München 1962. Mit freundlicher Genehmigung des Rowohlt Verlages, Hamburg

Dryden, John (78) „Ewiges England", hrsg. von Hans Feist. Verlag Amstutz, Herdeg & Co., Zürich 1945

Du Fu (32) Originalbeitrag des Übersetzers

Dylan, Bob (428) Zeitschrift „Alternative" H. 46, Berlin 1966

Eich, Günter (470) „Träume". Suhrkamp Verlag, Frankfurt/M. 1953

Eichendorff, Joseph von (111) „Deutsches Friedensbuch", hrsg. von Horst Ullrich, Walter Nowojski und Karl A. Mollnau. Aufbau-Verlag, Berlin-Weimar 1965

Eluard, Paul (411) „Vom Horizont eines Menschen zum Horizont aller Menschen". Verlag der Nation, Berlin 1955

Eminescu, Mihail (149) „Gedichte". Staatsverlag für Kunst und Literatur, Bukarest 1957. Mit freundlicher Genehmigung des Fondul Literar al Scriitorilor din R.P.R., Bukarest

Endler, Adolf (478) „Mein Wort – ein weißer Vogel", hrsg. von Rainer Kunze. Verlag Philipp Reclam jun., Leipzig 1961

Engelke, Gerrit (187) „Rhythmus des neuen Europa". Verlag Eugen Diederichs, Jena 1929. Mit freundlicher Genehmigung des Paul List Verlags, München, der 1960 eine Neuausgabe herausbrachte

Englund, Carl Emil (475) „Aber auch diese Sonne ist heimatlos", hrsg. von Nelly Sachs. Georg Büchner-Verlag, Darmstadt 1957

Enzensberger, Hans Magnus (471) „Verteidigung der Wölfe". Suhrkamp Verlag, Frankfurt/M. 1962

Esisow, Kurbannasar (399) Monatsschrift „Sowjetliteratur" H. 7, Moskau 1966

Feuchtwanger, Lion (200) „Centum Opuscula". Greifenverlag, Rudolstadt/Th. 1956

Filicaia, Vincenzo da (76) „Gedichte gegen den Krieg", hrsg. von Kurt Fassmann. Kindler Verlag, München 1961

Fleming, Paul (59) „Tränen des Vaterlandes", hrsg. von Johannes R. Becher. Verlag Rütten & Loening, Berlin 1954

Flint, F. S. (201) „Ohne Haß und Fahne", hrsg. von Wolfgang G. Deppe, Christopher Middleton und Herbert Schönherr. Rowohlt Verlag, Hamburg 1959

Frost, Robert (215) „Gesammelte Gedichte". Verlag Kessler, Mannheim 1952

Fühmann, Franz (325, 495) „Die Richtung der Märchen". Aufbau-Verlag, Berlin 1962

Fürnberg, Louis (256) „Wanderer in den Morgen". Dietz Verlag, Berlin 1952. Mit freundlicher Genehmigung des Aufbau-Verlages, Berlin-Weimar

García Lorca, Federico (263) „Zigeuner-Romanzen". Insel-Verlag, Frankfurt/M.

Gatto, Alfonso (341) „Gedichte gegen den Krieg", hrsg. von Kurt Fassmann. Kindler Verlag, München 1961. Mit freundlicher Genehmigung des Übersetzers

Gau Tsching-tschiu (33) „Gedichte gegen den Krieg", hrsg. von Kurt Fassmann. Kindler Verlag, München 1961. Rechte beim Übersetzer

Goll, Yvan (181) „Französische Gedichte". Carl Schünemann Verlag, Bremen; (294) „Ohne Haß und Fahne", hrsg. von Wolfgang G. Deppe, Christopher Middleton und Herbert Schönherr. Rowohlt Verlag, Hamburg 1959. Mit freundlicher Genehmigung des Hermann Luchterhand Verlages, Neuwied a. Rh.

Goes, Albrecht (309) „Gedichte". S. Fischer Verlag, Frankfurt/M. 1950

Goethe, Johann Wolfgang von (101, 102) „Sämtliche Werke" (Goedeke-Edition). J. G. Cotta'sche Buchhandlung, Stuttgart o. J.

Gottfried von Straßburg (42) „Lyrik des Abendlands", hrsg. von Hans Hennecke, Curt Hohoff, Karl Vossler und Georg Britting. Carl Hanser Verlag, München 1948

Grieg, Nordahl (271) „Ruf aus Norwegen", hrsg. von Horst Bien und Helmut Stelzig. Hinstorff Verlag, Rostock 1960

Grillparzer, Franz (118) „Des Volkes Sehnen – der Dichter Wort". Österreichischer Friedensrat, Wien o. J.

Gryphius, Andreas (60, 62) „Tränen des Vaterlandes", hrsg. von Johannes R. Becher. Verlag Rütten & Loening, Berlin 1954

Gudsenko, Semjon (359) „Sternenflug und Apfelblüte", hrsg. von Edel Mirowa-Florin und Fritz Mierau. Verlag Kultur und Fortschritt, Berlin 1963. Mit freundlicher Genehmigung des Verlages Volk und Welt, Berlin

Guilbeaux, Henri (185) „Das Herz Frankreichs", hrsg. von Claire und Yvan Goll. Verlag Georg Müller, München 1920. Mit freundlicher Genehmigung von Frau Claire Goll

Guillén, Nicolás (451) „Bitter schmeckt das Zuckerrohr". Verlag Volk und Welt, Berlin 1952

Guillevic (418) „Der gallische Hahn", hrsg. von Helmut Bartuschek. Aufbau-Verlag, Berlin 1957. Mit freundlicher Genehmigung des Herausgebers

Guttenbrunner, Michael (303) „Ungereimte Gedichte". Claassen Verlag, Hamburg 1959. Mit freundlicher Genehmigung des Claassen Verlages, Hamburg

Gyóni, Géza (198) „Gedichte gegen den Krieg", hrsg. von Kurt Fassmann. Kindler Verlag, München 1961

Hagen, Friedrich (304) „Gedichte gegen den Krieg", hrsg. von Kurt Fassmann. Kindler Verlag, München 1961. Mit freundlicher Genehmigung des Autors

Hartmann, Moritz (118) „Des Volkes Sehnen – der Dichter Wort". Österreichischer Friedensrat, Wien o. J.

Hasenclever, Walter (223) „Der Krieg". Internationaler Arbeiterverlag, Berlin-Wien-Zürich 1929

Haushofer, Albrecht (317) „Moabiter Sonette". Verlag Lothar Blanvalet, Berlin 1946

Heine, Heinrich (129) „Gesammelte Werke". Aufbau-Verlag, Berlin 1951

Hemingway, Ernest (240) „documenta poetica", hrsg. von Hans Rudolf Hilty. Kindler Verlag, München 1962. Rechte der deutschen Übertragung bei Erika Guetermann

Herder, Johann Gottfried (86) „Sämtliche Werke". J. G. Cotta'sche Buchhandlung, Stuttgart und Tübingen 1817

Heredia, José Ramon (280) „Die Indios steigen von Mixco nieder", hrsg. von Erich Arendt. Verlag Volk und Welt, Berlin 1951

Hermlin, Stephan (313, 458) „Dichtungen". Aufbau-Verlag, Berlin 1956

Hernández, Miguel (279) Zeitschrift „Neue Deutsche Literatur" H. 6, Berlin 1966. Mit freundlicher Genehmigung des Übersetzers

Herrmann-Neiße, Max (172) „Flügel der Zeit" hrsg. von Curt Hohoff. S. Fischer Verlag, Frankfurt/M. 1950

Herwegh, Georg (132) „Herweghs Werke in einem Band". Aufbau-Verlag, Berlin–Weimar 1967

Herzfelde, Wieland (282) „Unterwegs". Aufbau-Verlag, Berlin 1961. Mit freundlicher Genehmigung des Autors

Hesse, Hermann (207, 367) „Die Gedichte". Suhrkamp Verlag, Berlin 1953

Heym, Georg (175) „Gedichte", hrsg. von Stephan Hermlin. Verlag Philipp Reclam jun., Leipzig 1965

Hikmet, Nasim (442) Zeitschrift „Neue Deutsche Literatur" H. 8, Berlin 1965

Hmaing, Dhakin Godor (446) „Beispiele – Weltfriedenspreisträger, Lenin-Friedenspreisträger", hrsg. von Kurt Böttcher. Verlag Volk und Welt, Berlin 1965

Hölderlin, Friedrich (106, 107) „Hölderlins Werke". Volksverlag Weimar 1963

Homer (19) „Ilias-Odyssee" (Bibliothek der Weltliteratur). Volksverlag Weimar 1963

Horaz (28) „Sämtliche Werke". Nach Kayser, Nordenflycht und Burger herausgegeben von Hans Färber. Ernst Heimeran Verlag, München 1960

Hořejší, Jindřich (242) F. C. Weiskopf „Brot und Sterne". Dietz Verlag, Berlin 1951. Mit freundlicher Genehmigung des Aufbau-Verlages, Berlin-Weimar

Hoernle, Edwin (217) „Das Herz muß schlagen". Dietz Verlag, Berlin 1963

Huch, Ricarda (165) „Gesammelte Gedichte". Insel-Verlag, Leipzig 1929; (327) „Herbstfeuer". Insel-Verlag, Leipzig 1955

Huchel, Peter (317) „Deutsches Gedichtbuch", hrsg. von Günther Deicke und Uwe Berger. Aufbau-Verlag, Berlin 1959; (488) „Chausseen, Chausseen". S. Fischer Verlag, Frankfurt/M. 1963

Hughes, James Langston (339) Zeitschrift „Der Karlsruher Bote" 24. Folge, Karlsruhe 1956

Iwaszkiewicz, Jaroslaw (348) „Polnische Lyrik". Verlag Volk und Welt, Berlin 1953. Mit freundlicher Genehmigung des Übersetzers

Jakobs, Karl-Heinz (386) „Guten Morgen, Vaterlandsverräter". Mitteldeutscher Verlag, Halle 1959. Mit freundlicher Genehmigung des Autors

Jebeleanu, Eugen (465) „Das Lächeln Hiroshimas". Verlag der Nation, Berlin 1960

Jessenin, Sergej (244) „Gedichte", hrsg. von Fritz Mierau. Verlag Philipp Reclam jun., Leipzig 1965

Jewtuschenko, Jewgeni (397) Mit freundlicher Genehmigung der Übersetzer; (398) „Mit mir ist folgendes geschehen". Verlag Volk und Welt, Berlin 1962

József, Attila (278) Zeitschrift „Sinn und Form" H. 4, Berlin 1958

Kahlau, Heinz (476) „Der Fluß der Dinge". Aufbau-Verlag, Berlin-Weimar 1964

Kaiser, Georg (166) „Gedichte gegen den Krieg", hrsg. von Kurt Fassmann. Kindler Verlag, München 1961. Mit freundlicher Genehmigung von Frau Laurent Kaiser

Kaschnitz, Marie Luise (468) „Neue Gedichte". Claassen Verlag, Hamburg 1957

Kästner, Erich (258, 259) „Gesammelte Schriften" Bd. 1, Atrium, Zürich, Cecilie Dressler, Berlin, Kiepenheuer & Witsch, Köln 1959; (499) „Die kleine Freiheit", Atrium, Zürich o. J. Mit freundlicher Genehmigung des Autors

Keats, John (125) „Gedichte". Insel-Verlag, Wiesbaden 1960

Keller, Gottfried (146) „Kellers Werke in 5 Bänden". Volksverlag Weimar 1961

Keyes, Sidney (475) „Ohne Haß und Fahne", hrsg. von Wolfgang G. Deppe, Christopher Middleton und Herbert Schönherr. Rowohlt Verlag, Hamburg 1959. Rechte des Originals bei Routledge & Son, London

Kipling, Rudyard (260) „Die Insel", hrsg. von Ludwig Goldscheider. Saturn-Verlag, Wien 1930. Mit freundlicher Genehmigung des Übersetzers

Klabund (253) „Die Harfenjuhle". Verlag Kiepenheuer & Witsch, Köln 1948. Alle Rechte beim Verlag Kiepenheuer & Witsch, Köln

Klaj, Johann (67) „Tränen des Vaterlandes", hrsg. von Johannes R. Becher. Verlag Rütten & Loening, Berlin 1954

Kleist, Heinrich von (102) „Das Volk steht auf", hrsg. von Manfred Häckel und Gerhard Steiner. Verlag Rütten & Loening, Berlin 1953

Klopstock, Friedrich Gottlieb (85) „Klopstock. Eine Auswahl aus Werken, Briefen und Berichten". Verlag der Nation, Berlin 1956

Kovič, Kajetan (409) Wochenzeitung „Sonntag" Nr. 3, Berlin 1965. Mit freundlicher Genehmigung des Übersetzers

Kramer, Theodor (375) „Des Volkes Sehnen – der Dichter Wort". Österreichischer Friedensrat, Wien o. J.

Kraus, Karl (168) „Ausgewählte Gedichte". Verlag der Schriften von Karl Kraus (Kurt Wolff), München 1920. Rechte bei Heinrich Fischer, München

Krea, Henri (440) „Algerische Dichtung der Gegenwart". Verlag Glock und Lutz, Nürnberg o. J.

Krolow, Karl (368) „Heimsuchung". Verlag Volk und Welt, Berlin 1948. Mit freundlicher Genehmigung des Autors

Kuan Chao (441) Bertolt Brecht „Versuche 22–24". Aufbau-Verlag, Berlin 1951

Kuba (308) „Gedichte". Hinstorff Verlag, Rostock 1961

Kunert, Günter (481) „Zeitgedichte", hrsg. von Horst Bingel. Verlag R. Piper & Co., München 1963. Mit freundlicher Genehmigung des Autors

Kung-futse (16) „Dumpfe Trommel und berauschtes Gong", hrsg. von Klabund. Insel-Verlag, Leipzig o. J. Rechte bei Dr. Johannes Henschke, Basel

Kyorei, Mukai (83) „Kirschblüten schimmern im Morgenlicht". Drei-Fichten-Verlag, München

Langgässer, Elisabeth (378) „De profundis". Verlag Kurt Desch, München 1946

Laozi (16) „Chinesische Gedichte", hrsg. von Klabund. Phaidon-Verlag, Zürich 1954

Lasker-Schüler, Else (286) „Gedichte 1902–1943" Bd. I. Kösel-Verlag, München 1959

Lec, Stanislaw Jerzy (347) „Über Brücken schreitend". Zwei Berge-Verlag, Wien 1950

Le Fort, Gertrud von (301) „Gedichte". Insel-Verlag, Wiesbaden 1954

Lenau, Nikolaus (115) „Rebell in dunkler Nacht – Nikolaus Lenau", hrsg. von Ernst Fischer. Verlag Rütten & Loening, Berlin 1952

Lenz, Jakob Michael Reinhold (93) „Gesammelte Schriften". Verlag Georg Müller, München-Leipzig 1909

Leonhard, Rudolf (289) „Ein Leben im Gedicht". Ausgewählte Werke in Einzelausgaben Bd. III. Verlag der Nation, Berlin 1964

Lichtenstein, Alfred (191) „Menschheitsdämmerung", hrsg. von Kurt Pinthus. Rowohlt Verlag, Berlin 1919

Liliencron, Detlev von (145) „Die gesammelten Werke". Verlag Schuster und Loeffler, Berlin-Leipzig 1910

Lissjanski, Mark (248) „Nachdichtungen", hrsg. von Maximilian Schick. Verlag Kultur und Fortschritt, Berlin 1960. Mit freundlicher Genehmigung des Verlages Volk und Welt, Berlin

Li Tai-bai (30) „Dumpfe Trommel und berauschtes Gong", hrsg. von Klabund. Insel-Verlag, Leipzig o. J. Rechte bei Dr. Johannes Henschke, Basel

Logau, Friedrich von (56) „Tränen des Vaterlandes", hrsg. von Johannes R. Becher. Verlag Rütten & Loening, Berlin 1954

Lowenfels, Walter (431) Zeitschrift „Neue Deutsche Literatur" H. 8, Berlin 1965

Ludemis, Menelaos (436) Zeitschrift „Sinn und Form" H. 4, Berlin 1957

Lukonin, Michail (360) „Sternenflug und Apfelblüte", hrsg. von Edel Mirowa-Florin und Fritz Mierau. Verlag Kultur und Fortschritt, Berlin 1963. Mit freundlicher Genehmigung des Verlages Volk und Welt, Berlin

Lumumba, Patrice (449) „Feuer und Rhythmus", hrsg. von Monika Fischer und Hans Petersen. Verlag Volk und Welt, Berlin 1963

Lundkvist, Artur (422) „Eine Windrose für Island". Verlag Volk und Welt, Berlin 1962

Luschnat, David (380) „Gedichte gegen den Krieg", hrsg. von Kurt Fassmann. Kindler Verlag, München 1961

Machado, Antonio (277) „Spanische Gedichte des 20. Jahrhunderts", hrsg. von Karl Krolow. Insel-Verlag, Frankfurt/M. 1962

MacLeish, Archibald (331) „Groß und tragisch ist unsere Geschichte" von A. MacLeish. Aus dem Amerikanischen übertragen von Kurt Heinrich Hansen. Mit freundlicher Genehmigung des L. Schwann Verlages, Düsseldorf

Macleod, Fiona (160) „Irische Harfe", hrsg. von Hans Trausil. Verlag Wilhelm Langewiesche-Brandt, Ebenhausen 1957

Magny, Olivier de (49) „Der gallische Hahn", hrsg. von Helmut Bartuschek. Aufbau-Verlag, Berlin 1957. Mit freundlicher Genehmigung des Autors

Majakowski, Wladimir (228) „Wolke in Hosen". Verlag Volk und Welt, Berlin 1949; (261) „Wage den Streit". Verlag Philipp Reclam jun., Leipzig 1960. Mit freundlicher Genehmigung der Übersetzer

Margul-Sperber, Alfred (404) „Mit offenen Augen". Jugendverlag, Bukarest 1956

Marino, Giambattista (48) „Italienischer Parnaß", hrsg. von Hans Frederick. Verlagsanstalt Benziger & Co., Einsiedeln-Zürich 1943

Masters, Edgar Lee (154) „Die Toten von Spoon River". Drei-Säulen-Verlag, Bad Wörishofen 1947

Maurer, Georg (489) „Poetische Reise". Verlag der Nation 1959. Mit freundlicher Genehmigung des Mitteldeutschen Verlages, Halle (Saale)

McFadden, Roy (331) „Ewiges England", hrsg. von Hans Feist. Verlag Amstutz, Herdeg & Co., Zürich 1945

Melville, Herman (153) „Unsterbliches Saitenspiel", hrsg. von Johannes von Guenther. Ullstein Verlag, Berlin 1956

Meyer, Conrad Ferdinand (147) „Das Fährschiff". Verlag Dr. Matthiesen & Co., Tübingen o. J.

Michaux, Henri (212) „Museum der modernen Poesie", hrsg. von Hans Magnus Enzensberger. Suhrkamp Verlag, Frankfurt/M. 1960

Michelangelo, Buonarroti (44) „Sonette", hrsg. von Erwin Redslob. Verlag Lambert Schneider, Heidelberg 1964

Mickiewicz, Adam (134) „Adam Mickiewicz – Ein Lesebuch für unsere Zeit", hrsg. von einem Redaktionskollektiv unter Leitung von Walther Victor. Volksverlag Weimar 1955

Milton, John (78) „Gedichte gegen den Krieg", hrsg. von Kurt Fassmann. Kindler Verlag, München 1961

Mistral, Gabriela (225) „Gedichte". Hermann Luchterhand Verlag, Neuwied a. Rh. 1961

Mühsam, Erich (216) „Gedichte". Verlag Volk und Welt, Berlin 1958

Müller, Armin (466) „Mein Wort – ein weißer Vogel", hrsg. von Rainer Kunze. Verlag Philipp Reclam jun., Leipzig 1961. Mit freundlicher Genehmigung des Aufbau-Verlages, Berlin-Weimar

Mutanabbi, Abu 'l Tajjib al (34) „Unsterbliches Saitenspiel", hrsg. von Johannes von Guenther. Ullstein Verlag, Berlin 1956

Naqvi, Arif (439) Zeitschrift „Neue Deutsche Literatur" H. 8, Berlin 1965

Nekrassow, Nikolai Alexejewitsch (148) „Rossija", hrsg. von K. Roellinghoff. Verlag E. Strache, Wien-Prag-Leipzig 1920

Neruda, Pablo (266) „Spanien im Herzen". Verlag Volk und Welt, Berlin 1956

Neumann, Stanislav Kostka (409) „Die Glasträne", hrsg. von Ludvik Kundera und Franz Fühmann. Verlag Volk und Welt / Kultur und Fortschritt, Berlin 1964

Nezval, Vítězslav (407) F. C. Weiskopf „Brot und Sterne". Dietz Verlag, Berlin 1951. Mit freundlicher Genehmigung des Aufbau-Verlages, Berlin-Weimar

Niedermayer, Walter (387) „Des Volkes Sehnen – der Dichter Wort". Österreichischer Friedensrat, Wien o. J.

Nishio, Schuzo (456) „Hiroshima-Lyrik. Dona Nobis Pacem", hrsg. von Cornelius Streiter. Steinklopfer-Verlag, Fürstenfeldbruck 1957

Nyland, Rose (312) „Genosse Mensch". Aufbau-Verlag, Berlin 1959

Ochs, Phil (426) Zeitschrift „Alternative" H. 46, Berlin 1966

Opitz, Martin (55) „Tränen des Vaterlandes", hrsg. von Johannes R. Becher. Verlag Rütten & Loening, Berlin 1954

Orléans, Charles d' (42) „Alt- und neufranzösische Lyrik", hrsg. von Alfred Neumann. O. C. Recht Verlag, München 1922

Passerat, Jean (53) „Der gallische Hahn", hrsg. von Helmut Bartuschek. Aufbau-Verlag, Berlin 1957

Petőfi, Sándor (136) „Denn mein Herz ist heiß", hrsg. von Gerhard Steiner. Verlag Philipp Reclam jun., Leipzig 1958. Mit freundlicher Genehmigung des Aufbau-Verlages, Berlin-Weimar

Petzold, Alfons (205) „Des Volkes Sehnen – der Dichter Wort". Österreichischer Friedensrat, Wien o. J.

Peucker, Nikolaus (70) „Tränen des Vaterlandes", hrsg. von Johannes R. Becher. Verlag Rütten & Loening, Berlin 1954

Pindaros (23) „Goldene Phorminx", Lieder, Elegien und Epigramme der griechischen und römischen Dichter des klassischen Altertums, hrsg. von Frieda Port. C. H. Beck'sche Verlagsbuchhandlung, München 1923

Piontek, Heinz (326) „Die Furt". Bechtle Verlag, Eßlingen 1952

Platen, August von (114) „Dichtungen". Verlag Rütten & Loening, Berlin 1957

Poriotis, Nikolaos (207) „Neugriechische Lyrik", hrsg. von Karl Dieterich. H. Haessel Verlag, Leipzig 1928

Pottier, Eugène (139) „Eugène Pottier und seine Lieder", hrsg. von Erich Weinert. Verlag Volk und Welt, Berlin 1951

Prévert, Jacques (419) „Gedichte und Chansons". Rowohlt Verlag, Hamburg 1962

Properz (27) „Gedichte gegen den Krieg", hrsg. von Kurt Fassmann. Kindler Verlag, München 1961

Puschkin, Alexander Sergejewitsch (134) „Poetische Werke". Aufbau-Verlag, Berlin 1962

Quasimodo, Salvatore (340) „Ein offener Bogen". Verlag R. Piper & Co., München 1963; (340) „Kontinente", hrsg. von Walter Lewerenz und Wolfgang Sellin, Verlag Neues Leben, Berlin 1962

Rabbi Meïr (37) „Lyrik des Ostens", hrsg. von Wilhelm Gundert, Annemarie Schimmel und Walter Schubring. Carl Hanser Verlag, München 1953

Ráth, József (342) „Im Frührot – Gedichte der Ungarn", hrsg. von Sophie Dorothee und Clemens Podewils. Carl Hanser Verlag, München 1957

Reinfrank, Arno (485) Zeitschrift „Neue Deutsche Literatur" H. 8, Berlin 1959. Mit freundlicher Genehmigung des Autors

Rilke, Rainer Maria (167) „Des Volkes Sehnen – der Dichter Wort". Österreichischer Friedensrat, Wien o. J.

Rimbaud, Arthur (145) „Sämtliche Dichtungen". Verlag Lambert Schneider, Heidelberg 1955

Rist, Johann (65) „Tränen des Vaterlandes", hrsg. von Johannes R. Becher. Verlag Rütten & Loening, Berlin 1954

Rolland, Romain (177) „Das Herz Frankreichs", hrsg. von Yvan Goll. Verlag Georg Müller, München 1920. Mit freundlicher Genehmigung von Frau Claire Goll

Roshdestwenski, Robert (392) Zeitschrift „Sowjetliteratur" H. 5, Moskau 1962

Rouget de Lisle, Claude Joseph (95) „Ça ira, 50 Chansons, Chants, Couplets und Vaudevilles", hrsg. von Gerd Semmer. Verlag Rütten & Loening, Berlin 1958

Sachs, Hans (54) „Deutsches Friedensbuch", hrsg. von Horst Ullrich, Walter Nowojski und Karl A. Mollnau. Aufbau-Verlag, Berlin-Weimar 1965

Sachs, Nelly (379) „Fahrt ins Staublose". Mit freundlicher Genehmigung des Suhrkamp Verlages, Frankfurt/M.

Sandburg, Carl August (220) „Die neue Welt", hrsg. von Claire Goll. S. Fischer Verlag, Berlin 1921

Sappho (21) „Lyrik der Welt", hrsg. von Fritz Jaspert. Safari-Verlag, Berlin 1953

Sarasin, Jean-François (76) „Gedichte gegen den Krieg", hrsg. von Kurt Fassmann. Kindler Verlag, München 1961. Mit freundlicher Genehmigung des Übersetzers

Sassoon, Siegfried (202) „Gedichte gegen den Krieg", hrsg. von Kurt Fassmann. Kindler Verlag, München 1961. Rechte beim Übersetzer

Schaukal, Richard (177) „Des Volkes Sehnen – der Dichter Wort". Österreichischer Friedensrat, Wien o. J.

Schewtschenko, Taras (135) „Die ukrainische Lyrik 1840–1940", hrsg. von Hans Koch. Verlag Franz Steiner, Wiesbaden 1955

Schiller, Friedrich (97, 98) „Sämtliche Werke". Verlag der J. G. Cotta'schen Buchhandlung, Stuttgart-Tübingen 1838

Schubart, Christian Friedrich Daniel (85) „Schubarts Werke". Volksverlag Weimar 1959

Schwachhofer, René (493) Zeitschrift „Neue Deutsche Literatur" H. 1, Berlin 1962

Seeger, Bernhard (311) „Mein Wort – ein weißer Vogel", hrsg. von Rainer Kunze. Verlag Philipp Reclam jun., Leipzig 1961

Seeger, Pete (425) VEB „Lied der Zeit", Berlin 1964 (Klavierauszug)

Seferis, Giorgos (435) „Poesie". Suhrkamp Verlag, Frankfurt/M. 1962

Ségalen, Victor (182) „Anthologie der französischen Dichtung von Nerval bis zur Gegenwart", hrsg. von Flora Klee-Palyi. Limes Verlag, Wiesbaden 1953

Seifert, Jaroslav (273) F. C. Weiskopf „Brot und Sterne". Dietz Verlag, Berlin 1951. Mit freundlicher Genehmigung des Aufbau-Verlages, Berlin-Weimar

Senghor, Léopold Sédar (447) „Botschaft und Anruf". Carl Hanser Verlag, München 1963

Shakespeare, William (75) „Shakespeares sämtliche Werke". Deutsche Verlagsanstalt, Stuttgart o. J.

Shapiro, Karl (335) „Amerikanische Lyrik der letzten 50 Jahre", hrsg. von John O. McCornick. Verlag Vandenhoeck & Ruprecht, Göttingen 1957

Shelley, Percy Bysshe (122) „Das brennende Herz". Verlag Kurt Desch, München 1958; (124) „Dichtungen". In neuer Übertragung von **Alfred Wolfenstein**. Paul Cassirer, Berlin 1922. Mit freundlicher Genehmigung von Frank Wolfenstein und Henriette Hardenberg-Frankenschwerth

Shirley, James (77) „Gedichte gegen den Krieg", hrsg. von Kurt Fassmann. Kindler Verlag, München 1961

Sidorenko, Nikolai (388) „Panorama moderner Lyrik", hrsg. von Günther Steinbrinker und Rudolf Hartung. Sigbert Mohn Verlag, Gütersloh 1960. Mit freundlicher Genehmigung des Übersetzers

Simonow, Konstantin (355) „Lyrik eines Jahrzehnts". Verlag Kultur und Fortschritt, Berlin 1952. Mit freundlicher Genehmigung des Verlages Volk und Welt, Berlin

Sinervo, Elvi (423) „Der Ruf des Menschen", hrsg. von Friedrich Ege unter Mitarbeit von Uwe Berger und Paul Wiens. Aufbau-Verlag, Berlin 1953. Mit freundlicher Genehmigung des Übersetzers

Slang (257) „Eine Auswahl – Lyrik und Prosa". Verlag des Ministeriums für Nationale Verteidigung, Berlin 1958

Solá, Otto d' (455) „Die Indios steigen von Mixco nieder", hrsg. von Erich Arendt. Verlag Volk und Welt, Berlin 1951

Sophokles (24) „Aias". C. H. Beck'sche Verlagsbuchhandlung, München 1959

Spender, Stephen (329) „Ohne Haß und Fahne", hrsg. von Wolfgang G. Deppe, Christopher Middleton und Herbert Schönherr. Rowohlt Verlag, Hamburg 1959. Mit freundlicher Zustimmung des Verlags Faber & Faber Ltd., London

Šrámek, Fraňa (243) F. C. Weiskopf „Brot und Sterne". Dietz Verlag, Berlin 1951. Mit freundlicher Genehmigung des Aufbau-Verlages, Berlin-Weimar

Staff, Leopold (400) „Polnische Gedichte, Lieder und Erzählungen". Deutsch-Polnische Gesellschaft, Berlin 1952

Stramm, August (192) „Flügel der Zeit", hrsg. von Curt Hohoff. S. Fischer Verlag, Frankfurt/M. 1950

Strittmatter, Erwin (459) „Deutsches Friedensbuch", hrsg. von Horst Ullrich, Walter Nowojski und Karl A. Mollnau. Aufbau-Verlag, Berlin-Weimar 1965. Mit freundlicher Genehmigung des Autors

Stschipatschow, Stepan (247) „Lyrische Gedichte", hrsg. von Alfred Kurella. Verlag für fremdsprachige Literatur, Moskau 1952. Mit freundlicher Genehmigung des Übersetzers

Surkow, Alexej (356) „Sternenflug und Apfelblüte", hrsg. von Edel Mirowa-Florin und Fritz Mierau. Verlag Kultur und Fortschritt, Berlin 1963. Mit freundlicher Genehmigung des Verlages Volk und Welt, Berlin

Suttner, Bertha von (163) „Des Volkes Sehnen – der Dichter Wort". Österreichischer Friedensrat, Wien o. J.

Swift, Jonathan (81) „documenta poetica", hrsg. von Hans Rudolf Hilty. Kindler Verlag, München 1962. Rechte beim Übersetzer

Tagore, Rabindranath (159) Erik Singer „Das Antlitz Indiens". Artia-Verlag, Prag 1956

Takuboku, Ishikawa (158) „Im Schnee die Fähre", hrsg. von Günther Debon. R. Piper & Co., München 1955

Theognis (19) „Goldene Phorminx", Lieder, Elegien und Epigramme der griechischen und römischen Dichter des klassischen Altertums, hrsg. von Frieda Port. C. H. Beck'sche Verlagsbuchhandlung, München 1923

Thomas, Dylan (330) „Gedichte gegen den Krieg", hrsg. von Kurt Fassmann. Kindler Verlag, München 1961. Rechte beim Drei Brücken Verlag, Heidelberg

Tibull (28) „Lyrik des Abendlands", hrsg. von Hans Hennecke, Curt Hohoff, Karl Vossler und Georg Britting. Carl Hanser Verlag, München 1963

Tichonow, Nikolai (350) „Gedichte". Verlag Rütten & Loening, Berlin 1950

Tiedge, Christoph August (87) „Gedichte gegen den Krieg", hrsg. von Kurt Fassmann. Kindler Verlag, München 1961

Timotheos von Milet (20) „Die Papyri als Zeugen antiker Kultur", hrsg. vom Generaldirektor der ehemals Staatlichen Museen zu Berlin. Akademie-Verlag, Berlin 1949

To Huu (445) Zeitschrift „Neue Deutsche Literatur" H. 7, Berlin 1966

Toller, Ernst (206) „Ausgewählte Schriften", hrsg. von der Deutschen Akademie der Künste, Berlin. Verlag Volk und Welt, Berlin 1961

Trakl, Georg (176) „Die Dichtungen". Verlag Otto Müller, Salzburg o. J.

Tsao Sung (32) Bertolt Brecht „Gedichte" Band IV. Aufbau-Verlag, Berlin 1961

Tsau Tsau (29) „Lyrik des Ostens", hrsg. von Wilhelm Gundert, Annemarie Schimmel und Walter Schubring. Carl Hanser Verlag, München 1953

Tucholsky, Kurt (249) „Deutschland, Deutschland – unter anderen". Verlag Volk und Welt, Berlin 1958. Mit freundlicher Genehmigung von Frau Mary Tucholsky

Turtiainen, Arvo (424) „Finnische Gedichte", hrsg. von Elvi Sinervo und Arvo Turtiainen. Verlag Neues Leben, Berlin 1956. Rechte beim Übersetzer

Twardowski, Alexander (394) „Solang es dich, mein Rußland, gibt", hrsg. von Roland Opitz. Verlag Philipp Reclam jun., Leipzig 1960

Tzara, Tristan (297) Wochenzeitung „Sonntag" Nr. 4, Berlin 1964. Mit freundlicher Genehmigung des Übersetzers

Ungaretti, Giuseppe (208) „Gedichte". Suhrkamp Verlag, Frankfurt/M. 1963

Unterdörfer, Gottfried (310) „Ich will den Bogen setzen". Union Verlag, Berlin 1964

Verlaine, Paul (140) R. M. Rilke „Ausgewählte Werke". Insel-Verlag, Leipzig 1928

Viertel, Berthold (277) „Der Lebenslauf". Aufbau-Verlag, Berlin 1947; (302) „Dichtungen und Dokumente". Kösel-Verlag, München 1956

Vildrac, Charles (196) „Ohne Haß und Fahne", hrsg. von Wolfgang G. Deppe, Christopher Middleton und Herbert Schönherr. Rowohlt Verlag, Hamburg 1959

Villa, José Moreno (432) „Gedichte gegen den Krieg", hrsg. von Kurt Fassmann. Kindler Verlag, München 1961

Villon, François (47) „Die lasterhaften Lieder". Greifenverlag, Rudolstadt/Th. 1952

Vitez, Grigor (410) Wochenzeitung „Sonntag" Nr. 3, Berlin 1965. Mit freundlicher Genehmigung des Übersetzers

Vring, Georg von der (192) „Ergriffenes Dasein", hrsg. von Hans Egon Holthusen und Friedhelm Kemp. Büchergilde Gutenberg, Frankfurt/M. 1958. Mit freundlicher Genehmigung des Autors

Walenczyk, Jerzy (403) „Lektion der Stille", Neue polnische Lyrik, hrsg. von Karl Dedecius. Carl Hanser Verlag, München 1959

Walther von der Vogelweide (41) „Lieder und Sprüche". Verlag Philipp Reclam jun., Leipzig 1954

Wapzaroff, Nikola Jonkoff (349) „Gedichte". Verlag Volk und Welt, Berlin 1952

Ważyk, Adam (345) „Polnische Lyrik", hrsg. von Ernst Fischer. Schönbrunn-Verlag, Wien 1953

Wedekind, Frank (166) „Gesammelte Werke". Verlag Georg Müller, München 1924. Mit freundlicher Genehmigung des Albert Langen – Georg Müller Verlages, München

Weerth, Georg (131) „Sämtliche Werke". Aufbau-Verlag, Berlin 1956

Weinert, Erich (362) „Kapitel II der Weltgeschichte". Dietz Verlag, Berlin 1953. Mit freundlicher Genehmigung des Verlages Volk und Welt, Berlin

Weisenborn, Günther (302) „Deutsches Friedensbuch", hrsg. von Horst Ullrich, Walter Nowojski und Karl A. Mollnau. Aufbau-Verlag, Berlin-Weimar 1965

Weiss, Peter (422) „Die Verfolgung und Ermordung Jean Paul Marats, dargestellt durch die Schauspielgruppe des Hospizes zu Charenton unter Anleitung des Herrn de Sade". Dialog-Blätter des Volkstheaters Rostock, hrsg. von Hanns Anselm Perten. H. 16, 1964/65. Mit freundlicher Genehmigung des Suhrkamp-Verlages, Frankfurt am Main

Werfel, Franz (168) „Menschheitsdämmerung", hrsg. von Kurt Pinthus. Rowohlt Verlag, Berlin 1919

Weyrauch, Wolfgang (372) „Nie trifft die Finsternis". Verlag Volk und Welt, Berlin 1956. Mit freundlicher Genehmigung des Autors

Whitman, Walt (153) „Grashalme". Verlag Philipp Reclam jun., Leipzig o. J.

Wiens, Paul (494) „Nachrichten aus der Dritten Welt". Verlag Volk und Welt, Berlin 1957

Wildgans, Anton (188) „Des Volkes Sehnen – der Dichter Wort". Österreichischer Friedensrat, Wien o. J.

Wolf, Friedrich (477) „Gedichte". Aufbau-Verlag, Berlin 1963

Wolfenstein, Alfred (193) „Die Freundschaft". Neue Gedichte. S. Fischer Verlag, Berlin 1917. Mit freundlicher Genehmigung von Frank Wolfenstein und Henriette Hardenberg-Frankenschwerth

Wygodzki, Stanisław (400) „Polnische Lyrik", hrsg. von Ernst Fischer. Schönbrunn-Verlag, Wien 1953

Yakamochi (30) Adler-Revon „Japanische Literatur". Frankfurter Verlagsanstalt, Frankfurt/M. o. J.

Zech, Paul (205) „Golgatha – Eine Beschwörung zwischen zwei Feuern". Hoffmann & Campe Verlag, Berlin 1920

Zimmering, Max (499) „Im herben Morgenwind". Dietz Verlag, Berlin 1953. Mit freundlicher Genehmigung des Aufbau-Verlages, Berlin-Weimar

Zuckmayer, Carl (195) „Gesammelte Werke". S. Fischer Verlag, Frankfurt/M. 1960

Župančič, Oton (348) „Jugoslawische Lyrik der Gegenwart", hrsg. von Herbert Gottschalk. Sigbert Mohn Verlag, Gütersloh 1964. Mit freundlicher Genehmigung der Jugoslovenska Autorska Agencija, Belgrad

Zweig, Stefan (213) „Ausgewählte Gedichte". Insel-Verlag, Wiesbaden 1953

Anonyma

„Bauernklage" (72) W. Steinitz „Deutsche Volkslieder demokratischen Charakters". Akademie-Verlag, Berlin 1954

„Berlin! Berlin! Du großes Jammertal" (133) Heinrich Heine „Sämtliche Werke". Hoffmann & Campe Verlag, Hamburg 1874

„Beschwörungsgesang der Masai-Frauen" (157) A. C. Hollis „The Masai", Oxford 1905. Rechte beim Übersetzer

„Der müde Soldat" (15) „Dumpfe Trommel und berauschtes Gong", hrsg. von Klabund. Insel-Verlag, Leipzig o. J. Rechte bei Dr. Johannes Henschke, Basel

„Der Rat der Mutter" (50) „Flämische Volkslieder", hrsg. von Albert Wesselski. Wagner-Verlag, Leipzig-Innsbruck 1917

„Der siegreiche General" (14) „Geschichte der alten Welt" Chrestomatie Bd. 1, hrsg. von W. W. Struwe. Verlag Volk und Wissen, Berlin 1959

„Die Schlacht vor Pavia" (50) „Gedichte gegen den Krieg", hrsg. von Kurt Fassmann. Kindler Verlag, München 1961

„Die Zahl ist nichts!" (25) „Gedichte gegen den Krieg", hrsg. von Kurt Fassmann. Kindler Verlag, München 1961

„Dreihundert Dukaten" (91) „Vidovinka – Kroatische Gesänge aus dem Burgenland", hrsg. von Alexander Issatschenko. Verlag Schmidt-Dengler, Graz 1938

„Du gehst hin" (14) S. N. Kramer „Die Geschichte beginnt mit Sumer". Büchergilde Gutenberg, Frankfurt/M. 1959. Mit freundlicher Genehmigung des Paul List Verlages, München

„Einmal vor langer Zeit" (13) S. N. Kramer „Die Geschichte beginnt mit Sumer". Büchergilde Gutenberg, Frankfurt/M. 1959. Mit freundlicher Genehmigung des Paul List Verlages, München

„Ein neues Soldatenlied" (150) „Das Lied der Unterdrückten", hrsg. von Heinz Stanescu. Literaturverlag, Bukarest 1963. Mit freundlicher Genehmigung des Fondul Literar al Scriitorilor din R.P.R., Bukarest

„Froh begrüßte Friedenstaube" (68) „Tränen des Vaterlandes", hrsg. von Johannes R. Becher. Verlag Rütten & Loening, Berlin 1954

„Hoffnung" (151) „Sorbische Lyrik". Verlag Volk und Welt, Berlin 1954. Mit freundlicher Genehmigung von Jurij Brězan

„Ich bin Soldat, doch bin ich es nicht gerne" (144) W. Steinitz „Deutsche Volkslieder demokratischen Charakters". Akademie-Verlag, Berlin 1954

„Ich gehe nie mehr in den Krieg" (429) „Schwarzer Bruder". Lyrik amerikanischer Neger, hrsg. von Karl-Heinz Schönfelder und Ingeburg Hucke. Verlag Philipp Reclam jun., Leipzig 1966

„Japanisches Soldatenlied" (158) Adler-Revon „Japanische Literatur". Frankfurter Verlagsanstalt, Frankfurt/M. o. J.

„Klage der Garde" (15) F. C. Weiskopf „Gesang der gelben Erde". Dietz Verlag, Berlin 1951. Mit freundlicher Genehmigung des Aufbau-Verlages, Berlin-Weimar

„Lied der Lastträger von Kaschmir" (440) Erik Singer „Das Antlitz Indiens". Artia-Verlag, Prag 1956

„Lied des jungen Reiters" (82) Johann Gottfried Herder „Stimmen der Völker in Liedern". Verlag Philipp Reclam jun., Leipzig 1957

„Napoleons Flucht aus Rußland" (104) „1813 – Ein Lesebuch für unsere Zeit", hrsg. von Gerhard Steiner und Manfred Häckel. Volksverlag Weimar 1953

„Rekrutenlied" (152) „Der Krieg". Internationaler Arbeiterverlag, Berlin-Wien-Zürich 1929

„Soldaten und ihre Frauen" (158) Vu Hoàng Chuong „Die achtundzwanzig Sterne", hrsg. von Rudolf Hagelstange. Verlag Hoffmann und Campe, Hamburg 1966

„Soll denn gar kein Frieden werden?" (86) W. Steinitz „Deutsche Volkslieder demokratischen Charakters". Akademie-Verlag, Berlin 1954

„Totenklage der Sioux" (157) „Lyrik der Welt", hrsg. von Fritz Jaspert. Safari-Verlag, Berlin 1960

„Zu Straßburg auf der Schanz" (91) W. Steinitz „Deutsche Volkslieder demokratischen Charakters". Akademie-Verlag, Berlin 1954

VERZEICHNIS DER ÜBERSETZER

Adler-Revon 158   Erich Arendt 279 280 281 435 451 455

Ingeborg Bachmann 208   Helmut Bartuschek 49 53 418   Paul Baudisch 239   Enrique Beck 263   Horst Bien und Helmut Stelzig 271   Clara Blum 355   Karl-Heinz Bolay 340   Lajos Brájjer 198   Rainer Brambach 342   Bertolt Brecht 32 441   Jurij Brězan 151   Ernst Buschor 24

Astrid Claes und Edgar Lohner 332   Max Colpet 425

Günther Debon 158   Karl Dedecius 403   Wolfgang G. Deppe 196 201 475   Karl Dieterich 207   Andreas Donath 33   J. G. Droysen 22

Friedrich Ege 423 424   Theres Eigen-Hofmann 456   Herta Elisabeth und Walther Killy 335   Christian Enzensberger 435

Hans Färber 28   Hans Feist 78 331   Richard Flatter 77   Zoltan Franyó 34   Hans Fredrick 48   Erich Fried 331   Franz Fühmann 356 359 409

Emanuel Geibel 21   Erika Geissler 81   Jens Gerlach 134   Claire Goll 181 220   Yvan und Claire Goll 177 185   Herbert Gottschalk 348   Johann Diederich Gries 76   Manfred Gsteiger 211   Werner Günzerodt 360   Erika Guetermann 240

Peter Hacks 26   Friedrich Hagen 411 421   Kurt Heinrich Hansen 34 274   Gerhart Haug 83   S. Heller 37   Johann Gottfried Herder 82   Stephan Hermlin 266 278 419   Heinz-Joachim Heydorn 191   Curt Hohoff 42   Max Hölzer 212   Hugo Huppert 261

Alexander Issatschenko 91

Janheinz Jahn 447   Manfred Jähnichen 409 410   Karl Jering 432

Friedhelm Kemp 182   Rainer Kirsch 244   Klabund 15 16 30   F. Klee-Pály 199   K. L. v. Knebel 27   Hans Koch 135   Štěpánka Kompertová 159 440   N. S. Kramer 13 14   Karl Krolow 277   Walther Küchler 145   Alfred Kurella 247 388   Kurt Kusenberg 419

Helene Lahr 345 347   Lorenz Landgraf 136   Franz Leschnitzer 391 392 398   Rudolf Lichtendorf 226

Ella Mandt 134   Anatol Marc 78   Alfred Margul-Sperber 457   Georg Maurer 465   K. Erich Meurer 153   Ulf Miehe 428   Victor Mika 400   Klaus Möckel 298   Eduard Mörike 28   Ernst Morwitz 21   H. Much 25

Emil Neubürger 121   Alfred Neumann 42

Peter Olbricht 29

Klara Peters 399   Marie Philippe 197   Heinz Piontek 125   Werner Plum 440   F. Port 19 23   Helmut Preißler 446

Edwin Redslob 44   Martin Remané 127   Lionel Richard / Heinz Kahlau 297   Konrad Richter 149   Hans Rudolf Rieder 154   Max Rieple 49 76   Rainer

Maria Rilke 140   K. Roellinghoff 148   Achim Roscher 30 157 445   Horst Rüdiger 23

Nelly Sachs 475   Richard Schaeffer 41   Thassilo von Scheffer/Walter Fietz 20   Maximilian Schick 248   Johannes Schlaf 153   August Wilhelm Schlegel 75   Paul Schlicht 448   Karl Schmid 141   Rolf Schneider 417   Robert R. Schnorr 215   Herbert Schönherr 296 329   Ernst J. Schwarz 32   A. O. Schwede 422   Gianni Selvani 340   Gerd Semmer 95   Sigrid Siemund und Franz Leschnitzer 397   Adolf Strodtmann 122   Eckhard von Sydow 157

Walter Talmon-Gros 341   Albert Theile 225   Alfred E. Thoß 228 348 350   A. E. Thoß und Stefan Stantscheff 349   Horst Tomayer 426   B. K. Tragelehn 429 449   Hans Trausil 160

Johann Heinrich Voß 19

Erich Weinert 139   F. C. Weiskopf 15 152 242 243 273 407   Albert Wesselski 50   Paul Wiens 400 431 436 439 442   Walter Wilhelm 124   Alfred Wolfenstein 124   Friedrich Wolters 38

Paul Zech 47   Kosmas Ziegler 158   Ellen Zunk 394   Arnold Zweig 260   Stefan Zweig 44

VERZEICHNIS DER ILLUSTRATIONEN

Umschlagbild:
: Pablo Picasso *Der Krieg und der Frieden* Lithographie (1954)

3 Pablo Picasso *Guernica* Kompositionsstudie. Zeichnung (1937)

6 Albrecht Dürer *Die Apokalyptischen Reiter* Holzschnitt (1498)

17 *Kriegers Abschied* Griechische Vasenmalerei Stamnos des Kleophonmalers (440–430 v. u. Z.). Original im Museum für antike Kleinkunst, München

35 *Einzelblatt mit kämpfenden Rittern* Miniatur (Mitte 13. Jh.). Original im Kestnermuseum Hannover

45 Hieronymus Bosch *Krieger* Zeichnung (um 1500). Original im Boymans Museum, Rotterdam

51 Hans Schäufelin *Erstürmung einer Burg* Holzschnitt nach einer Zeichnung (um 1500)

57 Urs Graf *Tod belauert Soldaten und Dirne* Holzschnitt (um 1520)

63 Jacques Callot *Die Hinrichtung unter der Eiche · Überfall auf ein Gasthaus* Aus der Folge „Die Großen Schrecken des Krieges". Radierungen (1633)

73 Hans Ulrich Franck *Landsknecht im eroberten Dorf* Radierung

89 Daniel Chodowiecki *Militärstrafen* Ausschnitt. Radierung (um 1790)

99 Andreas Schlüter *Maske eines sterbenden Soldaten* Radierung von Bernhard Rode nach Schlüters Entwurf (um 1696). Original im Kupferstichkabinett Berlin

109 Johann Gottfried Schadow *Das Gabelfrühstück · Der Rückzug der Berühmtheit* Radierungen (1813)

119 Francisco de Goya *Aus „Los Desastres de la Guerra"* Radierungen (1808 bis 1815)

137 Honoré Daumier *1871 (Épouvantée de L'Héritage)* Lithographie

155 Max Beckmann *Das patriotische Lied* 8. Blatt aus der Mappe „Die Hölle". Lithographie (1919)

173 Lovis Corinth *Frau und Krieger* Zinkdruck (1914)

183 Alexander Deineka *Illustration zu dem Roman „Das Feuer" von Henri Barbusse* Tuschzeichnung (1934)

189 Alfred Kubin *Kriegsfurie mit Brandfackel* Lithographie (1914)

203 Otto Dix *Abgekämpfte Truppe geht zurück (Sommeschlacht)* Aus der Mappe „Der Krieg". Zeichnung (1924)

209 Erich Heckel *Zwei Verwundete* Holzschnitt (1915)

221 George Grosz *Maul halten und weiter dienen (Christus mit der Gasmaske)* Federzeichnung (1927)

233 Ernst Barlach *Entwurf zum Magdeburger Mal* Kohle auf Zeichenpapier (1927)

245 Pjotr Nikolajewitsch Staranossow *Verbrüderung* Illustration zu P. Kerschenzew: Das Leben Lenins, Moskau 1936. Holzstich

251 Magnus Zeller „*Straße frei!*" Blatt 6 aus dem Zyklus „Revolutionszeit". Lithographie (1920)

269 Pablo Picasso *Der Krieg und der Frieden* Lithographie (1954)

287 Hans Grundig *Totentanz (Vision)* Radierung (1934)

299 Käthe Kollwitz *Die Mütter* Blatt 6 der Folge „Krieg". Holzschnitt (1923)

305 Fritz Cremer „*Nie wieder!*" Lithographie (1957)

323 Willi Sitte *Studie zu „Die Überlebenden" (Stalingrad)* Kohlezeichnung (1963)

333 Henry Moore *Tube Shelter Perspective* (Londoner U-Bahn-Tunnel bieten Schutz vor deutschen Luftangriffen). Tusche und Kreide (1941)

343 Giacomo Manzù *Der Tod des Partisanen* Lithographie (1956)

353 Lea Grundig *Kriegsverbrecher* Aus dem Zyklus „Niemals wieder!" Tusche und Pinsel (1945)

357 Jules Perahim *Heimkehr des Partisanen* Aus dem Zyklus „23. August 1944". Linolschnitt (1959)

369 Oskar Kokoschka *Das Manifest* Federzeichnung (1945)

381 Otto Pankok *Christus zerbricht das Gewehr* Holzschnitt (1950)

389 Carl Hofer *Das Nest* Lithographie (um 1921)

395 Toshiko Maruki *Friedenswünsche* Lithographie (1960)

401 Tadeuz Kulisiewicz *Panzerreiter* Zeichnung zum „Kaukasischen Kreidekreis" von Bertolt Brecht (1955)

405 Salvador Dali *Illustration zu Yvan Golls „Jean sans Terre"* (Amerikanische Ausgabe, New York 1943) Zeichnung

415 Ruth Schloss *Jüdisches und arabisches Kind* Tuschzeichnung (1959)

433 Charles White „*Ihr sollt die Erben der Erde sein!*" Kohlezeichnung (1954)

437 José Venturelli *Es wird nichts vergessen!* Illustration zu „Der große Gesang" von Pablo Neruda (1949)

443 Gerhard Bondzin *Unbesiegt (Dem Freiheitskampf des vietnamesischen Volkes gewidmet)* Holzschnitt (1965)

453 Makoto Ueno *Hiroshima, Kauernde Frau* Radierung (1959)

463 A. Paul Weber *Der Trommler* Lithographie (1951)

473 Hanns Kralik *Stratege des Krieges* Radierung (1956)
479 G. F. Sacharow *Friede den Müttern und Kindern* Holzschnitt (1959)
483 Gustav Seitz *Mädchen mit Taube* Tuschlithographie (1957)
501 Pablo Picasso *Mutterglück* Tuschzeichnung (1956)
503 Frans Masereel *Weintrauben* Holzschnitt (1952)

QUELLENANGABEN

Deutsche Akademie der Künste, Berlin 353
Deutsche Fotothek, Dresden 3 6 51 89 189 221 233 245 251 299 357 401 433 479 483
Intergrafik-Ausstellung, Berlin 1965 395 443 473
Museum der Bildenden Künste zu Leipzig 343 415 453 503
Staatliche Galerie Moritzburg, Halle 389
Staatliche Museen zu Berlin, Kupferstichkabinett 57 63 73 119 137 155 173 203
Staatliches Museum Schwerin 109
Sowjetische Akademie der Künste, Moskau 183

Folgende Künstler und Nachlaßverwalter stellten uns freundlicherweise Arbeiten zur Verfügung:
Erich Heckel 209   Lea Grundig 287   Fritz Cremer 305   Willi Sitte 323   Otto Pankok 381   Claire Goll 405   Oskar Kokoschka 369   A. Paul Weber 463

Copyright 1965 der Grafiken von Pablo Picasso (3, 269, 501) by SPADEM, Paris, und Cosmopress, Genf

Aus folgenden Büchern wurden Grafiken reproduziert:
„Henry Moore-Sculpture and drawings 1921–1948". Percy Lunt, Humphries & Comp. Ltd., London (333)

Pablo Neruda „Der große Gesang". Verlag Volk und Welt, Berlin 1953 (437)

INHALT

5   Ihr, die ihr überlebtet   *Bertolt Brecht*
7   Das beschwörende Wort der Dichter   *Vorwort*

Du gehst hin und trägst das Land des Feindes weg
Der Feind kommt und trägt dein Land weg

13   Einmal vor langer Zeit   *Anonym*
14   Du gehst hin   *Anonym*
14   Der siegreiche General   *Anonym*
15   Klage der Garde   *Aus dem Schi-king*
15   Der müde Soldat   *Aus dem Schi-king*
16   Epitaph auf einen Krieger   *Kung-futse*
16   Spruch   *Laozi*
19   Anrufung   *Theognis*
19   Ruht, ihr Ithaker   *Homer*
20   Die Perser   *Timotheos von Milet*
21   Der Friede   *Bakchylides von Keos*
21   Laßt mich   *Sappho*
22   Chor der Töchter des Danaos   *Aischylos*
23   Tanzlied   *Pindaros*
23   Wer mir beim Kruge   *Anakreon*
24   Chor der Salaminischen Krieger   *Sophokles*
25   Die Zahl ist nichts!   *Aus dem Dhammapada*
26   Der Frieden   *Aristophanes*
27   Elegie   *Properz*
28   Der Friede   *Tibull*
28   An Iccius   *Horaz*
29   Feldzug ohne Rückkehr   *Tsau Tsau*
30   Fluch des Krieges   *Li Tai-bai*
30   Gedanken eines Grenzoffiziers   *Yakamochi*
32   Nur dann   *Du Fu*
32   Ein Protest im sechsten Jahre des Chien Fu   *Tsao Sung*
33   Ich halte Ausschau   *Gau Tsching-tschiu*
34   Dorf nach dem Krieg   *Dai Schi-ping*
34   Die Menschen vor uns   *Abu 'l Tajjib al Mutanabbi*
37   Herr, kannst du's ertragen?   *Rabbi Meïr*
38   Sequenz von der Geburt des Herrn   *Adam von St. Victor*

Herren ohne Land und Länder ohne Leute
Und Leut ohn Haus und Hof sind solcher Kriege Beute

41 Schlimme Zeiten   *Walther von der Vogelweide*
42 Mein und dein   *Gottfried von Straßburg*
42 Friedensballade   *Charles d'Orléans*
44 Hier macht aus Kelchen Helme man   *Michelangelo*
44 Weh, wieviel Not   *Luis Vaz de Camões*
47 Die Ballade von der schönen Stadt Morah   *François Villon*
48 Die Mutter   *Giambattista Marino*
49 Die Seufzer der Welt   *Olivier de Magny*
49 Sonett   *Jean Dorat*
50 Der Rat der Mutter   *Volkslied*
50 Die Schlacht vor Pavia   *Landsknechtslied*
53 Wider die deutschen Landsknechte   *Jean Passerat*
54 Fried und Ruh   *Hans Sachs*
55 Klage   *Martin Opitz*
56 Sinnsprüche   *Friedrich von Logau*
59 Vom Schlesischen Krieg   *Daniel von Czepko*
59 Neujahrsode 1633   *Paul Fleming*
60 Über den Untergang der Stadt Freystadt   *Andreas Gryphius*
62 Tränen des Vaterlandes   *Andreas Gryphius*
65 An die christlichen Fürsten und Herren in Deutschland   *Johann Rist*
67 Freudenfeuerwerk zum Geburtstag des Friedens   *Johann Klaj*
68 Froh begrüßte Friedenstaube   *Landsknechtslied*
70 Der Bauer spricht – Der Soldat spricht   *Nikolaus Peucker*
72 Bauernklage   *Volkslied*
75 England war lang im Wahnsinn   *William Shakespeare*
76 Sonett   *Jean-François Sarasin*
76 Sonett   *Vincenzo da Filicaia*
77 Der Sieger Tod   *James Shirley*
78 Des Todes Schergen   *John Milton*
78 Epilog auf das XVII. Jahrhundert   *John Dryden*

Für wen, du gutes deutsches Volk,
Behängt man dich mit Waffen?

81 Satirische Elegie auf den Tod eines berühmten Generals   *Jonathan Swift*
82 Lied des jungen Reiters   *Volkslied*
83 Seltsam   *Mukai Kyorei*
83 Altes Schlachtfeld   *Bashô*
84 Kriegslied   *Matthias Claudius*
85 Die Welt ist nun des Menschenmordens müde
    Christian Friedrich Daniel Schubart
85 Losreißung   *Friedrich Gottlieb Klopstock*

86	Eroberungssucht	*Johann Gottfried Herder*
86	Soll denn gar kein Frieden werden?	*Volkslied*
87	Elegie auf dem Schlachtfeld bei Kunersdorf	*Christoph August Tiedge*
91	Dreihundert Dukaten	*Volkslied*
91	Zu Straßburg auf der Schanz	*Volkslied*
92	Für wen, du gutes deutsches Volk	*Gottfried August Bürger*
93	Der Krieg	*Jakob Michael Reinhold Lenz*
95	Die Marseillaise	*Claude Joseph Rouget de Lisle*
97	Der Antritt des neuen Jahrhunderts	*Friedrich Schiller*
98	O schöner Tag	*Friedrich Schiller*
101	Die Flüchtende	*Johann Wolfgang Goethe*
102	Manches Herrliche der Welt	*Johann Wolfgang Goethe*
102	Das letzte Lied	*Heinrich von Kleist*
104	Napoleons Flucht aus Rußland	*Volkslied*
106	Die Schlacht	*Friedrich Hölderlin*
107	Der Frieden	*Friedrich Hölderlin*
111	Der Friedensbote	*Joseph von Eichendorff*
111	Der Invalid im Irrenhaus	*Adelbert von Chamisso*
112	Der Sohn der Witwe	*Adelbert von Chamisso*
114	Das ist die Blume	*August von Platen*
115	Ein Schlachtfeld	*Nikolaus Lenau*
118	Ich hab erdacht im Sinn mir einen Orden	*Franz Grillparzer*
118	Genug!	*Moritz Hartmann*
121	Senacherib	*Lord George Gordon Byron*
122	Krieg	*Percy Bysshe Shelley*
124	England im Jahre 1819	*Percy Bysshe Shelley*
124	Prolog für ein geplantes Drama König Eduards des Vierten	*William Blake*
125	La belle dame sans merci	*John Keats*
127	Der Heilige Bund der Völker	*Pierre-Jean de Béranger*
129	Der Tambourmajor	*Heinrich Heine*
131	Der Kanonengießer	*Georg Weerth*
132	Sonett	*Georg Herwegh*
133	Berlin! Berlin! Du großes Jammertal	*Anonymes Flugblatt*
134	Wo weilt der König?	*Adam Mickiewicz*
134	Auf Alexander I.	*Alexander Sergejewitsch Puschkin*
135	Zwietracht	*Taras Schewtschenko*
136	O Schreckenszeit	*Sándor Petőfi*
139	Der Tod eines Planeten	*Eugène Pottier*
140	Agnus Dei	*Paul Verlaine*
141	Die Friedenspfeife	*Charles Baudelaire*
144	Ich bin Soldat, doch bin ich es nicht gerne	*Volkslied*
145	In Erinnerung	*Detlev von Liliencron*
145	Der Schläfer im Tal	*Arthur Rimbaud*
146	Tretet ein, hoher Krieger	*Gottfried Keller*

147	Friede auf Erden	*Conrad Ferdinand Meyer*
148	Krieg	*Nikolai Alexejewitsch Nekrassow*
148	Der Krieg	*Michael Albert*
149	Engel und Dämon	*Mihail Eminescu*
150	Ein neues Soldatenlied	*Volkslied*
151	Hoffnung	*Volkslied*
152	Rekrutenlied	*Volkslied*
153	Requiem	*Herman Melville*
153	Wenn ich von dem erkämpften Ruhm der Helden lese	*Walt Whitman*
154	Harry Wilmans	*Edgar Lee Masters*
157	Totenklage der Sioux	*Volksdichtung*
157	Beschwörungsgesang der Masai-Frauen	*Volksdichtung*
158	Japanisches Soldatenlied	*Volksdichtung*
158	Soldaten	*Ishikawa Takuboku*
158	Soldaten und ihre Frauen	*Volksdichtung*
159	Das Volk	*Rabindranath Tagore*
160	Anrufung des Friedens	*Fiona Macleod*

Mit Gott, mit Gott, mit Gott!
Mit Gott für König und Vaterland!

163	Das Lied von der Menschlichkeit	*Bertha von Suttner*
165	Friede	*Ricarda Huch*
166	Menschlichkeit	*Frank Wedekind*
166	Die Weihe	*Georg Kaiser*
167	Szene aus dem Dreißigjährigen Krieg	*Rainer Maria Rilke*
168	Zum ewigen Frieden	*Karl Kraus*
169	Der Krieg	*Franz Werfel*
171	**Bruder**	*Franz Theodor Csokor*
172	Das Unabwendbare	*Max Herrmann-Neiße*
175	Der Krieg	*Georg Heym*
176	Grodek	*Georg Trakl*
177	Götzendämmerung	*Richard Schaukal*
177	Ara pacis	*Romain Rolland*
181	Lothringens Kreuz	*Yvan Goll*
182	Mit des Säbels Spitze	*Victor Ségalen*
185	An einen deutschen Freund	*Henri Guilbeaux*
186	Betrachten	*Kurd Adler*
187	Buch des Krieges	*Gerrit Engelke*
188	Die Schrecken des Krieges	*Anton Wildgans*
191	Feldwache	*Richard Aldington*
191	Die Schlacht bei Saarburg	*Alfred Lichtenstein*
192	Kriegsgrab	*August Stramm*
192	Cap de Bonne-Espérance	*Georg von der Vring*

193 Die Friedensstadt *Alfred Wolfenstein*
195 Morituri *Carl Zuckmayer*
195 Verlassene Gärten *Carl Zuckmayer*
196 Ablösung *Charles Vildrac*
197 Die erdolchte Taube und der Springbrunnen *Guillaume Apollinaire*
198 Für eine Nacht nur *Géza Gyóni*
199 Mensch sein in der Unmenschlichkeit *Endre Ady*
200 Lied der Gefallenen *Lion Feuchtwanger*
201 Wehklage *F. S. Flint*
202 Ihr liebt uns *Siegfried Sassoon*
205 Sommer an der Somme *Paul Zech*
205 Die Frau des Urlaubers *Alfons Petzold*
206 Den Müttern *Ernst Toller*
207 Am Ende eines Urlaubs in der Kriegszeit *Hermann Hesse*
207 Die Gattin im Kriege *Nikolaos Poriotis*
208 Wache *Giuseppe Ungaretti*
211 Krieg *André Breton*
212 Lazarus, schläfst du? *Henri Michaux*
213 Polyphem *Stefan Zweig*
215 Hannibal *Robert Frost*
216 Kriegslied *Erich Mühsam*
217 Marville *Edwin Hoernle*
218 Lied gegen den Krieg *Bertolt Brecht*
220 Mörder *Carl August Sandburg*
223 Die Mörder sitzen in der Oper *Walter Hasenclever*
225 Europas Sturz *Gabriela Mistral*
226 Gestorben – für wen? *George Coşbuc*
228 Krieg und Welt *Wladimir Majakowski*
235 Stimmen *Hermann Broch*
236 An den Frieden *Johannes R. Becher*

*Auf den Schlachtfeldern von Verdun
stehn die Toten auf und reden*

239 Weltwochenschau XXIV *John Dos Passos*
240 Alle machen Frieden – was ist Frieden? *Ernest Hemingway*
242 Monolog eines ehemaligen Infanteristen *Jindřich Hořejší*
243 Ritten, ritten Adjutanten... *Fraňa Šrámek*
244 Oktober *Sergej Jessenin*
247 Der Budjonnyreiter *Stepan Stschipatschow*
248 Das erste Dekret *Mark Lissjanski*
249 Drei Minuten Gehör! *Kurt Tucholsky*
253 Die Ballade des Vergessens *Klabund*
256 Vogesenballade *Louis Fürnberg*
257 Der große Verbrecher *Slang*

258	Verdun, viele Jahre später *Erich Kästner*
259	Sergeant Waurich *Erich Kästner*
260	Tommy *Rudyard Kipling*
261	Nieder! *Wladimir Majakowski*
263	Romanze von der spanischen Guardia Civil *Federico García Lorca*
266	Erklärung einiger Dinge *Pablo Neruda*
271	An die Jugend *Nordahl Grieg*
273	Gruß an den toten Dichter García Lorca *Jaroslav Seifert*
274	Spanien 1937 *Wystan Hugh Auden*
277	Meditation an diesem Tage *Antonio Machado*
277	Spanischer Spruch *Berthold Viertel*
278	März 1937 *Attila József*
279	Letzter Gesang *Miguel Hernández*
280	Mein Gedicht für die im spanischen Krieg ermordeten Kinder *José Ramon Heredia*
281	Leben *Vicente Aleixandre*
282	Wagt zu denken! *Wieland Herzfelde*

Oh, wieviel neues Leid zu all dem alten Leide!

285	Tränen des Vaterlandes Anno 1937 *Johannes R. Becher*
286	Über glitzernden Kies *Else Lasker-Schüler*
289	Vaterland *Rudolf Leonhard*
292	Lob des Dolchstoßes *Bertolt Brecht*
293	Deutsche Marginalien *Bertolt Brecht*
294	Das große Elend Frankreichs *Yvan Goll*
296	Tapisserie der großen Furcht *Louis Aragon*
297	Ein Weg die einzige Sonne *Tristan Tzara*
298	Dieses Herz, das den Krieg gehaßt *Robert Desnos*
301	Wie oft, mein Vaterland... *Gertrud von Le Fort*
302	Lied vom Frieden *Günther Weisenborn*
302	Friedenshoffnung *Berthold Viertel*
303	Aus dem Brief eines siegreichen Feldmarschalls *Michael Guttenbrunner*
304	Mit Augen offen wie Arme *Friedrich Hagen*
307	Der junge Soldat *Hans Bender*
308	Nänie *Johannes Bobrowski*
308	Soldatenmutter *Kuba*
309	Kleczew 1943 *Uwe Berger*
309	Gelöbnis *Albrecht Goes*
310	Frage *Gottfried Unterdörfer*
311	Dann aber gruben wir Tote aus... *Bernhard Seeger*
312	Neunzehnhundertvierundvierzig *Rose Nyland*
313	Ballade von einem Städtebewohner in tiefer Not *Stephan Hermlin*
317	Silvestersegen *Albrecht Haushofer*
317	Bericht des Pfarrers vom Untergang seiner Gemeinde *Peter Huchel*

319	An die deutschen Soldaten im Osten	*Bertolt Brecht*
325	Der Nibelunge Not	*Franz Fühmann*
326	Am Narew 1944	*Heinz Piontek*
327	Der fliegende Tod	*Ricarda Huch*
328	Die letzte Epiphanie	*Werner Bergengruen*
329	Zwei Heere	*Stephen Spender*
330	Die Hand, die unterschrieb	*Dylan Thomas*
331	Die jungen toten Soldaten	*Archibald MacLeish*
331	Gedicht für heute	*Roy McFadden*
332	Im Krieg	*Wystan Hugh Auden*
335	Elegie für einen toten Soldaten	*Karl Shapiro*
339	Bedrängnis	*James Langston Hughes*
340	Nachts weinen die Soldaten	*Salvatore Quasimodo*
340	Im Gezweig der Weiden	*Salvatore Quasimodo*
341	Den Märtyrern von der Piazza Loreto	*Alfonso Gatto*
342	Die Wasserträgerin am Calvinplatz-Brunnen	*József Ráth*
345	Skizze eines Tagebuchs im Kriege	*Adam Ważyk*
347	Partisanen	*Stanislaw Jerzy Lec*
348	Wühlt ein Orkan ...	*Jaroslaw Iwaszkiewicz*
348	Ein Kindergebet	*Oton Župančič*
349	Frühling	*Nikola Jonkoff Wapzaroff*
350	Hier spricht der Krieg	*Nikolai Tichonow*
355	Wart auf mich	*Konstantin Simonow*
356	Ahnung des Frühlings	*Alexej Surkow*
359	Neunzehnhundertfünfundvierzig	*Semjon Gudsenko*
360	Die aus dem Krieg heimkehren	*Michail Lukonin*
362	An einen Soldaten der Roten Armee	*Erich Weinert*

Das große Carthago führte drei Kriege. Es war noch mächtig nach dem ersten, noch bewohnbar nach dem zweiten. Es war nicht mehr auffindbar nach dem dritten.

367	Dem Frieden entgegen	*Hermann Hesse*
368	An den Frieden	*Karl Krolow*
371	Herbst 1945	*Günther Deicke*
372	Meinem Volk	*Johannes R. Becher*
372	Friede auf Erden	*Wolfgang Weyrauch*
375	Der Dornenwald	*Theodor Kramer*
376	Neunzehnhundertfünfundvierzig	*Christine Busta*
377	Schibboleth	*Paul Celan*
378	Frühling 1946	*Elisabeth Langgässer*
379	Chor der Waisen	*Nelly Sachs*
380	Darum sind wir die Weinenden	*David Luschnat*
383	Dann gibt es nur eins!	*Wolfgang Borchert*
386	Mein Gedicht	*Karl-Heinz Jakobs*

387	Warum ich den Frieden will	*Walter Niedermayer*
388	Wieder daheim	*Nikolai Sidorenko*
391	Kinder sprechen	*Anna Achmatowa*
392	Requiem	*Robert Roshdestwenski*
394	Der Krieg	*Alexander Twardowski*
397	Meinst du, die Russen wollen Krieg?	*Jewgeni Jewtuschenko*
398	Geschichte	*Jewgeni Jewtuschenko*
399	Träume	*Kurbannasar Esisow*
400	Statistik	*Stanisław Wygodzki*
400	Friede	*Leopold Staff*
403	An einen unbekannten Deutschen im Westen	*Jerzy Walenczyk*
404	Daß man auf Erden ruhig schlafen kann	*Alfred Margul-Sperber*
407	Der Sang des Friedens	*Vítězslav Nezval*
409	Die Lindenallee	*Stanislav Kostka Neumann*
409	Herbst der toten Soldaten	*Kajetan Kovič*
410	Epitaph für einen Soldaten	*Grigor Vitez*
411	Die sieben Liebeslieder im Krieg	*Paul Eluard*
417	Der Flieder und die Rosen	*Louis Aragon*
418	Der Sinn für den Frieden	*Guillevic*
419	Beruf des Menschen	*André Bonnard*
419	Familienbild	*Jacques Prévert*
420	Abrechnung	*Paul Eluard*
421	Habt, Mütter, ihr dafür in Schmerzen geboren?	*Jean Cocteau*
422	Glaubt ihnen nicht	*Peter Weiss*
422	Die Bäume	*Artur Lundkvist*
423	Der Ruf des Menschen	*Elvi Sinervo*
424	Hört das Wiegenlied am Himmel im Winde	*Arvo Turtiainen*
425	Sag mir, wo die Blumen sind	*Pete Seeger*
426	Ich marschier nicht mehr	*Phil Ochs*
428	An die Herren der Kriege	*Bob Dylan*
429	Ich gehe nie mehr in den Krieg	*Spiritual*
431	Der große Friede	*Walter Lowenfels*
432	Warum ist die Welt nicht mein Vaterland?	*José Moreno Villa*
435	Deutschland	*Rafael Alberti*
435	Hier enden die Werke	*Giorgos Seferis*
436	Nichts hab ich zu sagen	*Menelaos Ludemis*
439	Das Geheimnis des Lebens	*Arif Naqvi*
440	Lied der Lastträger von Kaschmir	*Volkslied*
440	Befriedigung (Unmenschen vergessen schnell)	*Henri Krea*
441	Ansprache an einen toten Soldaten des Marschalls Tschiang Kai-schek	*Kuan Chao*
442	Unsere Gedichte	*Nasim Hikmet*
445	In wessen Namen	*To Huu*
446	Sendschreiben des Friedens	*Dhakin Godor Hmaing*
447	Frühlingsgesang	*Léopold Sédar Senghor*

448 Aus der Tiefe meiner afrikanischen Wälder *Louis Akin*
449 Schwarzer Mann, Lasttier jahrhundertelang *Patrice Lumumba*
451 Soldat, so möcht ich nicht sein *Nicolás Guillén*
455 Bevor die Flugzeuge kommen, die die Städte anzünden werden
    Otto d'Sola
456 Hiroshima *Schuzo Nishio*
457 Der Schatten von Hiroshima *Mihai Beniuc*
458 Die Vögel und der Test *Stephan Hermlin*
459 Handzettel für einige Nachbarn *Erwin Strittmatter*
465 Requiem für die unbekannten Toten *Eugen Jebeleanu*
466 Ich habe den Thunfisch gegessen *Armin Müller*
468 Hiroshima *Marie Luise Kaschnitz*
469 Inschrift für Hiroshima *Hanns Cibulka*
470 Denke daran... *Günter Eich*
471 Sozialpartner in der Rüstungsindustrie *Hans Magnus Enzensberger*
472 Eines Tages werden wir aufwachen und wissen *Walter Bauer*
475 Kriegsdichter *Sidney Keyes*
475 Nach der letzten Atombombe *Carl Emil Englund*
476 Das hier ist Wahrheit *Heinz Kahlau*
477 Glockenstimme *Friedrich Wolf*
478 Im Truppenübungsgelände bei Bitburg (Eifel) *Adolf Endler*
481 Ich bringe eine Botschaft *Günter Kunert*
485 Wir müssen sorgen, daß uns Frieden bleibt *Arno Reinfrank*
486 Elegie *Erich Arendt*
488 Psalm *Peter Huchel*
489 Die ihr geboren werdet heute... *Georg Maurer*
491 Für A. P. *Volker Braun*
492 Freies Geleit *Ingeborg Bachmann*
493 Aber die Tafeln künden den Frieden *René Schwachhofer*
494 Der schweigende Herodot *Paul Wiens*
495 Der neue Stern *Franz Fühmann*
498 Du, unsere Zeit *Werner Bräunig*
499 Aufruf *Erich Kästner*
499 Einer Mutter Schwur *Max Zimmering*
500 Größe und Elend *Johannes R. Becher*
502 Friede auf unserer Erde! *Bertolt Brecht*

ANHANG

507 Zu dieser Sammlung *Nachbemerkung*
509 Anmerkungen
513 Verzeichnis der Dichter und Quellennachweis
531 Verzeichnis der Übersetzer
533 Verzeichnis der Illustrationen und Quellenangaben

Auswahl der Graphiken:
Achim Roscher und Bruno Brandl

Ausgezeichnet als eines der
„Schönsten Bücher des Jahres 1965"

2., erweiterte und verbesserte Auflage 1967

Verlag der Nation · Berlin
Alle Rechte dieser Ausgabe vom Verlag vorbehalten
Lizenz-Nr. 400/57/67
Schutzumschlag
(unter Verwendung einer Grafik von Pablo Picasso)
und Einband: Hans-Joachim Schauß, Gruppe 4
Typographische Gestaltung: Werner Maltzahn
Gesamtherstellung: Philipp Reclam jun. Leipzig